상속·증여!
부동산 세대교체가 온다

상속·증여!
부동산 세대교체가 온다

서일영, 심형석, 조선규 지음

두드림미디어

프롤로그

역사상 가장 큰 부의 물결이 향후 수십 년에 걸쳐 베이비붐 세대에게서 사라질 것입니다. 이는 우리 삶의 여러 측면에서 큰 영향을 미칠 것입니다. 위대한 부의 이전(The Great Wealth Transfer)이라고 불리는 이 현상이 미국의 경우 84조 달러(약 11경 2,500조 원)가 노인 세대에서 X세대(1965~1980년 출생) 및 밀레니얼(1981~1996년 출생), Z세대(1997~2012년 출생)로 이동할 준비가 되어 있습니다. 현명하게 관리한다면 부를 늘리고 재정적으로도 더욱 안정될 수 있을 것입니다.

어느 국가나 마찬가지이지만 국가 부의 절반 이상을 소유하고 있는 베이비붐 세대가 향후 수십 년 동안 위대한 부의 이전을 시작할 것입니다. 이는 역사상 가장 큰 부의 이전이며 많은 사람을 백만장자, 천만장자로 만들어줄 것입니다. 반면 자산의 큰 증가가 없이 넘어가는 사람들도 있을 것으로 보입니다. 물론 위대한 부의 이전이 실현되려면 수십 년이 걸릴 것입니다. 우리나라의 경우 가장 나이가 많은 베이비붐 세대(1955~1963년 출생)는 2024년 기준으로 69세이지만 가장 어린 베이비붐 세대는 이제 60세가 되어 아직 사회보장 혜택도 청구할 수 없습니다. 이 이전은 그리 빨리 이루어지지는 않을 것입니다. 미래에 대비할 수 있도록 사전 자산관리 계획을 세울 시간은 충분합니다. 부의 이전은 다양한 자산의 형태로 이루어질 것입니다. 하지만 우리나라의 경우 보유자산에서 가장 큰 비중을 차지하고 가장 큰 논란을 제공할 자산은 당연히 부동산입니다. 시중에는 상속과 증여와 관련된 다양한 서적들이 존재하지만 대부분 세금 관련 내용입니다. 물론 상속·증여에서 세금이 가장 중요합니다. 그렇다고 하더라도 상속·증여의 사회적 의미를 이해하고 전반적인 상속계획과 함께 부의 이전을 먼저 설계하는 것이 바람직합니다.

전문가들은 얼마나 많은 부를 가지고 있던 상속계획은 꼭 필요하다고 말합니다. 유산계획에는 유언장이 있어야 하며 금융계좌에 수혜자를 지정하거나 신탁을 이용하는 방법도 있습니다. 더욱 중요한 사실은 잠재적인 피상속인에게도 현재 상속계획을 적극적으로 전달해야 한다는 사실입니다. 상속계획이 수립되면 이것을 바꾸기가 번거롭기 때문에 의사소통을 통해 피상속인이 직면하는 문제를 미연에 방지할 수 있습니다. 가장 큰 문제는 돈을 상속받거나 증여받는 사람이 사전에 계획을 세우지 못하는 경우입니다. 이로 인해 불필요하게 자금을 지출하게 되는 경우가 많습니다.

이 책은 전반적으로 부의 이전을 준비하는 분들을 위한 지침서가 되도록 구성했습니다. 총 4개의 장으로 구분해 부의 이전이 사회경제에 미치는 영향부터 법률과 세금 이슈들까지 모두 다루었습니다. 부동산 상속과 증여에 관련된 법률적 이슈와 세금 부분은 전문가들도 다소 어렵게 여깁니다. 따라서 중간중간 읽기 편한 주제들을 포함해 부동산 부의 이전의 사회적 의미와 사례를 설명했습니다.

1장은 증여와 상속이라는 부의 이전이 이미 시작되고 있음을 강조합니다. 부동산에서는 주거선호지역인 도심에서 베이비부머와 MZ세대 간 경쟁 양상을 보이고 있음을 다양한 사회지표를 가지고 설명합니다. 2장은 부의 이전에 따라 발생할 상속과 증여에 관한 법률적 이슈를 다루었습니다. 최근 사회적 주목을 받는 유언대용신탁과 유류분 이슈도 포함했습니다. 3장은 해외의 사례를 설명하면서 노인주거에 대한 부분도 언급해 실버타운이 부족한 한국의 현실에서 어떤 대안으로 접근해야 하는지를 제시합니다. 4장은 상속·증여의 꽃이라고 볼 수 있는 세금 관련 내용입니다. 부자들만 내는 세금에서 서민들도 관심을 가져야 하는 세금으로 바뀐 부의 이전에 필수적으로 따르는 세금을 세테크(稅tech)의 관점에서 설명합니다.

시중에 많은 상속·증여 관련 서적들이 나와 있지만, 이 책은 이를 부의 이전이라는 사회적 관점에서 서술한 유일한 책이 아닐까 생각합니다. 3명의 전문가가 의기투합해 저술한 이 책이 미래의 부에 관심 있는 모든 분께 자그마한 도움이 되었으면 합니다.

세무법인 영진 전무 *서일영*
미국 IAU 교수 *심형석*
법무법인 조율 변호사 *조선규*

CONTNETS

1장

부동산 쓰나미는
이미 시작되었다

심형석

 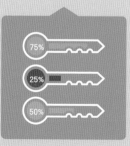 

부모은행은 주택 수요를
자극할까?

놀랍게도 미국에서 곧 주택을 구입할 계획인 Z세대와 밀레니얼 세대의 1/3 이상(36%)은 계약금(Downpayment)을 지불하기 위해 가족으로부터 현금선물(Cash Gift)을 받을 것으로 기대됩니다. 이는 2024년 2월 퀄트릭스(Qualtrics)가 부동산 중개 플랫폼인 레드핀(Redfin)에 의뢰한 설문조사 결과에 따른 것입니다.

5년 전에도 레드핀은 유사한 조사를 했습니다. 밀레니얼 세대의 18%만이 계약금 조달을 위해 가족으로부터 현금선물을 사용했으며, 그 비율은 2024년 2월의 결과와 같이 계속 증가하는 중입니다. 최초로 주택을 마련하는 비용이 더 커지고 있으며, 이로 인해 가족자금이 없는 젊은이들은 주택을 소유하기가 점점 더 어려워지고 있습니다. 가족의 도움을 받는 주택 소유자를 네포 주택 구입자(Nepo-Homebuyers, Nepo : '가족주의(Nepotism)'에서 차용한 축약어)라고 분류합니다. 이러한 현상은 일견 주택 수요를 자극할 수도 있지만, 세대 간 부의 불평등과 경제적 기회도 제한할 수 있습니다.

이처럼 젊은이들이 집을 마련하기는 쉽지 않습니다. 베이비부머와 MZ세대를 비교하면 집을 소유하고 있는 비중은 거의 두 배나 차이가 납니다.

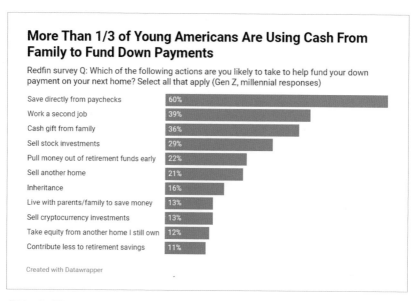

More Than 1/3 of Young Americans Are Using Cash From Family to Fund Down Payments

Redfin survey Q: Which of the following actions are you likely to take to help fund your down payment on your next home? Select all that apply (Gen Z, millennial responses)

Save directly from paychecks	60%
Work a second job	39%
Cash gift from family	36%
Sell stock investments	29%
Pull money out of retirement funds early	22%
Sell another home	21%
Inheritance	16%
Live with parents/family to save money	13%
Sell cryptocurrency investments	13%
Take equity from another home I still own	12%
Contribute less to retirement savings	11%

Created with Datawrapper

출처 : 레드핀(www.redfin.com/news/gen-z-millennial-down-payment-family-help)

따라서 가족의 도움을 받는 경우가 과거보다 늘어나고 있습니다. 23%는 가족으로부터 받은 현금선물을 21%는 계약금으로 상속받은 돈을 사용했다고 합니다. 주택 구입을 미루는 것은 그리 좋은 선택은 아닙니다. 주택 가격은 계속 오르기 때문입니다. 미국에서는 코로나19 이전과 비교하면 집값은 무려 40% 이상이 올랐다고 합니다. 하루라도 빨리 이 기회를 잡는 것이 좋습니다. 구입 가능한 저렴한 주택(Affordable Housing)의 비율은 2013년 37%에서 2022년 13%로 감소했다고 합니다. 따라서 부모은행은 빠른 내 집 마련에 큰 도움을 줍니다.

베이비부머와 MZ세대는 동일 주택 수요

주택을 소유한 부모에게서 태어난 자녀는 성인이 되어 주택 소유자가 될 가능성이 훨씬 더 큽니다. 2021년 레드핀 조사에 따르면 현재 주택 소유자의 79%는 집을 소유한 부모가 있었고, 67%는 집을 소유한 조부모가 있었습니다. 따라서 주택 소유확률은 출생할 때 결정될 가능성이 크며 부모은행의 도움은 계속 늘어나지 않을까 생각합니다.

연령별로 생각하면 베이비부머가 MZ세대에게 부모은행을 제공한다는 의미입니다. 실제로 통계를 보더라도 베이비부머는 계속해서 주택 시장에 머물고 있습니다. 따라서 이제는 MZ세대와 베이비부머를 한 그룹으로 묶어서 동일한 주택 수요로 파악하는 것이 필요합니다. 실제로 모델하우스를 방문해보면 젊은 MZ세대들도 있지만, 머리가 희끗희끗한 베이비부머들도 심심찮게 보입니다. 결혼적령기 자녀를 위한 아파트 쇼핑인 경우가 많습니다. 부부끼리 손을 잡고 모델하우스를 방문해서 결혼을 앞두거나 분가를 원하는 자녀가 살 만한 집을 찾는 경우입니다.

이는 연령별 아파트 매매 거래량 통계에서도 잘 나타나고 있습니다. 10년 전과 비교하면 30대 이하인 MZ세대들의 비중은 30% 초반대에서 꾸준히 유지되는 데 반해 40~50대인 중장년층의 매입 비중은 오히려 줄어들었습니다. 반면 베이비부머 세대인 60대 이상의 매입 비중은 꽤 증가했습니다. 세대별로 따져보면 유일하게 아파트 매매 비중이 증가한 연령층입니다. 40~50대의 줄어든 비중만큼 60대 이상인 베이비부머들의 비중이 늘었습니다. 베이비부머들은 여전히 주택 시장에 머물러 있으며 다주택 실수요자로서 본인을 위한 투자 상품이나 자녀들을 위한 아파트를 찾기 위해 노력하는 중입니다. 자녀가 둘이라면 다주택 실수요자인 베이비부머들 입장에서는 본인 주택까지 포함해 3채까지 주택을 매입하는 것은 실수요라고 판단합니다. 현재 부동산 시장을 유지하는 가장 든든한 주택 수요라고 볼 수 있습니다.

〈연령별 전국 아파트 매매 비중〉

구분	2014년	2017년	2020년	2023년
30대 이하	32.5%	29.4%	29.2%	31.6%
40~50대	51.2%	49.0%	47.7%	47.3%
60대 이상	12.7%	16.2%	18.0%	19.4%

출처 : 한국부동산원(2023년 말)

증여 또는 증여를 가장한 직거래 비중 계속 늘어

처음부터 증여를 생각하고 미리 물려주는 경우도 있습니다. 한국부동산원에 의하면 증여가 아파트 전체 거래에서 차지하는 비중은 확연하게 늘고 있습니다. 2011년 전체 거래에서 2.94% 비중에 그쳤던 증여는 2017년 3.68%를 거쳐 2023년 5.37%로 늘었습니다. 2023년 증여 건수도 4만 건에 육박해 2011년과 비교하면 1만 건 이상이 많습니다. 실제로 증여 신고를 하지 않고 자녀에게 증여하는 경우도 많음을 고려하면 증여 증가는 심상치 않다고 볼 수 있습니다.

이에 반해 매매는 계속 감소하는 중입니다. 2011년 70만 건을 넘던 매매는 2017년 61만 건에 그쳤으며 2023년에는 41만 건으로 줄었습니다. 전체 거래에서 매매의 비중 감소는 더욱 극적으로 변했습니다. 2011년 77.8%였던 비중이 2017년에는 47.2%로 급격히 줄었습니다. 2023년 55.9%로 다소 늘었지만 2011년과 비교하면 20%p 이상 줄어든 수치이니 감소 폭이 작지 않습니다. 이렇게 정상적인 매매는 대폭 감소하고 증여가 증가하는 현상의 이면에는 관망세로 돌아선 주택 수요도 있지만, 정부의 규제가 자리 잡고 있는 것으로 판단됩니다.

팔려고 내놓아도 정부의 규제로 거래가 되지 않으니 증여 또는 증여를

〈아파트 증여 추이〉 (단위 : 건, %)

년도	전체	증여(비중)	매매(비중)
2011년	906,083	26,647(2.94%)	705,303(77.8%)
2017년	1,294,151	47,652(3.68%)	611,154(47.2%)
2023년	736,843	39,596(5.37%)	411,812(55.9%)

출처 : 한국부동산원

가장한 직거래를 하는 것입니다. 거래가 잘되지 않으니 매물의 적체는 계속됩니다. 2024년 초 7만 건 수준이던 서울의 아파트 매물은 8월 15일 현재 8만 건에 가깝게 늘었습니다. 증여를 가장한 직거래의 비중 또한 적지 않습니다. 2023년 직거래가 전체 거래에서 차지하는 비중이 11%로 2022년 16% 대비해서 줄었지만, 여전히 만만치 않은 수준입니다. 권역별 직거래 비중을 살펴보면 중개수수료를 줄이기 위해 직거래를 이용한다는 가정은 무색합니다. 중개수수료를 줄이기 위한다면 주택가격이 훨씬 높은 수도권의 직거래 비중이 더 높아야 함에도 지방의 직거래 비중이 훨씬 더 높게 나타났습니다.

전남은 무려 21.6%에 이릅니다. 직거래로 표기되는 실거래가를 확인하면 주변 시세 대비해서 20~30%가 저렴한 경우가 대부분입니다. 편법 증여의 한 유형으로 직거래가 활용되고 있다는 강한 의심을 하게 됩니다.

한국에서도 증여세 면세한도 상향

한국에서도 본격적으로 부모은행(Nepo Home)에 대한 논의가 제기되었습니다. 증여세 면세한도를 현재의 5,000만 원에서 1억 5,000만 원으로 늘린 정부의 정책입니다. 결혼하게 되면 모두 3억 원을 받을 수 있으니 대출을 추가로 활용하면 평균적인 주택을 구입하는 데는 큰 문제가 없어 보입니다. 이 기준은 일본의 면세한도인 3,000만 엔을 참고한 것으로 보입니다.

궁극적으로는 증여세 면세한도를 올리려는 계획인데 2014년 세법개정을 통해 3,000만 원에서 5,000만 원으로 상향된 이후 변화가 없었고 해외의 사례를 생각한다면 현재보다는 많이 높이는 것이 필요할 듯합니다. 미국의 경우에는 2023년 기준 연간 면세한도는 1만 7,000달러이며 미국 거주자의 생애 면세한도는 1,292만 달러입니다. 8월 15일 현재 원화로는 17억 원이 넘습니다. 배우자 간 증여의 경우에도 한국은 10년간 6억 원인데 미국 시민권자인 경우에는 증여, 상속에는 면세한도가 없다고 합니다.

부모은행은 대부분 계약금(Downpayment)을 지원해주는 형태로 제공됩니다. 1년에 부모 개인당 연간 면세한도가 1만 7,000달러이므로 부부가 합치면 3만 4,000달러까지 증여세 없이 줄 수 있습니다. 결혼이나 동거를 고려한다면 배우자(파트너)를 포함해 6만 8,000달러가 되겠지요. 따라서 여유 있게 자금조달 계획을 세운다면 부모은행은 큰 도움이 될 수 있습니다.

세대 간 자금이 이전되는 수단으로는 시끄러운 상속보다는 증여가 훨씬 좋습니다. 고령화시대에는 피상속인의 연령 또한 높아지니 경제적 파급효과는 줄어들 수밖에 없습니다. 증여세 면세한도를 높이려는 시도는 저출산을 막고 경제를 활성화한다는 측면에서도 좋은 제도라고 볼 수 있습니다.

주택담보대출 금리가 우리보다도 높은 미국은 집값도 계속 오르는 중입니다. 금리와 집값이 모두 오르면서 주택구매력은 역대 최대로 떨어졌습니다. 이런 상황에서 부모가 현금으로 성인 자녀의 집을 사주고 돈을 나눠서 갚게 하거나 주택담보대출 금리가 떨어질 때 대출을 받아서 갚으라고 하는 것이 일반적인 현상이 되고 있습니다. 은행은 차주한테 7%의 이

자율을 적용하겠지만 부모는 그렇지 않고 원금만 돌려받고 싶을 뿐일 것입니다. 이래저래 부모은행은 계속 늘어날 듯합니다.

2023년 세법 개정 주요 내용(2024년 1월 1일부터 시행)

상속·증여세법 개정안

자녀의 결혼·출산 시 1억 원의 추가 비과세 증여 한도 적용
통합 공제한도 1억 원, 결혼·출산 중복 혜택 없음.
양가 최대 3억 원까지만 증여세 공제

[현행] 부모→자녀 10년간 5,000만 원까지 증여재산에 대한 증여세 공제
[개정] 결혼 : 기존 5,000만 원 + 추가 한도 1억 원으로 총 1억 5,000만 원
　　　 출산 : 자녀 출산 2년 이내 1억 5,000만 원(양가 3억 원 공제)

조세특례제한법 개정안

월세 세액공제 소득 기준 총급여	[현행] 7,000만 원 [개정] 8,000만 원
연간 월세액 세액공제 한도액	[현행] 750만 원　[개정] 1,000만 원
신용카드 사용액	초과분의 10%에 대해 추가 소득공제
올해의 105% 초과 시	100만 원 한도로 적용
기업주 가업승계 시	[현행] 60억 원 이하
증여세 최저세율(10%) 적용 과세구간	[개정] 120억 원 이하

소득세법 개정안

둘째자녀 세액공제액	[현행] 15만 원　　　　[개정] 20만 원
기본공제대상	[현행] 자녀　　　　[개정] 손자녀로 확대
영유아의료비 세액공제 한도	[현행] 연 700만 원　[개정] 한도 폐지
종합소득 과세표준 계산 시	[현행] 연 1,200만 원 이하
분리과세하는 연금소득 기준액	[개정] 연 1,500만 원 이하

출처 : 연합뉴스(https://www.yna.co.kr/view/GYH20231221001200044?section=graphic/index)

부동산 직거래,
증여의 다른 이름

중국에서는 부동산을 통하지 않고 소셜미디어(SNS)를 통해 직접 주택을 사거나 파는 거래 희망자들이 늘어나고 있습니다. 중개수수료를 절약하는 동시에 중국 부동산 시장 침체를 탈피하고 싶은 집주인들이 직접 나서고 있기 때문입니다. 이 같은 시대 흐름에 따라 호황을 누리던 중국 부동산 중개업계도 내리막길을 걸을 것이란 전망이 나오는 중입니다.

중국인들이 부동산을 직접 거래하고자 하는 가장 큰 이유는 중개수수료를 아끼기 위해서입니다. 중국은 대도시로 갈수록 중개수수료가 비싸다고 합니다. 베이징이 1~2.5% 수준인데 최대 부동산 프랜차이즈 기업이 최근 수수료를 낮추고 주택 매수자가 내는 구조에서 매도자, 매수자가 같이 부담하는 구조로 바꾸고 있다고 합니다. 부동산 경기침체로 주택 매물이 쌓여가고 있다는 점도 집주인들이 직접 SNS를 통한 시도를 늘리고 있습니다. 2024년 6월 중국 주요 70개 도시 중 66곳에서 중고주택가격이 하락했습니다. 그만큼 거래가 잘 이루어지지 않는다는 말입니다. 집주인들 입장에서는 빨리 집을 팔고 싶은데 그 방법의 하나로 직거래를 고려한다는 것입니다. SNS의 발달이 이런 현상을 더 가속화하고 있습니다.

〈중국 샤오홍슈의 주택 매물〉

출처 : 조선일보(biz.chosun.com/international/international_economy/2024/04/02/VSV6JIUHMBGBDKT2OK7URT5HOE)

중국 집주인 중개수수료 아끼기 위해 직거래

과거에도 중국에서는 직거래 플랫폼이 등장했었습니다. 2011년 베이징 시 정부는 중개료 없는 중고주택 직거래 플랫폼을 만들어 시범 운영했었습니다. 중개업소의 허위매물을 통한 집값 올리기 등 폐단을 없애기 위해서였습니다. 하지만 당시 이용자가 거의 없어서 유명무실화된 사례가 있습니다. 상하이시 정부도 이보다 앞서 직거래 플랫폼을 만들었지만, 중개업소의 벽을 넘지 못했습니다. 선전시(深圳市) 정부 또한 부동산 직거래 플랫폼을 출시했지만 몇 시간 만에 운영을 중단하기도 했습니다.

중국에서도 중개수수료 인하, 중개료 상한선 설정을 요구하는 목소리는 꾸준히 커지고 있습니다. 특정 전문가는 부동산 중개수수료는 0.5%가

적당하다고 주장하기도 했습니다. 이렇게 되면 우리나라와 비슷한 수준입니다. 하지만 주택 매매의 과정은 워낙 복잡하기 때문에 부동산 중개업소의 역할이 꼭 필요한 것으로 보입니다. 따라서 부동산 거래당사자에게 선택지가 하나 늘었다는 데 의미가 있는 것이지 중개업소를 대체하는 플랫폼으로 직거래가 자리를 잡기에는 현실적으로 불가능할 것으로 보입니다.

물론 이번 직거래의 유행은 집주인들이 주도한다는 점에서 과거와는 차이가 있습니다. 특히 소셜미디어의 발달로 인해 직거래를 시도하기 위한 기술적 기반은 잘 갖춰져 있다고 볼 수 있습니다. 따라서 중개수수료를 아끼기 위한 집주인들의 노력이 어떤 결실을 볼지 주목할 필요가 있다고 보입니다.

수도권 직거래 비중보다 지방의 비중 높아

부동산 직거래란 개업공인중개사를 거치지 않고 매도자와 매수자가 직접 거래하는 유형을 말합니다. 우리나라도 최근 부동산 직거래가 꽤 늘었습니다. 부동산R114가 국토교통부의 전국 아파트 매매 실거래 자료를 분석한 결과 2023년 직거래가 전체 거래에서 차지하는 비중이 11%로 2022년 16% 대비 5%p 줄었지만, 여전히 만만치 않은 수준입니다.

권역별 직거래 비중을 살펴보면 중개수수료를 줄이기 위해 직거래를 이용한다는 가정이 무색합니다. 2023년 수도권의 직거래 비중은 6%에 그치지만 지방의 비중은 무려 14%입니다. 한국부동산원의 2024년 6월 자료에 의하면 수도권 아파트의 평균 매매가격(6.69억 원)이 지방(2.56억 원)과 비교해 2.61배나 높은 상황에서 중개수수료를 줄이기 위한다면 수도권의 직거래 비중이 더 높아야 함에도 지방의 직거래 비중이 훨씬 더 높게 나타났습니다. 우리나라는 중국이나 여타국가보다 중개수수료가 상당히 저렴합니다. 이런 상황에서 중개수수료를 줄이기 위해 직거래를 이용하는 분들은 그리 많지 않은 것으로 보입니다.

심지어 2023년 아파트 직거래 비중이 가장 높았던 지역들은 대부분 지방의 광역시를 제외한 '기타 지방'으로 분류되는 곳입니다. 전남과 제주가 가장 높았는데 직거래 비중은 무려 각각 21.6%, 21.4%에 이릅니다. 반면 수도권은 직거래 비중이 가장 낮았습니다.

지방 아파트에 투자한 소유자들이 역전세, 깡통전세 문제가 불거지면서 세입자에게 소유권을 이전해준 사례가 꽤 있었을 것으로 판단하기도 합니다만 역 전세 문제가 가장 크게 발생한 지역이 서울 강서구 화곡동임을 고려한다면 그리 신뢰할 만한 분석이라고 보기는 어렵습니다.

〈아파트 직거래 비중 상위지역〉

구분	1위	2위	3위	4위	5위
지역	전남	제주	경북	전북	강원
비중	21.6%	21.4%	17.6%	17.0%	16.3%

출처 : 국토교통부, 부동산R114(2023년)

직거래는 증여를 가장한 편법 거래일 가능성이 크다

이런 점 등을 고려한다면 직거래는 중개수수료를 절감하려는 목적으로 개업공인중개사를 제외하고 개인 간에 이루어진다고 보기는 어렵습니다. 직거래로 이루어진 대부분의 거래가 주변 시세와 비교하면 터무니없는 가격임을 고려한다면 직거래의 가장 큰 유형은 증여를 가장한 편법 매매일 것으로 추정하는 것이 적절할 듯합니다.

직거래로 표기되는 실거래가를 확인하면 주변 시세 대비해서 20~30%가 저렴한 경우가 대부분입니다. 편법 증여의 한 유형으로 직거래가 활용되고 있다는 강한 의심을 하게 됩니다.

2023년 1월부터 증여 취득세 과세기준이 시가표준액에서 시가인정액으로 변경됨에 따라 세 부담이 커진 수도권에서 증여를 가장한 거래가 줄어든 것으로 보입니다. 하지만 기타 지방의 경우 상당한 기간 직거래가 전체 거래에서 차지하는 비중은 두 자릿수를 유지할 것으로 예상됩니다.

단순히 중개수수료를 아끼려는 목적으로 직거래를 한다면 오히려 더 큰 위험을 부담하게 됩니다. 직거래는 권리분석이나 하자에 대한 부분을 비전문가인 매도자와 매수자가 직접 확인하고 계약하기 때문에 정보의 비대칭성에 따른 사기, 착오의 문제가 발생할 여지가 큽니다. 따라서 중개수수료를 아끼려고 하다 가계의 가장 큰 자산인 주택의 소유권이 위험해질 수도 있으니 각별한 주의가 필요합니다. 직거래, 과연 저렴한 거래의 유형인지 심도 있게 고민했으면 합니다.

증여공제가 늘어나면
주택가격이 오를까?

부모로부터 증여를 받을 경우, 현재는 5,000만 원까지 증여세가 면제됩니다. 이는 해당 증여일 전 10년 이내에 동일인으로부터 받은 모든 금액입니다만, 부부증여 공제(10년 간 6억 원)에 비해 너무 적다는 말이 많았습니다. 상속자산의 배분비율(1.5 : 1)과 비교해서도 차이가 큽니다.

고령화시대에는 증여(상속)로 부를 축적하는 경우가 늘어나고 있습니다. 증여는 상속에 비해 부작용이 없으며 경제를 활성화시키는 데도 유리하다고 보고 있습니다. 왜냐하면 상속은 분쟁이 많이 발생하고 고령화시대에는 피상속인의 연령 또한 높아지고 있기 때문입니다. 자산을 축적하는 데 상속자산이 기여하는 비중은 1980년대에는 20%대였으나 2000년 들어오면서 40%대로 늘어났습니다. 이 비중이 높은 곳은 오히려 선진국입니다.

영국이 가장 높은 것으로 알려졌고 복지천국 스웨덴도 50%에 가깝습니다. 따라서 이제는 상속과 증여를 법적인 측면을 넘어 경제적인 측면에서 접근하려는 노력이 요구됩니다.

〈자산축적 중 상속자산의 비중〉

구분	한국	독일	프랑스	영국	스웨덴
비중	42%	42.5%	47%	56.5%	47%

출처 : 김낙년, 한국에서의 부와 상속(2015년)

상속재산은 분쟁이 많아

상속재산을 둘러싼 분쟁으로 형제, 가족들이 법원을 찾는 사례는 역대 최대치를 기록했습니다. 법원행정처에 의하면 상속재산분할 심판청구는 2016년 1,233건에서 2021년 2,380건으로 거의 두 배나 늘었습니다. '유류분반환 청구소송' 접수 건수 또한 급격히 늘어나는 중입니다. 2016년 1,096건에 불과하던 접수 건수는 2022년 1,872건으로 늘었습니다.

상속 관련 분쟁이 증가하는 이유는 '자산가치의 급격한 상승'을 들 수 있습니다. 경제가 성장하면서 자산을 축적한 사람들의 수가 늘어났고 그 사람들이 노년기가 되자 상속의 문제가 발생했습니다. 특히 지금은 경기 침체에다가 자기주장이 강한 MZ세대들의 특성과 맞물려 상속분쟁이 늘어나고 있다는 분석입니다.

증여와는 다르게 상속은 재산분할에 대한 다툼이 큽니다. 고령화로 인해 피상속인의 연령 또한 늘어나면서 상속에 따른 경제적 파급효과는 갈수록 떨어지고 있습니다. 고령화를 먼저 겪고 있는 일본의 경우 피상속인의 연령이 70, 80대인 경우도 많아 상속이 발생한 이후에도 소비가 늘어나지 않는다는 문제점이 발생하고 있습니다. 본인의 자산규모와 상관없이 고령층의 소비는 한계가 큽니다.

일본의 경우에도 상속 관련 분쟁은 급증하고 있습니다. 주목할 점은 자산이 적은 계층에서 상속분쟁이 더 많이 발생하고 있다는 점입니다. 유산이 1,000만 엔(약 1억 원) 미만의 분쟁이 전체의 30%대, 1,000만 엔~5,000만 엔 이하는 40%대로 70%를 훌쩍 넘는 분쟁이 유산 5,000만 엔을 넘지 않는 사례입니다. 저성장이 지속되면서 소득 증가를 기대하기 어려운 자녀들이 상속에 집착하게 되고 이에 따라 상속분쟁이 더욱 늘어나는 것입니다. 따라서 사전에 증여를 해주는 방식이 사후의 분쟁도 없애고 소비를 활성화시킬 수 있는 좋은 방법입니다.

결혼자금 공제금액 부부 3억 원까지 확대

정부가 결혼자금에 대한 공제금액 상한을 높여서 청년층의 세 부담을 낮추기로 했습니다. 결혼자금 증여세 공제한도를 1억 5,000만 원, 양가 합치면 3억 원까지 확대하기로 했습니다. 결혼할 때 양가에서 반반씩 모두 3억 원을 받을 경우 지금은 증여세를 2,000만 원 내야 하지만 2024년 증여분부터는 부과하지 않는 것입니다.

사실 결혼을 하기 위한 준비를 하는 데 소요되는 비용은 계속 늘어나는 중입니다. 결혼정보업체(듀오)의 조사결과를 보면 전국 신혼부부의 평균 결혼비용은 주택을 포함해 3억 3,050만 원(2023년)에 달합니다. 가장 큰 문제는 높아진 주택가격입니다. 늦은 결혼연령은 내 집 마련에 대한 부담을 더 크게 증가시킵니다. 늦게 결혼하는데 집까지 없으면 어떻게 하느냐는 생각입니다.

사실 결혼적령기에 이른 자녀들에게 부모들은 알음알음 지원을 많이 합니다. 증여세 신고를 해야 하지만 잘 몰라서 또는 귀찮아서 생략하는 경우도 많습니다. 하지만 예단, 예물, 혼수, 그리고 자녀가 받은 결혼식 축의금 등은 증여세를 과세하지 않지만, 주택자금, 전세자금은 증여세 과세 대상입니다. 최근 자금출처를 소명하는 자금조달계획서를 내는 경우가 많아 조심해야 합니다.

선진 외국에도 증여를 통해 주택을 구입하는 비중이 증가하고 있습니다. 영국에서도 대출규제가 강화되자 부모의 도움으로 집을 구입하는 비중이 증가하고 있습니다. 이를 통칭하는 '부모은행'이라는 단어 또한 유행하는 중입니다. 일본 또한 부모가 자녀에게 주택 구입자금을 증여할 때 최대 3,000만 엔까지 비과세하고 있습니다. 일본은 이외에도 토지, 주택 소유주가 개인 부동산 자산을 임대주택으로 활용할 때 상속세, 고정자산세, 도시계획세 등 각종 세금 감면 혜택이 있다고 합니다. 이는 노인세대의 자산을 젊은 세대로 이전해 소비와 경제를 활성화하기 위한 고육지책(苦肉之策)입니다. 이로 인해 세대 간 증여가 비교적 활발하게 이루어지고 있다고 합니다. 일본은 개인금융자산의 60% 이상을 고령층이 보유하고 있습니다.

우리도 만만치 않습니다. 2022년 기준으로 60세 이상 고령층이 가진 3,658조 원의 순 자산은 사실상 고여 있는 자금이나 마찬가지입니다. 이에 반해 30~39세 인구의 순자산 규모는 564조 원에 불과할 따름입니다. 2011년 기준으로는 고령층의 순자산이 928조 원이었는데 30대의 순자산은 1,172조 원이었습니다. 60세 이상 고령층의 순자산이 3.94배 늘었는데, 경제활동의 주축인 30대의 순자산은 2.08배 증가에 그쳤습니다. 증가폭은 거의 두 배나 차이납니다. 따라서 세대 간 격차는 점점 벌어지는 중입니다.

〈세대별 순자산 비교〉

구분	30대	60대 이상
2011년	1,172조 원	928조 원
2022년	564조 원	3,658조 원
증가 배율	2.08배	3.94배

출처 : 통계청

경제활동에도 거의 참여하지 않고 있으며 소비마저 줄어드는 고령세대는 여전히 과거의 자산을 움켜쥐고 있습니다. 반면 젊은 세대는 미래를 대비하는 도전과 혁신보다는 '영끌'로 내 집 마련에 나서거나 들어보지도 못한 코인에 투자해 한탕을 노리고 있습니다.

이 또한 가능하지 않다고 생각하면 좋은 차라도 타고 다니자는 도에 넘치는 특정 소비에 집중하는 현상도 보입니다. 인공지능으로 대변되는 새로운 기술혁명에 적극적으로 나서기 위해서는 고령층의 자산을 미래 산업의 현장으로 적극적으로 유도해야 합니다. 이런 차원에서 증여와 상속제도를 바꾸는 것은 시대가 요구하는 과제라고 볼 수 있습니다.

증여(상속)세 공제한도를 올리면 이에 따른 세수입은 감소하지만 다른 세수입이 증가해 총 세수의 감소는 크지 않을 것이며 오히려 증가할 것이라는 연구결과도 있습니다.

이 연구는 상속세를 폐지하면 소비가 0.17~0.35%, 경상수지가 1.24~2.46%, GDP는 0.14~0.28% 증가할 것으로 추정했습니다. 그리고 그동안 알음알음 지원한 자녀에 대한 금전 지원을 양성화시키는 의미도 크다고 봅니다. 따라서 현재 정부에서 추진하는 증여세 한도상향은 경제를 활성화시키고 고령화에 대비하는 차원에서 의미가 있다고 보는 이유입니다. 2008년 배우자 증여재산공제한도가 6억 원으로 확대된 이후 비수도권 소재 부동산 증여가 유의적으로 증가한 사례를 참고했으면 합니다.

베이비부머가 은퇴하면
집을 팔까?

2013년 방영된 방송의 토론 프로그램이 기억납니다. 토론의 주제는 '부동산 폭락할 것인가?' 였습니다. 당시만 해도 부동산 시장에 관한 관심은 하락의 폭이 어느 정도 될 것인지였습니다. 요즘도 언론과 방송에 계속 나오고 있어 의아하지만 당시에 폭락을 이야기하는 전문가도 꽤 있었습니다. 아파트 가격이 상승할 것으로 예측한 전문가는 없었고 그건 이슈 자체가 되지 않았습니다. 하지만 결론은 우리가 모두 알고 있다시피 2015년부터 본격적으로 아파트 가격이 오르기 시작했습니다.

당시 부동산 시장의 폭락을 이야기하는 전문가들은 베이비부머의 은퇴를 그 근거로 언급했습니다. 1955~1963년 사이에 출생한 베이비부머들이 은퇴와 함께 집을 팔거나, 준주택(실버타운 등)으로 이동할 것으로 생각했습니다. 하지만 전문가들도 예측하지 못한 부분은 저금리(유동성)와 고령화였습니다. 이는 액티브 시니어(Active Senior)들의 일상을 완전히 바꾸어놓았습니다.

아파트 매물증가는 베이비부머의 은퇴 영향?

베이비붐 세대 혹은 베이비부머(Baby Boomer)란 특정기간에 인구가 폭탄처럼 폭발적으로 증가한 세대를 의미합니다. 출생연도가 대부분 큰 전쟁이 벌어진 직후입니다. 선진국들은 2차 세계대전, 우리나라는 한국전쟁 직후입니다. 전쟁이 끝나면 떨어져 있던 부부들이 다시 만나고 미뤄졌던 결혼도 한꺼번에 이뤄진 덕분입니다.

베이비부머들이 은퇴하면서 이들이 주택 시장에 미칠 영향에 관한 관심은 높아지고 있습니다. 일 예로 최근 서울 아파트의 매물이 증가하면서 베이비붐 세대들이 노후자금을 마련하기 위해 매물을 내놓을 수 있다는 관측이 힘을 받고 있습니다. 2024년 초만 하더라도 7만 건에 머물던 매물량이 5월에는 8만 5,000건을 넘어섭니다. 이는 아실이라는 부동산 정보업체가 월별 서울 아파트 매물 건수를 집계하기 시작한 이래 최대 규모라고 합니다.

매물이 급속하게 증가하는 가장 큰 원인은 사려는 사람과 팔려는 사람 간에 가격 차이가 벌어졌기 때문입니다. 금리의 급격한 상승과 경기침체로 주택 시장에 관망세가 짙어진 원인도 큽니다. 하지만 베이비붐 세대들의 은퇴 시기가 맞물리면서 매물이 적체되는 속도를 앞당기고 있다는 의견도 많습니다. 실제로 법원 등기정보광장에 의하면 2023년 1월부터 2024년 2월까지 13개월간 전국에서 아파트를 가장 많이 판 연령대는 50대와 60대로 각각 36만 7,000건, 35만 8,000건을 기록했습니다. 반면 30대는 15만 건에 불과했습니다. 은퇴를 앞두거나 이미 은퇴를 한 50~60대들이 아파트를 많이 매도한다는 것입니다. 당장 월급이 끊기는 은퇴(예정)자들이 부동산을 팔아 생활비로 활용한다는 말이겠지요. 정말 그럴까요?

베이비부머 은퇴 후 주택 소유방식이나 형태가 달라질 수 있다

결론적으로 말씀드리면 베이비부머들이 은퇴한다고 해서 주택 시장에 매물이 급격하게 증가할 가능성은 크지 않습니다. 은퇴(예정)자들이 주택을 소유하는 방식이나 주택의 형태가 달라질 수는 있지만, 집이 없이 노후를 보낸다는 것은 상상하기 어렵습니다. 집이 당장 없어진다면 어디에서 노후를 보낼 수 있을까요? 병원이나 요양시설을 생각할 수 있는데 비용이 오히려 더 많이 들거나 자격을 갖춘 이후에나 들어갈 수 있는 시설들입니다.

전세로 거주할 수는 있지만 그런 선택을 하는 분들이 주변에는 많지 않고 만약 그렇더라도 전세수요가 늘어나기 때문에 주택 시장에는 크게 부정적인 요인은 아닙니다.

주택을 소유하는 방식이 달라질 수는 있습니다. 주택연금이 대표적입니다. 주택연금이란 주택을 보유하고 있지만, 소득이 부족한 노인들을 위해 한국주택금융공사가 시행하는 연금 제도입니다. 주택연금에 가입하는 순간 그 주택은 더 이상 시중에 매물로 나오지 않습니다. 지난해 가입대상과 대출한도 등 가입 조건이 완화되면서 주택연금 가입자는 큰 폭으로 증가했습니다. 2024년 5월 기준으로 가입자 수는 12만 7,853명에 이릅니다. 과거와는 다르게 시중에 매물이 잠기는 큰 요인 중 하나입니다.

증여도 무시할 수 없습니다. 주택 시장이 지지부진하면서 증여를 고민하는 은퇴(예정)자들도 많이 늘었습니다. 매달 전국적으로 1만 5,000건에서 2만 건이 증여되니 만만치 않은 숫자입니다. 고령화에 따른 영향인지 50대 수증자(증여받은 사람)가 대폭 늘어나고 있습니다.

증여가 이루어진 후 5년 이내에 양도하면 이월과세 규정에 따라 양도소득세가 부과됩니다. 따라서 증여가 이루어진 주택은 5년 동안은 매물로 나오지 않게 됩니다. 그 이후에도 시장에 나온다는 보장은 없습니다.

거주하는 주택의 형태가 달라질 수도 있습니다. 은퇴(예정)자들에게 대형 아파트는 부담입니다. 가구원 수가 많아야 두 명인데 공간이 너무 넓습니다. 아파트의 규모를 줄이는 다운사이징(Downsizing)은 늘어날 것으로 보입니다. 대우건설이 건국대학교 산학연구팀과 공동으로 조사한 주택 수요 추정 빅데이터 결과에 의하면 전용면적 40~50㎡ 소형주택의 50대 이상 계약자 비중이 36.4%로 가장 높았습니다. 60세 이상도 30.3%로 두 번째로 높은 비중을 보였습니다. 이렇게 작은 규모의 주택을 매입하는 이유는 본인들이 거주하겠다는 의도보다는 다른 목적이 있는 듯이 보입니다.

고령화에 대한 불안감으로 그나마 안정적인 아파트 상품을 매입해 노후를 대비하겠다는 생각입니다. 물론 자식에 대한 상속이나 증여도 포함되어 있을 것입니다. 안정적으로 투자 수익을 얻은 후에 자식들에게 물려주면 꿩 먹고 알 먹는 혜택을 누릴 수 있는 것입니다.

도심의 주거선호지역에서 외곽으로 이사하면서 현금을 확보하려는 노력도 있을 것으로 판단됩니다. 하지만 도심의 편의시설이 꼭 필요한 고령층이 외곽으로 대거 이전하는 현상은 발생하지 않을 것입니다. 오히려 도심에 남아 있으면서 MZ세대들과 아파트 선점 경쟁을 할 가능성이 더 큽니다.

은퇴계층 영향 당분간 크지 않을 듯

지금의 베이비부머는 과거의 은퇴계층과는 차이가 있습니다. 고령화의 영향으로 60세가 넘었음에도 여전히 현역과 같은 생각을 합니다. 2023년 60~70대의 승용 신차 등록은 30대의 신차 등록 대수를 넘어섰습니다. 지난 10년 동안 처음 있는 일입니다. 증가율 또한 압도적입니다. 60대는 작년과 비교하면 19.7%, 70대는 19.1%나 증가했습니다. 반면 30대는 2.9%, 40대는 2.7% 증가에 그쳤습니다. 즉, 2023년 자동차 시장의 성장은 50대 이상이 이끌었다고 볼 수 있습니다.

〈2023년 연령별 신차 구매 증감 현황〉

구분	30대	40대	50대	60대	70대
대수	22만 1,693대	28만 6,630대	33만 6,021대	21만 6,188대	4만 8,366대
증가율	2.9%	2.7%	12.4%	19.7%	19.1%

출처 : 카이즈유 데이터연구소

주택도 마찬가지입니다. 연령대별 아파트 매입 비중을 2014년(12.7%)과 비교하면 60대 이상의 매입 비중은 19.44%로 많이 늘었습니다. 반면 40~50대의 비중은 오히려 줄어들고 있습니다. 베이비부머들은 은퇴를 했음에도 불구하고 주택 시장에 계속 머물러 있습니다. 집을 파는 것이 아니라 오히려 더 매입하는 중입니다.

한국보건사회연구원에 의하면 액티브 시니어라고 불리는 우리나라 65세 이상 성인의 임종 선호장소 1위는 본인의 집입니다. 하지만 안타깝게도 10명 중 7명 이상은 의료기관에서 생을 마감하고 집에서 임종하는 비율은 16%에 불과합니다. 과거와는 다르게 재택간호가 가능해지고 가정 호스피스제도가 도입된다면 대부분의 노인가구는 현재의 주택에 머물 가능성이 큽니다. 해외의 연구에 의하더라도 75세 이상의 자가주택 판매비중은 계속 감소하는 중입니다. 주택 시장에 매물이 나오지 않는 또 다른 요인이 될 수 있습니다.

베이비부머가 은퇴하면서 대거 본인들의 집을 팔 것이라는 추측은 조금만 세부적으로 분석해보면 신빙성이 떨어집니다. 소유하는 방식이나 주택의 형태가 달라질 수는 있겠지만 주택 시장에 미치는 영향은 크지 않을 듯합니다. 연령별 아파트 매입 비중을 보더라도 작년까지도 베이비부머들은 더 많은 주택을 구입하는 중입니다. 베이비부머의 은퇴가 주택 시장에 미치는 영향에 대한 조금 더 세부적인 연구가 필요할 듯합니다.

영끌이 아니라
부모 찬스입니다

2020~2022년 주택 시장의 가격 상승기 동안 서울에서 3억 원이 넘는 집을 구매한 20·30세대 중에 DSR 40%(매년 갚아야 할 원리금 상환액이 소득의 40%) 이상을 조달한 영끌(영혼까지 끌어모아서 투자하는 것) 사례는 3.8%에 불과한 것으로 나타났습니다. 한국부동산원에서 발간하는 학술지 〈부동산 분석〉 2024년 4월호에 실린 '20·30세대 영끌에 대한 실증분석'이라는 논문의 결과입니다.

홍정훈 한국도시연구소 연구원과 임재만 세종대 교수가 함께 연구한 논문에서는 당시 언론을 중심으로 널리 퍼져 있던 청년세대의 '영끌 담론'이 과장되었다고 주장하고 청년세대 내 자산 격차와 세대 간 부의 이전이라는 현실을 오히려 가렸다고 지적합니다. 연구결과의 핵심은 영끌 기준의 대상 범위를 다소 넓혀 DSR 30% 이상으로 확대하면 20·30세대 영끌 매수자는 14.7%로 늘어나고 반대로 더 줄여 DSR 50% 이상으로 축소하면 1.3%로 급격히 감소한다는 것입니다.

〈DSR 구간별 20·30세대 영끌 대출 비중〉

구분	DSR 30% 이상	DSR 40% 이상	DSR 50% 이상
비중	14.7%	3.8%	1.3%

출처 : 20·30세대 영끌에 관한 실증분석(2024년 4월)

젊은 층의 주택 매입을 모두 영끌로 규정

한국언론진흥재단이 제공하는 서비스인 빅카인즈(Big Kinds)를 통해 영끌 관련 언론의 기사량을 분석한 결과 2020년 6월 이전에는 100건에도 미치지 못했던 보도량은 2020년 7월부터 100건 이상 크게 증가했습니다. 2020년 12월에 500건을 초과하며 고점을 기록한 이후 보도량은 대체로 감소했습니다. 영끌 관련 보도량이 크게 증가한 시점은 서울 아파트 가격이 상승한 시점과 동일합니다.

당시에는 미디어의 성격을 막론하고 청년층이 과도한 주택담보대출과 신용대출을 조달해 주택을 구입했다는 보도가 주를 이루었습니다. 영끌의 정의와 조건을 면밀히 고려하지 않은 채 20·30세대의 주택 구입 행위 자체를 영끌로 정의하는 경향까지 있었습니다.

심지어 소득과 자산이 충분히 뒷받침되는 계층까지 영끌 매수자로 규정하는 것은 적절하지 않았습니다. 이러한 미디어의 보도는 청년층의 주거정책에 대한 인식에 부정적인 영향을 미쳤습니다.

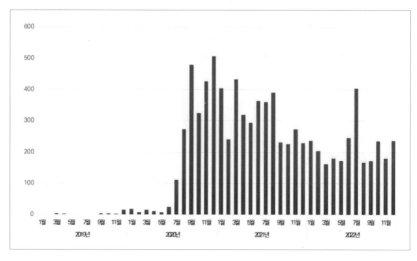

〈'영끌' 키워드 포함한 보도량(2019~2022년)〉

출처 : '20·30세대 '영끌'에 관한 실증분석', 부동산 분석(2024년 4월)

영끌보다는 오히려 부모 도움을 받는 경우가 훨씬 많아

반면, 이 기간 20·30세대 주택 구입자 중에 빚이 전혀 없거나 가족의 도움을 1억 5,000만 원 이상 받은 경우는 영끌족과 비교해 각각 2.8배, 5.1배나 많았습니다. 즉, 영끌족(DSR 40% 이상)이 전체의 3.8%에 그친 데 반해, 가족으로부터 1억 5,000만 원 이상 지원받은 매수자는 19.7%, 심지어 차입금이 없는 비중도 무려 10.9%로 나타났습니다.

모든 시기의 주택가격은 높습니다. 왜냐하면 가격은 상대적이기 때문입니다. 베이비부머가 주택을 매입할 당시에도 주택가격은 높았고 주택 매수자들은 당연히 영끌을 했습니다.

영끌이 특정 세대나 시기에만 나타나는 현상으로 오도한 미디어들로 인해 부모 찬스가 가려져 거의 논의되지 않았습니다. 하지만 지금은 영끌을 걱정할 때 보다는 부모 찬스로 인해 발생할 자산이전과 이것이 주택 시장에 미치는 영향에 대해 고민하는 것이 더 필요합니다.

한국부동산원에 의하면 증여가 아파트 전체 거래에서 차지하는 비중은 확연히 늘고 있습니다. 최근 증여 건수가 과거에 비해 다소 줄어들었지만, 전체 거래에서 차지하는 비중은 더 늘고 있습니다. 2011년 전체 거래에서 2.94% 비중에 그쳤던 증여 거래는 2017년 3.68%를 거쳐 2023년 5.37%로 늘었습니다. 2024년 들어서도 이런 추세는 계속되는 중입니다. 2024년 1~3월간 아파트 전체 거래는 18만 8,000건인데 이중 증여는 1만 1,000건 거래로 증여 비중은 5.85%로 2023년과 비교해도 소폭 늘었습니다. 실제로 증여 신고를 하지 않고 자녀에서 증여하는 경우까지 고려한다면 증여 거래는 꽤 큰 폭으로 증가하고 있습니다.

〈아파트 증여 비중 추이〉

연도별	2011년	2017년	2023년	2024년
증여 비중	2.94%	3.68%	5.37%	5.85%

출처 : 한국부동산원(2024년 3월)

증여 비중, 수도권이 지방보다 높아

지역에 따른 차이도 주목할 필요가 있습니다. 2024년 1~3월까지 서울의 증여 비중은 무려 11.16%입니다. 전국 평균의 2배 가까운 증여가 일어난다는 말입니다. 반면 광역시임에도 불구하고 대전(8.17%)과 부산(7.84%)의 증여 비중은 비교적 높은 데 반해 대구와 울산은 각각 4.5%, 2.33%에 불과합니다. 2024년 통계로만 살펴본 전체 거래에서 증여의 비중 차이이지만 지역 간 확연한 차이를 보입니다. 대체로 수도권이 높고 지방은 적습니다만 지방 내에서도 차이를 보이는 점은 세밀한 조사가 필요할 듯싶습니다.

2017년까지만 해도 수도권과 지방의 차이는 거의 없었습니다. 당시 수도권의 증여 비중은 3.74%였고 지방은 3.63%로 지방의 증여 비중이 소폭 낮았지만, 그 차이는 0.11%p에 불과했습니다. 하지만 2023년이 되자 그 비중 차이는 더 벌어집니다. 수도권은 6.02%, 지방은 4.84%로 그 격차는 1.18%p로 비중 차이는 10배가 넘게 벌어졌습니다. 이 차이는 주택가격 상승 차이로 인한 결과로 보입니다.

KB국민은행에 의하면 2017년 1월 전국 아파트의 평균 매매가격은 3억 2,000만 원이었고, 서울의 매매가격은 6억 원이었습니다. 2024년 1월 현재 전국 아파트의 평균 매매가격은 5억 2,000만 원이나 서울의 평균 매매가격은 무려 12억 4,000만 원 수준입니다. 2017년 1.9배밖에 차이가 나지 않던 서울과 전국 평균 매매가격 차이는 2024년 현재 2.4배나 벌어졌습니다.

가격이 많이 오른 수도권이 지방보다는 증여에 대한 필요가 더 커졌을 것으로 보입니다.

〈시기별 아파트 평균 매매가격 비교〉 (단위 : 만 원)

구분	전국	서울	차이
2017년 1월	31,849	59,769	1.88배
2024년 1월	52,147	123,918	2.38배

출처 : KB국민은행(2024년 1월)

수도권이 높고 지방이 낮은 이유는 증여나 상속에 대한 고민은 자산가들이 많이 하기 때문으로 보입니다. 서울을 예로 들면 노원, 도봉, 강북구의 증여 비중이 6~7%대에 머물고 있는 반면 서초구와 송파구는 10%를 넘어섭니다. 특이한 점은 성동구입니다. 성동구의 아파트 전체 거래에서 증여의 비중은 무려 25.6%입니다. 성동구 아파트 4분의 1이 증여를 통해 소유권이 이전된다는 말입니다.

성동구는 20·30세대들이 가장 많이 매입하는 지역입니다. 전체 거래에서 20·30세대의 매입 비중이 50% 가까운 수준에서 움직입니다. 2023년의 경우에는 47.85%나 됩니다. 서울 평균은 36.51%로 성동구는 서울 평균보다 10%p를 훌쩍 넘어섭니다. 따라서 20·30세대의 매입 비중과 증여의 비중이 함께 간다는 점에 유의했으면 합니다. 즉, 20·30세대가 아파트를 매입한다면 어떤 형태로든 부모의 도움이 존재한다는 점입니다. 서울의 아파트가격이 그렇게 낮지 않은 상황에서 20·30세대들이 본인들의 자산만으로 주택을 구입하는 것이 쉽지 않다는 방증입니다.

〈서울 구별 증여거래 비중〉

구분	성동구	용산	서초구	송파구	노원구	도봉구	강북구
비중	25.6%	13.37%	10.11%	10.00%	7.74%	6.32%	6.02%

출처 : 한국부동산원(2024년 1~3월)

미국도 부모은행을 통한 주택 매입 비중 대폭 늘어

미국도 마찬가지입니다. 올해 3월에 레드핀의 조사에 따르면 밀레니얼 세대와 Z세대 중 3분의 1 이상이 부모나 가족이 증여의 형태로 계약금을 도와줄 것으로 기대했습니다. 이 수치는 5년 전보다 두 배나 증가했습니다. 2019년 계약금(Downpayment) 조달을 위해 가족으로부터 증여를 받은 비율이 18%에 그쳤고 2023년 조사에서는 23%로 늘어났으며 2024년에는 30%를 넘었습니다. 코로나19 이후 집값은 거의 40%나 상승했으며 2023년에만 7% 상승했습니다. 주택담보대출 금리 또한 급등해서 높은 소득을 올리는 청년들마저 부모의 도움을 받고 있다고 합니다.

20·30세대의 거의 절반인 43%가 주택가격이 너무 높으므로 조만간 주택을 구입할 가능성이 낮다고 말했습니다. 약 34%는 주택 구입을 고려하지 않는 이유로 계약금을 저축할 능력이 없다는 점을 꼽았습니다. 미국인들이 주택을 구입할 가능성이 없는 이유를 묻는 질문에서도 공통적으로 응답한 것은 대출을 감당할 능력이 없다는 점이었습니다.

전 세계적으로 부모의 재산이 중요한 시대에 살고 있습니다만 모든 사람이 이를 활용할 수는 없습니다. 가족의 도움이 없어 집을 구입하지 못하는 젊은 층이 훨씬 더 많습니다. 이제라도 영끌이라는 과장된 담론에서 벗어나 세대 간 부의 이전에 대해 더 많은 고민을 했으면 합니다.

치매머니를
아십니까?

KB국민은행에 의하면 2024년 7월 현재 서울 아파트의 평균 매매가격은 12억 1,387만 원입니다. 이제 서울에 아파트를 보유한 사람은 상속이나 증여의 대상에서 벗어나기 어렵습니다. 증여세 면세기준이 과거와 동일하게 유지되면서 세대 간 부의 이전은 더디기만 합니다. 부의 고령화가 심화되면 자연스럽게 경제의 활력이 떨어집니다. 전 연령대 중 가장 자산이 많은 '부자'세대로 꼽히는 베이비부머들의 자산이 대부분 부동산에 묶여 있다 보니 발생하는 현상으로도 보입니다.

문제는 그들의 자녀인 20·30세대입니다. '부모보다 가난한 첫 세대', '88만 원 세대'로 꼽히는 이들은 월급보다 자산가격이 더 빠르게 오르면서 부를 축적한다는 생각조차도 하기 힘듭니다. 이런 문제는 저출산과 고령화를 더 심화하는 대표적인 요인으로 주목받고 있습니다. 현실적으로 부모 세대의 도움이 없이는 자산을 모은다는 것이 어렵습니다.

노노증여나 노노상속으로 경제활력 저하

부모세대 또한 어렵기는 마찬가지입니다. 자산의 80% 내외가 부동산에 묶여 있다 보니 운신의 폭이 좁습니다. 특히 은퇴했거나 은퇴가 코앞에 닥친 상황이라 현실적인 고민을 하다 보면 자식에게 자산을 물려준다는 생각도 하기 어렵습니다. 증여가 쉽다면 이를 고려할 수도 있는데 면세기준이 과거에 머물다 보니 부의 이전 또한 쉽지 않습니다.

사전에 증여하지 못한다면 노노(老老) 증여나 노노(老老)상속이 발생할 가능성이 큽니다. '부의 고령화'를 이제는 고민해야 합니다.

상속인과 피상속인이 모두 고령자가 되고 자산이 고령층 내에서만 순환하는 노노상속이나 노노증여 현상이 벌어지면 경제가 활력을 잃게 됩니다. 이런 현상을 먼저 겪은 일본의 사례를 보면 사회 전반에 소비와 투자가 감소하고 심지어 노령층이 현금을 집에 쌓아두는 현상까지 생기게 됩니다. 고령의 부모님이 돌아가시면 장롱이나 다다미를 뜯어 현금을 찾는 해프닝까지 벌어진다고 합니다.

이른바 장롱 예금입니다. 일본에서는 고독사하는 노인의 집에서 현금 다발이 다량으로 발견된다는 보도기사가 심심치 않게 나옵니다. 물론 우리나라와 일본의 상황은 다릅니다.

일본은 지난 30년간 물가가 거의 오르지 않아 자산을 현금으로 집에 가지고 있어도 화폐가치가 떨어질 걱정을 할 필요가 없습니다. 사실상 예금금리마저 제로(0)인 상황에서 은행에 돈을 저축할 필요도 없습니다.

일본, 장롱예금이란 용어까지 등장

일본은행이 최근 발표한 2023년 4분기 자금순환통계(속보)에 의하면

2023년 말 가계금융 자산은 작년 같은 기간과 비교하면 5.1% 증가한 2141조 엔으로 5분기 연속으로 최고 수준을 경신했다고 합니다. 최근 투자 자산의 비중이 늘었지만, 일본 가계의 현금 및 예금의 비중은 다른 선진국을 압도합니다. 금융투자협회의 자료에 의하면 2021년 기준으로 55.2%로 미국(13.2%)과 영국(27.1%) 심지어 한국(43.4%)에 비해서도 압도적으로 높습니다. 장롱예금이 어느 정도인지 정확히 알 수는 없으나 '다이이치(第一)생명경제연구소' 등에 따르면 500조 원에 육박한다고 합니다.

돈을 집에 묻어두는 것이 낫겠다는 일본인들이 늘어나면서 현금보관용 개인금고의 판매도 크게 늘고 있다고 합니다. 집에서 보관하기 쉽고 간편한 가정용 소형금고가 인기입니다. 금고판매량이 급증하자 일부 금고 판매점에서는 가정용 금고 특설 판매장까지 개설했습니다. 금고 수입까지 증가한 기간도 있다고 합니다. 한국의 금고 수출기업이 일본 지역의 판매가 늘어나면서 호황을 누렸다는 전언입니다.

장롱예금에서 치매머니까지…

장롱예금은 그래도 양반입니다. 노노상속이 늘어나면서 이른바 '치매머니'도 늘어나고 있다고 합니다. 2010년대 후반부터 나타나기 시작한 용어인 치매머니는 치매를 겪고 있는 고령층이 보유하고 있는 금융자산을 말합니다. 금융기관에 예금한 많은 고령자들이 치매에 걸림으로써 나타나는 사회문제를 함축해서 만든 용어입니다.

일본의 고령자들은 상당한 자산가입니다. 일본 전체 금융자산의 60% 이상을 60세 이상의 시니어들이 보유 중입니다. 75세 이상 후기 고령자의 자산만 해도 전체의 20%를 훌쩍 넘깁니다. 이들이 치매에 걸리면 다양한 측면에서 사회적 파장이 생기게 됩니다.

치매에 걸려 판단능력이 떨어지면 금융회사에 예치되어 있는 돈은 무용지물이 될 가능성이 많습니다. 치매환자 계좌의 돈은 원칙적으로 인출이 불가능합니다. 인출에 대한 본인의 동의를 받기가 쉽지 않기 때문입니다. 은행 예금만이 아닙니다. 본인 명의의 부동산을 포함한 자산은 동결된 것이나 마찬가지입니다. 치매환자의 자산 또한 치매에 걸리는 셈이 됩니다. 일본의 치매환자는 2012년 462만 명에서 2025년이며 최대 730만 명에 달할 것으로 추산됩니다. 더 큰 문제는 65세 이상 고령 인구 가운데 치매환자의 비율입니다.

2025년에는 노인 5명 중 1명이 치매에 걸린다고 하니 치매머니의 사회적 문제는 더 커질 듯합니다.

치매머니 일본경제를 위협

미쓰이스미토모신탁은행의 조사에 의하면 2인 이상 세대 중 자산이 가장 많은 연령대는 80세 이상입니다. 그다음은 60대, 70대, 50대의 순입니다. 자산규모에는 차이가 있지만 이런 경향은 단독세대(1인가구)에서도 동일하게 나타납니다.

일본의 다이이치(第一)생명경제연구소가 추산한 바에 따르면 2030년이 되면 치매머니는 무려 230조 엔(약 2,300조 원)을 넘어설 것으로 전망됩니다. 이 규모의 금융자산은 일본의 국내 총생산(GDP)의 40%에 맞먹는 수준이며 가계금융자산 전체로는 10%가 넘습니다. 만약 이 돈이 장기간 동결된다면 일본의 경제를 위협할 정도가 될 수도 있습니다.

이 때문에 일본 정책당국은 금융기관과 힘을 합쳐 치매머니의 동결 방지를 위한 법적 제도적 장치를 마련하기 위해 노력하고 있습니다. 치매머니 동결 방지책인데 '가족신탁'이나 '성년후견인제'를 적극적으로 활용하도록 유도하는 중입니다. 가족신탁은 믿을 수 있는 가족에게 치매가 생기기 전에 미리 자산관리를 위탁하는 것입니다. 2000년에 도입한 성년후견인은 법률적 행위를 할 수 있는 판단능력을 상실한 개인을 대신해 특정인에게 법률적인 행위와 권한을 부여하는 제도입니다. '임의후견'과 '법정후견' 두 가지가 있지만 치매머니의 대책으로는 임의후견인 선정이 권유되고 있습니다. 안타깝게도 일본에서조차 이를 활용하는 이용자는 2021년 기준으로 24만 명에 불과하다고 합니다.

치매 부동산은 2030년 100조 엔 추계

치매머니를 금융자산과 부동산으로 구분해 조사한 연구도 있습니다. 미쓰이스미토모신탁은행은 2020년 기준으로 치매 고령자가 보유한 부동산이 80조 엔으로 추계했습니다.

이는 전 가계가 보유한 부동산의 7.4%에 해당하는 수치입니다. 치매 고령자가 증가하면 보유하는 자산도 향후 증가할 것으로 예상됩니다. 2030년 시점에서는 부동산은 100조 엔, 2040년에는 108조 엔으로 증가할 것으로 분석했습니다. 이는 전 가계가 보유한 부동산의 각각 9.4%, 10.8%에 이르는 수준입니다.

일본의 경우 치매 고령자의 보유 부동산은 특정 지역에 집중되는 현상이 두드러집니다. 치매 고령자가 보유한 부동산 중 3대 도시권에서 3/4에 이르는 비중을 보입니다. 금융자산과 마찬가지로 치매 고령자의 보유 부동산도 계속 증가합니다. 3대 도시권의 경우 고령자 수가 압도적으로 많고 고령자 1명당 부동산 보유액도 여타 지역에 비해 높기 때문입니다. 일본의 경우 전체 자산에서 부동산이 차지하는 비중이 우리보다 현저히 낮습니다.

글로벌컨설팅회사인 보스턴컨설팅그룹(BCG)이 최근 금융위원회에 제출한 보고서에 의하면 부동산을 포함 비금융자산이 64%인 한국과 금융자산 비중이 63%인 일본의 고령층의 치매 부동산이 미치는 영향이 다를 수밖에 없다는 말입니다.

〈치매 고령자의 보유자산 잔고(추계치)〉　　〈치매 고령자 가계자산총액 비중(추계치)〉

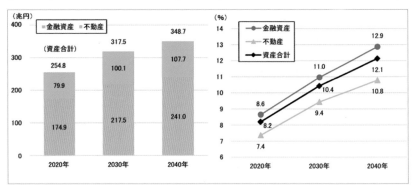

출처 : 미쓰이스미토모신탁은행(2022년 5월)

한국도 일본처럼 다양한 방법 고민해야

통계청에 의하면 2022년 주택을 소유한 개인 중 60세 이상의 비중은 41.2%에 달했습니다. 반면 39세 이하의 비중은 11.9%에 불과합니다. 자연스럽게 젊은 층은 자산축적의 기회에서 멀어지게 됩니다. 이러한 현상은 2차 베이비부머인 50대가 고령층으로 편입되면 더 심화될 가능성이 큽니다. 세대 간 자산 격차가 커지면 사회적 갈등요인은 증가할 수밖에 없습니다.

이러한 부작용 때문에 일본은 젊은 세대에게 자산 이전이 원활하게 이루어질 수 있도록 자녀가 아닌 손자에게 바로 증여할 때 세제혜택을 주는 등의 노력도 하고 있습니다. 손자에게 특정 목적(교육, 주택 취득, 육아·결혼·출산)의 증여를 할 때 일정한 한도 내에서 비과세 혜택을 주고 있습니다.

부의 대물림이라는 측면에서 사전증여에 대한 부정적 기류가 강한 것이 사실입니다. 흙수저, 금수저의 논란도 모두 이런 시류를 반영한 것이라고 볼 수 있습니다. 사전증여가 원활하게 이루어진다면 금수저만 혜택이 있는 것으로 판단할 수도 있습니다. 하지만 이 문제는 부의 대물림이라는 소극적인 접근에서 벗어나 부동산의 세대교체라는 적극적인 접근으로 고민하는 것이 좋지 않을까 싶습니다.

전체 상속이나 증여세를 모두 낮추거나 감면하는 것이 가장 좋은 방향이지만 사회의 부작용이나 반발을 고려한다면 소비와 투자를 촉진하는 분야에 한해서 다른 나라처럼 상속, 증여세의 일부를 감면해주는 방법도 고려할 수 있습니다. 특히 중소기업의 가업승계는 고용이나 투자 촉진 차원에서 빠르게 방법을 찾아야 합니다.

부동산 세대전쟁이
시작된다

지금의 60~70대는 30년 전과 비교하면 40~50대에 불과합니다. 수명과 건강상태를 고려한다면 자기 나이에서 10~15년을 차감하면 당시의 나이가 나옵니다. 따라서 현재 60대는 과거 40대에 불과합니다. 집을 팔거나 줄이는 40대를 본 적은 없습니다. 연령별 인구구조를 언급할 때 가장 부동산에 관심이 많은 계층은 오히려 40대입니다. 한창 자녀들이 중고등학교에 다니는 중요한 시기이기에 더 이상 전세를 살거나 옮겨 다니기가 곤란합니다. 적극적으로 주택 매입수요로 전환되는 시기입니다.

베이비부머가 여전히 주택 매입수요에 머물러 있다는 통계는 여러 곳에서 나옵니다. 40~50대의 주택 매매 비중은 시간이 지나면서 오히려 줄어드는 데 반해 60대 이상의 주택(아파트) 매매 비중은 갈수록 커지고 있습니다. 2021년 들어 60대 이상의 아파트 매매 비중은 드디어 20%를 넘었습니다.

베이비부머가 주택 시장을 떠나지 못하는 또 다른 이유는 고령화 때문입니다. 고령화는 축복이라는 말을 곧이곧대로 믿는 분들은 안 계실 것입니다. 재앙이라고까지는 이야기하고 싶진 않지만 '회색 쇼크(Shock of gray)'

정도로는 말해야 하지 않을까 싶습니다. 빠른 은퇴와 고령화는 은퇴계층에 이른바 '멘붕(멘탈붕괴)'을 불러일으킵니다.

벌어 놓은 것은 없는데 매달 들어오는 수입이 줄어드는 것도 아니고 아예 없어진다면, 여기에 저금리는 기름에 불을 끼얹은 격입니다. 드라마 〈응답하라 1988〉에 나오는 17%의 예금금리는 꿈같은 이야기며 다시 못 올 신천지입니다. 선진국에 진입한 우리로서는 불가능한 미래입니다.

베이비부머는 떠나지 않고, MZ세대는 주택 시장 진입

이런 이유로 이들이 매입하는 아파트의 규모는 대부분 중소형에 집중되고 있습니다. 대우건설이 건국대학교 산학연구팀과 공동으로 조사한 주택 수요 추정 빅데이터 결과에 의하면 콤팩트 맨션(Compact Mansion)이라고 일컫는 초소형 아파트의 계약자 비중은 50대와 60대가 가장 높았다고 합니다. 이렇게 작은 규모의 주택을 매입하는 이유는 저금리, 고령화에 대한 불안감으로 그나마 안정적인 아파트 상품을 매입해 노후를 대비하겠다는 생각입니다. 주식 시장의 불안정성은 노후 대비 투자로는 미흡합니다. 물론 자식에 대한 상속이나 증여도 포함되어 있을 것입니다. 안정적으로 투자 수익을 얻은 후에 자식들에게 물려주면 꿩 먹고 알 먹는 혜택을 누릴 수 있는 것입니다.

MZ세대도 마찬가지지만 베이비부머 또한 현 부동산 시장이 불안합니다. 아파트 가격이 더 떨어질 것 같기도 하지만 반대로 오를 수도 있기 때문입니다. 잘못된 정부의 부동산 정책으로 어떤 세대도 행복하지 않은 상황이 지속되고 있습니다. 베이비부머가 부동산 시장을 떠나지 않으면 현재의 공급부족 현상은 심화될 가능성이 큽니다. 베이비부머는 아파트 시장을 떠나지 않고, MZ세대는 본격적으로 아파트 시장에 들어오면서 안정적인 수요를 뒷받침하고 있습니다. 떠나야 할 사람은 가지 않는데 들어오는 사람은 늘어난다면 아파트 가격이 자연스럽게 올라갈 수밖에 없습니다. 현재 우리의 상황이 그렇다고 볼 수 있습니다.

베이비부머와 MZ세대 궁극적으로 동일한 상품 원해

베이비붐세대와 20·30대가 주택을 선택하는 기준은 조금 다릅니다. 투자 목적과 교육환경 때문에 주택을 구입했던 베이비부머와는 다르게 20·30대는 실수요자가 많이 분포하기 때문에 직장과의 접근성을 가장 중요하게 여기는 것으로 파악됩니다. 한 정치인이 언급해서 유명해진 '저녁이 있는 삶'은 20·30세대의 개인 생활을 중시하는 풍토가 반영되었다고 볼 수 있습니다. 과거 베이비붐세대와는 다르게 직장에서 초과근무를 시키기가 쉽지 않고 맞벌이 부부가 많은 점 등을 고려하면 '직주근접'이라는 주택 시장의 대명제는 더욱 크게 다가옵니다.

주택 시장에서 '직주근접'보다 더 강력한 투자 조언은 없습니다. 주택 시장에서 직장의 영향력은 상당합니다. 내 집 마련 조건에서 직주근접이 중요시되면서 주택 구매 여력이 높은 전문직, 연구직, 대기업 직장인 등이 많은 업무밀집지역의 주거가치는 계속 올라갈 수밖에 없습니다. 직장에서 퇴근 후 여유로운 시간을 보내려는 라이프스타일의 변화가 직장과 주거지가 가까운 직주근접을 더욱 가속화시킬 것입니다.

이런 지역은 베이비부머에게도 매력적입니다. 학군 등 투자 가치가 뛰어난 생활인프라 수준이 높아 정착했지만, 자녀들이 모두 분가한 이후에도 굳이 도심을 떠나지 않습니다. 다양한 커뮤니티가 도심을 중심으로 형성되어 있어 오히려 떠나기가 어렵습니다.

베이비부머가 계속 도심에 머무른다면 신규로 진입하려는 20·30대는 기회를 얻기 힘들 수 있습니다. 바야흐로 도심을 두고 세대 간 경쟁이 벌어질 수도 있습니다.

〈부동산 상품 간 수요 확장성 비교〉

구분	확장성 상품	비확장성 상품
유형	강남 아파트, 토지	주택, 상가
상승 폭	10배 이상	2~5배
시점	장기	단기
투자 전략	여유자금	단기자금
투자 방법	적립식	거치식

출처 : 저자 작성

고령화시대 세대 간 부동산 전쟁 벌어질 수도

고령화시대를 맞아 도심은 세대 간 경쟁이 벌어지면서 수요 확장성이 커질 가능성이 큽니다. 주택은 토지에 비해서는 수요 확장성이 떨어지지만 그래도 서울의 도심은 가장 확장성이 높은 곳입니다. 따라서 서울 도심의 가치는 더욱 고착화, 공고화될 수밖에 없습니다.

여기에 정부의 규제로 인해 주택 시장이 왜곡되면서 도심이 풍선효과를 누리는 경우도 생기고 있습니다. 대표적인 규제가 토지거래허가구역과 세금입니다. 내 아파트를 구입할 때 구청장의 허가를 받아야 하며 실거주를 해야 하는 상상하기 힘든 규제가 여전히 적용 중입니다. 토지거래허가구역이라 써놓고 우리는 주택거래허가구역이라고 읽습니다. 허가받아야 할 규모(대지면적 6㎡)를 너무 낮추어 적용되지 않는 주택을 찾기 어렵습니다.

반면 반포를 포함한 서초구는 여기에 적용되지 않습니다. 따라서 수요의 확장성이 더 커지게 됩니다. 다주택자에 대한 규제(취득세, 종부세 등)도 영향이 큽니다. 똘똘한 한 채에 대한 수요를 높이면서 반포의 아파트가 주목받고 있습니다. 1주택에 대해 종부세를 완화하겠다는 민주당의 발표가 이런 현상에 불을 붙이는 중입니다.

미국도 같은 상황입니다. 주택담보대출을 주력으로 하는 미국 금융회사인 프레디맥(Freddie Mac Company)의 최근 연구에 따르면 1931년과 1959년 사이에 태어난 세대들이 이전 세대의 행동패턴을 따라 했으면 2018년 말까지 160만 채의 주택이 추가로 시장에 나왔을 거라고 합니다. 이로 인해 미국 베이비부머들의 전체 자산에서 부동산이 차지하는 비중이 2021년 현재 44.1%나 됩니다. X세대의 31.2%와 비교하면 격차는 여전히 심각한 편입니다. 최근 미국 주택 시장이 폭등하고 있는 원인도 주택공급이 부족하기 때문인데 신규주택도 문제이지만 베이비부머들이 집을 팔지 않아 기존 주택공급도 부족하기 때문입니다. 그만큼 베이비부머들은 좀처럼 집을 팔지 않고 있습니다. 베이비부머들이 불안한 건 세계 공통의 과제인 듯합니다.

노인가구는 주택 시장에
어떤 영향을 미칠까?

인구가 고령화됨에 따라 노인가구의 역할을 조사하는 것은 진화하는 부동산 시장을 이해하는 데 매우 중요합니다. 다행히 최근 의미 있는 보고서가 캐나다에서 발표되었습니다. 캐나다모기지주택공사(Canada Mortgage and Housing Corporation)가 11월에 발표한 '2023년 가을 주택 시장 통찰력(Fall 2023 Housing Market Insight)'에 따르면 노인의 부동산 판매 성향은 고령층일 때 최고조에 달하나 매물이 크게 늘기 위해서는 몇 년이 걸릴 수도 있다고 합니다.

캐나다의 경우 인구가 계속해서 고령화됨에 따라 노인 가구가 주택 시장에 미치는 영향을 이해하는 것이 중요합니다. 이러한 이해는 향후 캐나다의 주택 시장이 어떻게 발전할 것인지에 대한 더 나은 아이디어를 제공할 것입니다. 비단 캐나다만의 문제는 아닙니다.

전 세계 모든 국가에서 노인가구가 늘어나는데 노인가구들의 주택 선택에 대한 요인을 살펴보는 것은 향후 주택정책이나 주택사업을 하는 데 중요한 기초자료가 될 수 있습니다.

〈노인의 부동산 판매 성향 관련 보고서〉

출처 : 〈Fall 2023 Housing Market Insight〉, CMHC, 2023년 11월

노인가구 본인의 주택 팔지 않아

보고서에 따르면 자신의 부동산을 판매하는 노인가구의 비중은 상대적으로 초고령층에서만 높은 것으로 나타났습니다. 75세에서 79세의 경우 21.5%만이 본인의 주택을 팔고 있지만 95세에서 99세는 이 비중이 83.5%에 이릅니다. 따라서 고령층도 세분화된 기준을 가지고 판단해야 하는 상황입니다. 특히나 75세 이상 고령층의 평균 판매 비중은 36%에 그칩니다. 이 수치는 계속 줄어들었으며 불과 10년 전과 비교해도 2.7%포인트나 줄

어들었습니다. 따라서 실제로 상당한 비율의 노인가구가 자신의 주택을 매물로 등록하는 것을 보려면 몇 년이 더 걸릴 수도 있다는 점입니다.

〈75세 이상 자가주택 판매 비중 변화〉

기간	판매율	가구 수 변화
1991~1996년	41.6%	−182,620
1996~2001년	38.6%	−213,625
2001~2006년	38.2%	−273,595
2006~2011년	38.7%	−330,550
2011~2016년	37.5%	−358,170
2016~2021년	36.0%	−382,270

출처 : Statistics Canada, CMHC 계산

노인가구 아파트로 이동

조사결과는 또한 캐나다 가구의 주택 선호도가 나이가 들수록 변한다는 것을 보여줍니다. 나이가 들수록 더 많은 가구가 우리의 분양 아파트와 유사한 콘도미니엄으로 이사하고, 집을 임대하고, 때로는 생활공간을 축소하는 것을 선택합니다. 그러나 자신의 집을 판매하려는 노인가구가 많지 않은 상황에서 이러한 추세는 당분간 제한적인 범위에서 이루어질 것으로 생각됩니다.

예를 들면 2011년 기준으로 65세에서 69세의 노인가구의 12.3%가 콘도미니엄에 거주했는데 2021년에는 17.4%가 거주하고 있습니다. 연령별로도 차이를 보였지만 대부분의 연령대에서 집을 판 분들이 많지만, 콘도미니엄을 산 경우는 오히려 늘어났다는 점입니다. 예를 들면 60세에서 64세의 연령에서 70세에서 74세의 연령으로 바뀐 분들의 경우 9만 2,400세

대의 집을 팔았지만, 콘도미니엄은 2만 4,700세대나 매입했다고 합니다. 따라서 팔린 집과 구매를 통해 수요가 늘어난 주택에 대한 면밀한 검토가 필요합니다.

〈연령별 주택 소유 변화〉

연령별(2011~2021년)	가구 수 변화	콘도미니엄 주택 변화
50~54세 → 60~64세	−15,950	26,940
55~59세 → 65~69세	−50,365	23,75
60~64세 → 70~74세	−92,415	24,665
65~69세 → 75~79세	−131,060	12,700

출처 : Statistics Canada, CMHC 계산

지역별로 차이가 나지만 캐나다의 3대 대도시 중 밴쿠버와 토론토의 가구는 콘도미니엄으로 전환할 가능성이 가장 컸지만, 몬트리올에서는 노인가구가 임대주택으로 더 많이 이동하는 경향이 있었습니다. 또한 집을 줄여나가는 비중은 당연히 늘었을 것으로 판단되는데 침실 숫자에 따라 차이를 보였습니다. 침실이 1~2개 있는 경우는 오히려 늘었는데 3~4개는 줄었습니다. 특히 4개 이상의 침실을 보유한 가구의 경우는 2011년 30.6%에서 2021년 27.2%로 가장 많이 줄어들었습니다.

〈침실 개수의 변화 비중〉

침실 개수	2011년	2021년	변동률(%point)
0개	0.9%	0.7%	−0.2
1개	10.1%	12.1%	2.0
2개	21.1%	24.6%	3.5
3개	37.3%	35.4%	−1.9
4개 이상	30.6%	27.2%	−3.4

출처 : Statistics Canada, CMHC 계산

노인가구 본인의 집에 머물 가능성 가장 커

대부분의 캐나다 노인가구, 특히 젊은 노인가구는 기존 주택에 머물고 싶어 합니다. 캐나다 인구가 계속해서 고령화됨에 따라 노인가구가 부동산 시장에 미치는 영향을 무시할 수는 없습니다. 부동산 시장에서 그들의 행동을 바로 이해하는 것은 유형별, 규모별 주택 시장을 예측하는 데 도움이 될 수 있을 것입니다.

한국도 마찬가지입니다. 대부분의 노인가구는 현재의 주택에 머물 가능성이 큽니다. 캐나다의 보고서를 참조하더라도 과거의 예측처럼 주거 이동이나 규모 축소는 빠르게 진행되지는 않으리라고 추정됩니다. 한국도 빠르게 늘어나는 노인가구에 대한 심층적인 연구가 더욱 필요할 듯합니다.

상속인을 찾을 수 없다,
일본 노후 아파트의 비명

일본은 고령자 1인가구(일본에서는 단신세대)가 빠르게 증가하고 있습니다. 맨션의 경우 고령자 1인가구에 대해서는 정확한 데이터가 존재하지 않지만, 2013년에 실시한 국토교통성의 '맨션종합조사'에 의하면 도쿄 도내의 맨션 세대주 중 70세 이상인 가구주는 20%, 50세 이상은 70%를 차지한다고 합니다. 이러한 현상을 고려하면 앞으로 많은 맨션이 상속의 대상이 되는 것을 상상할 수 있습니다.

한때는 부모가 자녀에게 남기는 재산에서 가장 가치가 높은 것 중 하나가 주택이었습니다. 부동산은 가장 중요한 재산으로서 가치가 높았습니다. 즉, 상속인이 살 수도 있고 다른 사람에게 빌려줄 수도 있었습니다. 마지막으로 팔면 현금으로 바꿀 수 있어 상속인들 사이에서는 부모가 남긴 주택의 상속을 둘러싸고 상속분쟁이 일어나기도 했습니다.

도쿄 내에서만 60만 호의 임대주택이 빈집으로

최근 상황은 약간 바뀌었습니다. 도심 거주가 주류가 되면서 부모의 자택을 상속해도 위치에 따라서는 거주할 생각이 없을 수도 있습니다. 임대를 놓아도 오래된 맨션은 주택설비도 낡고 내부도 오래되어 좀처럼 임차인을 구하기 어렵습니다. 많은 돈을 들여서 리모델링을 해도 입지가 좋지 않은 맨션의 경우 만족스러운 임대료를 받을 수 있는 경우는 많지 않습니다. 임대주택의 빈집이 도쿄 도내에서만 무려 59만 8,000호가 존재하는 것도 이런 이유 때문입니다. 이러한 상황이 늘어나면서 상속한 맨션의 주택 관리상에서의 문제가 발생하고 있습니다.

상속인이 맨션을 상속했다는 것을 관리사무소가 모르는 경우가 늘고 있습니다. 부모의 맨션을 상속은 했지만, 내부를 정리할 엄두가 나지 않고 임대하기 위해서는 상당액의 리모델링 비용이 듭니다. 원치 않았던 맨션을 상속받은 상속인은 그 사실을 알리지 않고 방치하면서 결과적으로 관리비와 수선충당금이 체납되는 것입니다.

맨션을 상속받지 않으려는 상속인

통상이라면 관리사무소가 상속인을 확인할 수 있으며 당연히 상속인에 대해 관리비나 수선충당금을 청구하게 됩니다. 그런데 상속인으로서 신고가 이루어지지 않고 어디에 청구해도 좋은지 모르는 경우가 다수 발생하고 있습니다.

상속인을 발견하고 체납분을 청구할 수 있어도 상속인이 외국에 거주하거나 상속인이 다수 존재하면 각 상속인 간의 공유재산이 되어 좀처럼 협의를 보기 어려워 생각만큼 체납분을 징수하기 어려운 경우가 늘고 있습니다. 최근 상속인이 맨션을 상속하지 않겠다는 의식이 늘어나면서 이러한 경향은 강해지는 듯합니다.

400만 엔도 팔리지 않는다!

최종적으로는 아파트를 압류한 뒤 경매 등의 절차를 밟아 체납분을 회수해나가면 되는 것이 법률상의 절차이지만 주택 시장이 변화하고 있습니다. 이전이라면 확실하게 팔리는 맨션도 입지나 입주연도, 설비 상황 등에 따라 전혀 매수자를 구할 수 없는 경우도 나오기 시작합니다. 경매로 확실히 체납금을 회수할 수 있다는 보장도 없어지고 있습니다.

관리비 체납분, 정리 비용, 리모델링 비용 등을 제하면 도쿄도의 맨션이지만 매각금액이 400만 엔인 경우도 드문 사례가 아니라고 합니다. 더욱 어려워지는 문제는 상속인이 없는 맨션이 증가하고 있다는 점입니다. 저출산, 고령화에 의한 인구 감소로 핵가족은 고사하고, 결혼하지 않아 형제, 자매도 없는 1인가구가 증가하면서 발생하고 있는 현상입니다. 이러한 구분 소유자에게 상속이 발생하면 상속인이 없게 됩니다.

상속인이 없는 아파트 슬럼화

상속인이 존재하지 않거나 상속인이 전원 상속을 포기하는 경우 관리사무소는 가정 법원 등이 선정하는 상속재산관리인과 만나게 됩니다. 즉, 관리비, 수선충당금 등의 청구를 상속재산관리인에게 하게 되는 것입니다. 통상 상속재산관리인을 선정하는 경우 100만 엔 정도의 예납금을 납부해야 합니다. 상속재산에서 미리 공제하면 되지만 해당 금액을 충당할 수 없는 경우 역시 관리사무소의 부담이 됩니다.

국고로 넣어 국가로부터 관리비, 수선충당금을 징수하면 된다고 하는 사람도 있지만, 국가가 국고로 취하는 것 또한 쉽지 않습니다. 만일 국고에 귀속시켰다고 해도 법률상 국가는 '특정 승계인'이 아니기 때문에 관리비나 수선충당금을 지불할 의무가 없다고 합니다.

관리비나 수선충당금의 체납이 많은 맨션일수록 노후화가 심해 주택 시장에서 거래가 되지 않는 물건이 많아집니다. 그러한 주택은 아무도 상속을 받고 싶어 하지 않습니다.

상속이 포기되는 사례도 많습니다. 상속해도 주택을 방치해 관리비나 수선충당금의 지불이 계속 연체됩니다. 매각해도 채무를 전액 회수할 수도 없고 매각조차 이루어지지 않는 이런 물건들이 향후에는 계속 증가할 가능성이 큽니다.

한국도 안심할 수 없어

2022년 통계청에서 발표한 '2022년 주택 소유 통계'에 의하면 우리나라도 가구주의 연령대별 주택 소유율을 보면 70대 이상이 70.4%로 가장 높습니다. 다음은 60대와 50대로 각각 67.7%, 64.2%입니다. 이 비중은 2021년 통계와 큰 차이가 없이 유지되고 있습니다.

80세 이상의 경우에는 오히려 주택 소유율 비중이 60.7%에서 61.2%로 증가하기도 합니다. 80세 이상의 주택 소유율이 높아진다는 점은 여전히 사전증여 등 대비가 원활하지 못하다는 말입니다. 따라서 현재의 저출산, 고령화가 계속된다면 상속에 따른 아파트의 노후화나 자산가치 하락에서 자유로울 수는 없을 것입니다.

1인가구의 주택 소유율은 30.9%로 높지 않습니다. 가장 소유율이 높은 가구원 수는 5인 이상 가구(74.8%)입니다. 하지만 가장 빠르게 증가하는 가구 수는 1인가구입니다. 4인 가구나 5인 이상 가구는 가구 수가 감소하고 있지만, 주택을 소유한 1인가구는 1년 동안에만 5.9%나 증가했습니다.

〈가구주 연령대별 가구의 주택 소유율〉

연도별	50대	60대	70대	80대 이상
2021년	63.9%	67.9%	70.4%	60.7%
2022년	64.2%	67.7%	70.4%	61.2%

출처 : 2022년 주택 소유 통계(2023년 11월)

정확한 통계는 없지만 1인 고령화 가구의 주택 소유율은 여전히 과거와 크게 다르지 않다고 보는 것이 적절합니다.

아직 일본과 같이 빈집 문제가 광범위하게 발생하고 있지는 않지만, 현재의 고령화 속도를 고려한다면 우리나라의 1인 고령 가구의 주택상속 문제는 조만간 발생할 가능성이 큽니다. 필요하다면 미리 법적인 제도 개선을 해두는 것이 미래 부동산 시장에 도움이 될 것으로 보입니다.

일본이 상속등기를 의무화하는 이유, 소유자 불명 토지 전 국토의 24%

2021년 4월 일본의 부동산등기법이 개정되었습니다. 실제로 시행된 것은 2024년 4월 1일부터입니다. 부동산등기법 개정이 널리 보도된 적은 없지만 사실 상속 부문에서는 큰 변동 사항입니다. 이 법이 개정된 가장 큰 원인은 한국에서는 무주(無主) 부동산이라고 알려진 소유자 불명 토지 문제 때문입니다.

소유자 불명 토지문제연구회의 조사에 의하면 2016년 전국에서 소유자가 알려지지 않은 토지의 면적은 410만ha로 이는 규슈 면적 367.5만ha를 능가합니다. 게다가 동 연구회의 추계에 의하면 아무런 대책을 세우지 않으면 2040년에는 그 면적이 720만ha까지 확대되어 국토면적의 24%, 홋카이도 면적에 필적하는 규모로 증가할 것이라고 합니다.

〈소유자 불명 토지 면적 추계〉

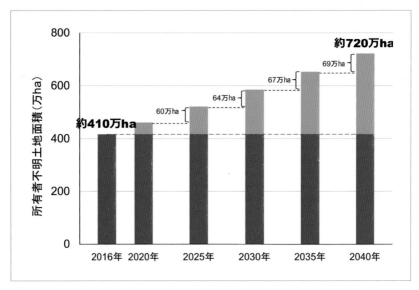

出처 : 소유자 불명 토지문제연구회(2019년 1월)

일본 소유자 불명 토지의 경제적 손실만 6조 엔

소유자 불명 토지의 경제적 손실은 적어도 6조 엔에 이른다고 추계했습니다. 물론 2017년에서 2040년의 누적 손실입니다. 산출 가능한 비용과 손실액을 추계한 결과 2016년 한 해에만 경제적 손실은 약 1,800억 엔입니다. 2040년까지 소유자 불명 토지 면적이 늘어난다는 점을 고려한다면 2040년에는 경제적 손실이 약 3,100억 엔에 달합니다.

계산할 수 없는 항목도 있으므로 실제로는 더 큰 손실액이 될 가능성이 큽니다. 이렇게 무주 부동산이 늘어나는 요인 중 하나가 상속이 발생했을 때 상속인이 소유권 이전 등기를 하지 않기 때문입니다. 상속으로 얻은 소중한 재산인 부동산을 많은 상속인이 등기를 하지 않고 그 때문에 등기부

등본을 열람해도 현재의 소유자가 누구인지 확실하지 않은 것입니다. 왜 상속인은 등기를 적극적으로 하지 않는 걸까요?

일본에서의 '등기'란 법률상 제삼자 대항요건에 불과합니다. 즉, 해당 부동산의 권리를 주장하는 자가 나타나면 그 사람에 대해 자신이 소유하고 있다고 대항할 수 있는 정도의 것입니다.

왜 등기를 진행하지 않는가?

등기는 지금까지 의무가 아니었기 때문에 반드시 하지 않았던 것이 실상입니다. 대도시권에 있어 부동산 가치가 높다면 만일에 대비해 자신의 권리를 주장, 대항할 수 있도록 해두는 것이 이점이라고 생각하겠지만 지방의 산림, 자산가치가 떨어지는 부동산 등은 굳이 등기할 필요성이 없다고 느끼는 것입니다.

한층 더 등기가 진행되지 않는 이유는 등기했을 때 소요되는 등록면허세라는 세금이 부과된다는 점입니다. 세율은 고정자산세 평가액의 0.4%로 면적이 크면 의외로 비용이 큽니다. 수속도 복잡하고 필요 서류를 갖추어야 하며 적지 않은 비용도 듭니다. 수속은 스스로 할 수 있지만, 법무사 등에 부탁하면 수수료를 지불해야 합니다. 그러한 비용을 들여서까지 자신의 소유권을 나타낼 필요를 느끼지 않는 부동산은 등기가 이루어지지 않고 흘러온 것입니다.

상속이 한 번에 끝나는 것이 아니라 계속 거듭된다면 소유권이 점점 분산화, 세분화되어 최종적으로 누가 권리를 가졌는지를 파악하기 어렵게 되는 것이 소유자 불명 토지의 문제입니다. 도로를 확대할 때나 신설할 때 토지를 인수해야 하는데 해당 토지를 누가 가졌는지를 모르면 공사를 진행하기 어렵습니다. 토사가 무너지는 등 자연재해가 발생해 수복하거나 개량공사를 실시하기에도 진정한 소유자를 알 수 없으면 관계자 전원의 동의를 끌어내기가 어려워 다양한 사회적 문제가 발생하게 됩니다.

위반하면 10만 원 이하의 과태료 부과

이런 문제가 발생하자 일본 정부는 부동산 상속의 등기 의무화에 착수한 것입니다. 2021년 4월에 부동산 등기법이 개정되어 상속이 발생했을 때 상속한 토지건물에 대해 등기를 하는 것이 의무가 된 것입니다. 구체적으로는 '상속 개시 및 소유권을 취득했다고 알게 된 날로부터 3년 이내에 등기한다'로 규정되며, 유산 분할 협의가 3년 이상의 장기간 소요된 경우에도 '유산분할이 결정되어 3년 이내에 등기한다'라고 했습니다. 이 개정 사항은 2024년 4월 1일 이후 상속분부터 적용되었습니다.

약간의 규제 완화도 도입되었습니다. 지금까지는 상속등기를 할 때 해당 부동산을 상속하는 모든 상속인의 동의가 필요했습니다. 일본은 고령화가 심각해지면서 형제 중 누군가가 이미 돌아가신 경우도 있습니다. 이런 경우 죽은 사람의 상속인(조카 등)에 권리가 옮겨가고 있습니다. 지금은 친척 서로 간에 연락을 안 하는 경우도 많습니다.

그래서 이번 개정에서는 본인 스스로 단독으로 자신의 지분을 등기할 수 있도록 하고, 등기하기 쉬운 환경을 만들어 일정한 배려는 되고 있습니다.

이 개정은 소급적용도 된다

올해 4월 이후 등기 실무를 담당하는 사법서사(법무사) 등은 때아닌 특수를 맞이했지만 이미 상속을 받은 사람들까지도 대상을 넓혀 3년 이내에 등기를 의무화하는 것도 포함했기에 상당히 강력한 법 개정이라고 볼 수 있습니다.

상속한 부동산이 대대로 제대로 등기가 이루어지지 않으면 과거 소유자의 호적 등을 계속 쫓아가야 합니다. 예를 들어 전쟁 이후 상속이 발생한 경우 해당 토지 등본을 조사해보면 소유자가 쇼와 27년(1952년)에 등기된 여자분이며 기재된 주소는 지금은 표기가 바뀐 옛 마을 명이라면 전문가에게 물어 상당한 시간을 들여 조사해나가야 하는데 쉽지 않습니다. 도쿄 도내에서도 이런 땅은 얼마든지 있다고 합니다. 한국의 경우는 부동산 등기특별조치법에 의해 부동산 소유권이전 등기 신청을 의무화하고 계약서 검인 등을 통해 부동산 등기부등본 기재와 거래의 실제 내용이 일치하도록 하는 법률이 1990년 9월 이후 시행되고 있습니다. 단, 일반 매매와는 다르게 상속등기를 언제까지 해야 한다는 기한은 없습니다. 상속을 원인으로 하는 등기를 하지 않아도 상속인은 그 부동산에 대한 소유권 등 권리를 취득합니다. 단, 재산권을 행사(매각, 담보 제공)하기 위해 등기를 하려면 그 전에 상속을 원인으로 하는 등기를 먼저 해야 합니다.

한국도 상속등기에 기한은 없다

물론 상속을 원인으로 하는 등기에는 기한이 없지만, 취득세는 납부기한(사망일이 속하는 달의 말일부터 6개월 이내)을 넘기면 가산세를 내야 합니다. 따라서 등기는 사정상 늦게 하더라도 취득세는 납부기한 전에 신고, 납부해야 가산세를 물지 않습니다. 이 또한 취득세를 내고도 등기는 미룰 수 있습니다. 따라서 우리도 상속받는 부동산의 가치가 높지 않다면 등기를 미룰 수도 있을 것으로 보입니다.

특히 올해 개정된 일본 상속등기의 규제 완화와는 다르게 공동상속인 중 일부가 등기를 신청할 수는 있지만, 등기를 신청하는 상속인의 지분만 일부 상속등기는 할 수 없고 나머지 상속인들의 지분까지 함께 등기를 신청해야 합니다. 신청인이 되지 않은 상속인이 부담할 취득세까지 전부 납부해야 합니다. 따라서 고령화시대를 대비해 필요한 법적 제도적 장치를 개선해야 할 것으로 보입니다.

국가 차원에서 무주 부동산 관리

국가 차원에서는 소유자 불명 토지인 무주 부동산을 6개월간 공고를 실시한 후 국가가 소유권을 취득하는 절차를 계속하고 있습니다. 조달청은 2024년 3월에도 352필지(23만 8,195㎡)를 국유화하기 위한 절차를 밟기도 했습니다.

조달청은 소유자가 없는 부동산의 국유화 업무를 시작한 2012년 6월 이후 현재까지(2024년 2월 말 기준) 총 2만 4,833필지(93.8㎢, 공시지가 기준 2조 4,000억 원 상당)의 토지를 국유화했습니다. 특히 여기에는 서울 여의도 면적(290만㎡)의 2배(594만㎡)에 이르는 일제 강점기 일본인 소유 부동산이 국가 품으로 돌아온 것으로 조사되었습니다.

2장

상속·증여
법대로 해라?

조선규

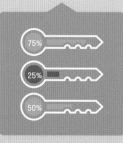

상속·증여의
법률상 쟁점

 고령인구의 급증과 부동산 가격 상승 등이 맞물려, 상속재산분할, 유류분, 유언 등 분쟁의 증가세도 두드러지고 있습니다. 2023년도 대법원 사법연감에 따르면, 2022년을 기준으로 2013년 대비 지난 9년간, 후견·상속·유언 분쟁 등 비송사건의 합계가 3만 7,175건에서 6만 8,557건으로 약 2배 가까이 증가했습니다. 이외 유류분이나 소유권 이전·말소 등 소송의 형태로 진행되는 상속분쟁 등을 더하면 분쟁 건수가 해마다 큰 폭으로 증가하고 있습니다.

 분쟁 건수가 많아지면서 당사자들의 요구(Needs)도 다양화되고 심화하는 추세입니다. 최근 추이를 보면, 효도계약으로도 불리는 부담부증여, 유언대용신탁, 가업승계 등에 대한 관심도가 커지고 있고, 전통적 주제인 '유언'과 관련된 제도 개선 요구도 늘어나 '유언증서 공적보관제도' 입법화 등이 논의되고 있습니다. 비교법적으로는 미국의 신탁제도, 우리보다 고령화가 빨리 진행되고 있는 일본의 상속법제 등이 참고사례로 검토되고 있습니다.

 이런 배경하에 부동산과 상속·증여를 둘러싼 재판 현장의 실무경험을 바탕으로, 분쟁의 주인공인 가족들 이야기를 쓰고자 합니다. 감정의 과잉이나 결핍을 재료로 사용하지 않고, 제삼자인 법원의 입장에서 당사자와 변호사 주장을 거쳐 최종 도출된 객관적 자료인 판결문을 토대로 객관적으로 이야기를 풀어나갈 것입니다. 기초자료는 새로운 경향을 담은 최근 10년 동안의 판례들과 쟁점, 법정 안팎의 실무경험입니다.

주제는 가족 생활주기(Family Life-cycle) 즉, 시간의 흐름에 따라 이슈화되는 7개 장입니다. 그 순서는 1. 효도계약(부담부증여), 2. 유언대용신탁, 3. 가업승계, 4. 성년후견, 5. 유언, 6. 상속재산분할, 7. 유류분입니다. 그리고 최근 사례가 급증하고 있는 8. 해외 거주자에게 발생되는 상속·증여의 주요 쟁점을 추가로 기술합니다.

효도계약에서 가업승계까지는 정신이 아직 온전할 때 재산을 적절하게 미리 분배하는 데 관한 일입니다. 성년후견과 유언은 나이가 더 들어 정신이 희미해져갈 때 닥치는 일에 관한 것들입니다. 성년후견과 유언은 적절하게 활용하면 큰 도움이 됩니다. 하지만 성년후견은 가족들이 주도해서 진행될 수 있고, 유언 역시 그러하므로 부작용이 발생할 수도 있습니다. 상속재산분할과 유류분은 당사자가 사망해 능력을 상실한 이후 가족들의 일에 관한 것입니다. 상속재산분할 분쟁이 생겼을 때 재산을 미리 가져간 특별수익자를 어떻게 취급할 것인지, 특히 유류분은 어떤 과정을 거쳐 확정될 것인지 등등의 문제가 뒤를 이을 것입니다.

부모님 또는 자식들 입장에서 필요한 부분만 발췌해 보실 수 있도록, 장별로 법적 개념을 최대한 알기 쉽게 소개하고, 대비되는 사례들을 선명하게 비교한 후, 필요한 경우 저자의 의견을 첨가할 것입니다.

원수를 사랑하라는 말이 있습니다. 그 원수는 불행히도 가족일 수 있습니다. 이들을 사랑하는 최소한의 구체적인 방법은 다툼을 최소화하는 것입니다. 그리고 즐거운 이야기를 나누고, 맛있는 음식을 함께 먹으며, 소소한 일상의 행복을 느끼는 것입니다. 본 장에서는 딱딱한 재판업무에서 나온 경험을 최대한 쉬운 말로 여러분들과 공유하고자 합니다. 그래서 이 책을 읽는 여러분들이 행복해지면 좋겠습니다.

효도계약(부담부증여), 안전하게 작성하는 노하우

1930년대에서 1950년대 사이에 태어나신 분들의 정서에는, 그래도 아들을 중심으로 집안이 번창했으면 좋겠다는 바람이 있습니다. 아들만 동의한다면, 마지막 인생길을 함께 할 보호자가 이왕이면 아들이었으면 하는 소망도 있고요. 그래서, 세상이 급변하는 것도 알고 계시지만, 지금까지 특별한 문제가 없었다면 '우리 아들만은 아니겠지'라는 심정으로 재산을 증여해 주거나, 이른바 효도계약서를 작성하고 이전해 주는 경우가 최근 들어 자주 발생하고 있습니다. 그런데 이왕 효도계약서를 작성하는 경우라면, 제대로 작성하는 것이 증여하는 부모나 증여받는 자식 입장에서 도움이 될 것입니다.

아래에서는 먼저, 효도계약을 제대로 이해하기 위한 장치인 법적 개념을 간단하게 설명하고, 다음으로 두 가지 대비되는 사례를 통해, 효도계약서를 어떻게 작성해야 원하는 효력이 발생하는지를 살펴보겠습니다.

'효도계약' 개념, 제대로 이해하기

'효도계약'이란, 뉴스나 SNS에서 사용되는 용어로, 법적 개념은 아닙니다. 효도계약은 법적으로는 민법 제561조에서 규정한 '부담부증여'의 일종입니다. 때문에 효도계약을 제대로 이해하기 위해서는 '부담부증여'가 무엇인지 알아야 합니다. 민법 제561조의 규정을 보면 [부담부증여]라는 제목으로 [상대 부담 있는 증여에 대하여는 본 절의 규정 외에 쌍무계약에 관한 규정을 적용한다]고 명시하고 있습니다. 그렇다면, 다시 '증여'가 무엇인지, '쌍무계약'이 무슨 뜻인지를 추가로 온전히 이해해야 합니다. 여기서 이미 눈치채신 분도 있겠지만, 법률용어가 어려운 이유는 이처럼 그 구성이 마치 압축파일과 유사한 중층적(Multi-level) 구조로 되어 있기 때문입니다.

다시 시작합니다. 여기서 '증여'란, [당사자의 일방이 무상으로 재산을 상대방에게 수여하는 의사를 표시하고 상대방이 이를 승낙함으로써 성립하는 계약]입니다. 그리고 '쌍무계약'이란, [당사자의 쌍방이 서로 대가적 의의를 가지는 채무를 부담하는 계약]입니다.

결국, 부담부증여의 일종인 효도계약은 증여하는 자(증여자)뿐만 아니라 증여를 받는 자(수증자)도 대가적 채무를 부담하기 때문에, 채무(급부)의 구체적인 내용이 갖추어져 있어야 비로소 성립한다는 점이 중요합니다.

이러한 개념을 바탕으로 두 가지 사례를 살펴봅니다.

사례 1 : 아들을 막연히 믿고 충성 맹세만 받은 채 재산을 넘겨주어 패소한 아버지

아버지는 3형제 중 장남에게 강동구에 있는 시가 100억 원 상당의 부

동산을 증여하기로 하고 법무사를 통해 증여계약서를 작성했으며 같은 날 이전 등기를 해주었습니다.

그 하루 전날, 장남은 다음과 같은 내용의 효도각서를 작성해 아버지께 드렸습니다.

> 장남 영수는 강동구 부동산을 증여받았으며, 아버지와 어머니 두 분의 건강 및 영혼까지 최선을 다할 것임을 각서합니다. 생활하시는 데 어려움 없이 최선을 다할 것입니다.

증여 이후 아버지가 생각하기에, 장남이 생활비로 월 100만 원만 지급하는 바람에 생활비가 부족해졌고, 할머니 제사에도 참석하지 않았으며, 손자와 손녀까지도 제사에 참석하지 못하도록 하는 등 불효를 저지르는 것이 너무 괘씸했습니다.

결국, 아버지는 장남을 상대로 부동산 증여계약을 취소하고 말소등기 절차를 이행하라는 소송을 제기했습니다. 아버지가 이겼을까요? 아닙니다. 아버지는 패소했습니다.

법원은 그 이유를 다음과 같이 설시하고 있습니다[1].

> • 부담부증여라 함은 수증자에게 일정한 급부를 하는 채무를 부담케 하는 증여계약으로, 부담에 관해 당사자 사이에 합의가 필요하다.

---

1. 서울동부지법 2019. 9. 19. 선고 2017가합103625 판결(1심), 서울고법 2020. 4. 23. 선고 2019나 2044423 판결(2심) 참고 및 변용

• 그 부담의 내용을 이루는 급부는 급부로서의 일반적 요건, 즉 적법성, 가능성, 확실성의 요건을 구비해야 한다(이상 대법원 1979. 11. 13. 선고 79다1433 판결 등 참조).

• 아들이 별도의 의무를 부담하는 약정을 했는지 여부는 사실인정의 문제에 해당하므로 그 존재를 주장하는 아버지가 증명해야 한다.

• 증여계약 체결 당시 법무사도 동석했는데 만약 증여에 부담이 부관으로 붙어 있었다면 계약서에 기재했을 가능성이 큰데 그렇지 않다.

• 효도각서에는 부모님께 최선을 다해 효도한다는 내용이 있을 뿐 구체적인 의무의 내용이 없다.

• 어머니도 효도각서에 대해서, 아들이 효도각서를 보여주었고, 당시 효도를 안 하면 어떻게 하겠다는 말은 없었다고 진술했다.

• 아버지가 주장하는 계약의 내용이 아들에게 중대한 책임을 부과하게 되는 경우에는 더욱 엄격하게 해석해야 한다.

• 따라서, 효도각서에 '증여받았으며'라고 기재되어 있다 하더라도 그 의미를 효도의 이행을 '조건으로 증여'받겠다는 내용으로 해석할 수는 없다.

• 효도각서의 내용만으로는 부담이 급부로서 갖추어야 할 일반적 요건 중 '확정성(확실성)'의 요건을 갖추었다고 볼 수 없다.

• 효도의 이행을 증여의 부담으로 부과하려는 의사의 합치가 있었다면, 급부로서의 확정성을 갖출 수 있도록 그 내용을 구체적으로 기재했을 것이다. 급부의 내용을 구체적으로 정하지 아니한 점만 보더라도 아버지와 아들 사이에 증여의 부담에 관한 의사의 합치는 없었다고 판단된다.

사례 2 : 아주 꼼꼼하게 효도계약 내용을 기재해 승소한 아버지

70대 후반인 아버지는 아들과 며느리에게 3차례에 걸쳐 재개발이 예정된 부동산을 증여해주기로 결심했습니다. 다만, 그냥 넘겨주면 예상하지 못한 일들이 발생할 수 있다고 생각했고 증여계약서에 다음과 같이 꼼꼼히 기재했습니다.

- 아들 부부는 증여를 받은 부담으로 아래의 의무를 성실히 수행한다.
  - 아버지 및 어머니가 생존하는 동안 부양의무를 진다.
  - 선조의 제사 봉행을 성실히 수행한다.
  - 아들은 아버지의 승낙 하에 부동산을 처분할 수 있고 처분 시 해당 금원을 아버지에게 전부 지급해야 한다.
  - 부동산이 개발되어 그 수익이 발생할 경우 수익의 80%를 아버지에게 지급해야 한다.
  - 아버지가 부동산을 사회에 환원하고자 하는 의사를 표할 경우 아들은 전적으로 수용한다.
- 계약의 해제
  아들이 다음 각 호에 해당할 경우 아버지는 본 계약을 해제할 수 있다.
  - 본 계약서에 의한 부양의무를 이행하지 아니한 때
  - 아버지, 어머니나 직계혈족에 대한 범죄행위를 한 때
  - 생계유지에 지장을 줄 만한 도박, 음주 등에 의해 재산을 낭비할 염려가 있는 때

아버지는 여기에서 그치지 않고 위 증여계약서 작성일부터 약 10여 년 후인 90세에, 아들 부부로부터 별도로 '효도계약서 및 각서'라는 제목의 서류를 작성하게 하고 공증까지 받았습니다. 그 주요 내용은 다음과 같습니다.

아버지, 어머니 중 한 사람이라도 증여받은 부동산의 이전, 매매, 설정 등을 요구 시 응할 것이며, 현재까지 아버지의 전 재산을 관리, 운영하고 있습니다.

앞으로도 계속 운영할 것이며 아버지의 지시에 쾌히 응하며 민·형사상의 이의를 제기치 않을 것을 아들이 각서합니다.

마지막에 별도 작성한 위 효도계약서는 무상으로 준다는 증여의 의미가 거의 유명무실해질 정도의 내용으로 아버지의 이익을 위한 문구가 주로 기재되어 있습니다.

효도계약서를 추가로 작성한 이후, 아버지 입장에서, 아들 부부가 증여계약서와 효도계약서에 기재된 내용을 제대로 이행하지 못하는 사태가 벌어졌다고 판단했고, 아버지는 아들 부부를 상대로 소유권말소등기 절차를 이행하라는 소송을 제기했습니다.

아들 부부는, 아버지의 계약서 해석이 잘못되었고 신의칙에도 반한다고 주장했습니다. 하지만 법원의 판단은 달랐고, 아버지의 손을 들어주었습니다. 법원의 판단은 다음과 같습니다[2].

• 증여계약서와 효도각서 같은 처분문서는 반증이 없는 한 기재되어 있는 문언대로의 의사표시의 존재 및 내용을 인정해야 한다.

2. 의정부지법 2021. 10. 12. 선고 2020가합60055 판결(1심), 서울고법 2022. 5. 12. 선고 2021나2042253 판결(2심) 참고 및 변용

- 가장 최후에 작성된 효도계약서의 내용을 다음 사정들에 비추어 보면, 아버지에게 임의로 해제할 수 있는 권리를 부여하기로 증여계약의 내용을 변경하는 합의라고 해석할 수 있다.
  - 아버지가 요구를 할 수 있는 조건이나 제한은 없어, 아들 부부는 조건 없이 응해야 할 의무가 있다.
  - 효도계약서는 앞서 작성된 증여계약상 아버지의 해제권을 보다 분명하고 강화된 내용으로 정하는 데 주된 의도가 있는 것으로 보인다.
  - 해제권은 당사자 사이에 자유롭게 유보할 수 있고, 해제권 유보 약정도 얼마든지 가능하며, 해제권의 행사 방법 및 시기를 구체적으로 규정할 것을 요구하지도 않는다. 따라서, 효도계약을 증여계약에 관한 임의 해제권 유보의 합의로 해석하더라도 증여계약의 본질에 반하는 건 아니다.

- 아버지가 무상으로 아들 부부에게 이전했던 부동산을 다시 돌려받는 것이 아들 부부에게 일방적으로 불리하다고 볼만한 사정도 없다.

- 아들 부부는 아버지가 현재 90세로 인지장애를 앓고 있는 의사 무능력 상태에서 증여계약을 해제한 것이므로 그 의사표시는 무효라고 주장한다. 하지만 의사 무능력에 대한 입증은 아들 부부가 그 증명 책임을 부담하는 데 아들 부부가 제출한 증거들만으로는 아버지가 의사 무능력 상태에 있었다고 보기 어렵다.

변호사 Comment : 사랑하고 믿어도 계약서류는 확실히 챙기기

사례 1에서 아버지는 '건강, 영혼, 생활'이라는 단어와 '최선을 다할 것'이라는 맹세가 담긴 아들의 감동(?)적인 효도각서를 받고, 잠시 감상에 빠졌던 것 같습니다. 3형제 중 장남인 아들이 평소에도 자신의 역할을 충실히 수행했던 것으로 추정되기도 합니다.

하지만 증여 대상이 되는 재산의 가치는 100억 원에 이르는 큰 금액이라는 점을 망각했던 것은 아닌가 합니다. 재산가액이 클수록, 지급의 방법은 신중해야 합니다.

장성한 아들에게는 아버지가 알지 못하는 다른 경제상황이나 기타 사정이 있을 수 있기 때문에, 일시에 지급할 수밖에 없는 상황이라 하더라도 아들의 반대급부인 의무에 대해서 꼼꼼하게 챙겼어야 합니다. 그게 사랑하는 아들을 보호하는 길이기도 합니다.

사례 2를 아들 부부 입장에서 살펴본다면, 아버지의 의사 무능력 주장은 일견 설득력 있어 보입니다. 연세가 90세라고 하면 최소한 가벼운 치매 정도는 있을 수 있기 때문입니다. 아들 부부가 법원에 어느 정도로 구체적인 증거자료를 제출했는지는 알 수 없지만, 아버지가 다니던 병·의원을 대상으로 법원에 사실조회나 문서송부 촉탁 신청을 하는 방법으로 법원을 통해 아버지의 건강상태를 보다 면밀하게 검증했어야 할 것입니다. 또한 아버지와 작성한 증여계약서가 10여 년 후에 효도각서라는 강화된 형태로 아들 부부의 이익을 해치게 된 경위나 배경(예를 들어, 주변 사람이 아버지의 의사를 대신하고 있는 건 아닌지, 다른 가족의 경제 상황이나 친밀도 등)에 대한 증거자료들도 법원을 설득하기 위해서 최대한 제출되었어야 할 것입니다. 그리고 판결 결과가 좋지 않다고 예상되는 경우라면, 유리한 증거들을 바탕으로 조정을 강하게 요청하는 것도 한 방법입니다.

유언대용신탁, 유언장보다 유용하나
유류분과 세금은 반드시 체크할 것

효도계약(부담부증여)이 가족 사이에 체결하는 기초적인 수준의 계약이라면, 유언대용신탁은 대개는 금융기관이 관여해 당사자의 의사를 계약에 반영하는 발전된 형태의 재산분배 방법입니다. 평생 마련한 재산을 노후에 어떻게 활용하고 사후에 어떤 방법으로 분배해야 할지를 결정하는 일은 참으로 어려운 숙제입니다. 유언을 할 경우, 사망 이후에만 그 효력이 나타나기 때문에 피상속인의 생전 생활에 대한 배려가 없고 분쟁 가능성이 높을 수 있습니다. 이를 극복하기 위해 고안된 제도가 유언대용신탁이라고 생각하시면 됩니다.

신탁이란, '믿고 맡긴다'는 의미입니다. 즉, 신탁인가를 받은 금융기관 예컨대, 은행이나 증권사, 보험사들을 신임해, 수탁자로 하여금 자신의 부동산을 포함한 각종 재산의 관리나 처분, 운용 등 필요한 행위를 하게 하는 계약입니다. 여기서 두 가지 고민에 봉착하게 됩니다. 첫째, 과연 나의 뜻이 온전히 신탁계약에 포함되어 있는지, 즉 계약서를 작성하는 금융기관을 믿을 수 있는지의 문제와 둘째, 유류분과 세금 문제는 어떻게 해결되는지의 문제입니다.

우선 점검할 부분은 유언대용신탁 제도의 기초를 제대로 이해해, 성급하게 신탁계약을 체결하는 실수를 범하지 말아야 한다는 점입니다. 신탁자 스스로가 유언대용신탁 개념과 사적 자치 우선이 대원칙이라는 점을 숙지하고 활용해야 합니다. 다음으로, 신탁자와 금융기관과의 분쟁사례와 유류분과의 충돌사례를 소개합니다. 참고로 법률을 다루는 장이니만큼 세금 관련해서는 여전히 상속세 등이 부과된다는 점만 언급합니다.

유언대용신탁 기초 다지기 : 사적자치의 원칙, 내 뜻이 우선이다

유언대용신탁은 신탁법 제59조에 명문으로 규정되어 있습니다. 강행법규나 선량한 풍속 기타 사회질서에 위반하는 내용이 아니라면, 사적 자치의 대원칙상 당사자 사이에 자유롭게 다양한 내용의 계약을 체결할 수 있습니다. 때문에 유언대용신탁 규정이 법에 명문화되지 않았더라도, 피상속인은 상속인이나 지인 또는 금융기관과 사이에 신탁제도를 활용해 자유롭게 계약을 체결할 수 있었습니다. 그런데 우리나라는 2012년 7월 26일부터 유언대용신탁 규정을 명문화해 시행했고 이것이 기폭제가 되어 노령화와 맞물려 유언대용신탁 제도를 활용한 재산분배 약정이 최근 활발하게 이루어지고 있습니다.

유언대용신탁의 규정을 보면 2가지 유형(사후수익권 취득형. 생전수익권 취득형)으로 나누고 있기는 합니다. 하지만 당사자들이 신탁계약에서 달리 정하는 경우에는 그에 따르도록 규정하고 있어 사적자치의 원칙이 최우선임을 알 수 있습니다. 이처럼 사적 자치가 가장 우선하기 때문에 유언신탁제도를 활용하실 분이 명심하실 점은 본인이 원하는 재산 활용 및 분배에 대한 의견을 적극적으로 금융기관에 개진하셔야 한다는 것입니다. 만약 금융기관의 설명이 이해되지 않을 경우 대충 넘어가지 마시고 충분히 이해될 때까지, 그리고 내 의사에 부합할 때까지 계약의 내용을 수정하는 수고를 아끼지 않으셔야 합니다.

사례 1 : 금융기관이 작성한 신탁계약이 무효일 수도 있다

흔하지 않은 경우입니다만, 신탁자의 의사가 중요하고 사적 자치 원칙을 강조하는 의미에서 최근 선고된 판례를 소개해드립니다.

85세의 어머니는 A은행과 유언대용신탁 계약을 체결했습니다. 그런데 이후 어머니는 A은행을 피고로 해 신탁계약무효확인 소송을 제기했습니다. 주된 이유는 어머니가 치매를 앓고 있어 의사능력이 없었고, 신탁계약의 내용도 복잡해 이해하기 어려웠으므로 무효라는 주장입니다. 딸들은 어머니를 위해 원고 측 보조참가를 했고, 신탁계약의 수익자인 아들은 신탁계약이 유효라며 A은행을 위해 피고 측 보조참가를 했습니다.

사건에서 드러난 유언대용신탁 계약의 주요 내용은 다음과 같습니다.

- 유언대용 신탁계약의 본문과 특약, 별지 및 신탁재산별 신탁계약 내용에는 신탁재산의 운용방법, 신탁보수, 신탁계약의 중도해지 및 변경, 유언과의 관계 등이 포함되어 있다.
- 특약 제5조는 신탁계약 체결 기본보수, 사망한 경우 집행보수, 계약 변경 시 발생하는 변경보수, 신탁재산별 운용보수가 규정되어 있다.
- 특약 제10조는 원고가 정신적 제약으로 사무처리할 능력이 부족한 경우에는 연속수익자 전원의 동의를 얻어야만 신탁계약의 해지나 변경이 가능하도록 규정되어 있다.

- 유언대용 신탁계약 외에 신탁재산별로 별도 계약이 체결되었다. 그 중 부동산 신탁계약에는 원고가 신탁 부동산을 관리하고, 금전채권 신탁계약에는 은행이 금전운용을 한다고 규정되어 있다.

제1심 법원은 신탁계약의 주요 내용이, 생전에는 신탁재산의 수익으로 생활비, 병원비 등을 지출하고, 사후에는 계약 내용대로 원고의 자녀들에게 재산을 분배하는 내용이기 때문에 내용과 목적이 어렵거나 복잡하지 않다는 이유로 신탁계약이 유효하다고 판단했습니다. 하지만 제2심 법원의 판단은 달랐습니다. 신탁계약이 무효라고 판단한 것입니다[3]. 그 이유는 다음과 같습니다.

- 1심에서는 신탁계약 체결 당시 촬영한 동영상 일부만이 제출되었는데, 2심에서 제출된 동영상 전체본을 보니 의심스러운 정황들이 발견되었다.
- 원고가 피고 은행 변호사로부터 질문을 받고 대답했으나 적극적으로 재산내역을 기억해 설명하는 것으로 보기 어려운 태도를 보였다.
- 피고 은행 변호사의 설명에 소극적으로 수긍하는 태도만을 보였다.
- 원고는 피고 보조참가인인 아들과 상의해야만 결정할 수 있는 것처럼 진술했다.

---

3. 서울남부지법 2021. 6. 10. 선고 2020가합103789 판결(1심), 서울고법 2022. 11. 23. 선고 2021 나2026008 판결(2심) 참고 및 변용

사례 2 : 유언대용 신탁된 재산도 유류분반환 청구의 대상이 될 수 있다.

아버지는 증권사와 유언대용 신탁계약을 체결했는데, 사후 1차 수익자를 딸로 지정했습니다. 왜냐하면 아들은 아버지보다 먼저 사망했기 때문입니다. 신탁된 재산은 관악구와 분당에 있는 부동산 2곳과 금전 3억 원이었습니다. 아버지가 사망하자 딸은 신탁내용대로 부동산 2곳을 소유권 이전등기해 가고 3억 원도 인출했습니다. 그러자 사망한 아들의 부인(즉, 며느리)과 손자가 원고가 되어 딸을 피고로 해 유류분반환 청구소송을 제기했습니다. 쟁점은 아버지 생전에 이미 신탁으로 대내외적으로 증권사 소유가 된 부동산과 금전이 과연 유류분 산정의 기초 재산액에 포함되는지 여부였습니다. 만약 유류분 산정의 기초 재산액에 포함된다면 모든 재산을 딸이 가져갔기 때문에 며느리와 손자가 승소하게 됩니다. 참고로 유류분반환소송에서 유류분 부족액을 계산하는 공식은 다음과 같습니다.

유류분 부족액 = {유류분 산정의 기초 재산액(A) X 당해 유류분 권리자의 유류분 비율(B)} - 당해 유류분 권리자의 특별수익액(C) - 당해 유류분 권리자의 순상속분액(D)

A = 적극적 상속재산액 + 증여재산액 - 상속채무액

신탁재산이 유류분 산정의 기초 재산액에 포함되는지 여부에 대한 견해는 두 가지로 나누어져 있습니다. 첫 번째 견해는, 신탁에 의해 금융기관으로 소유권이 이전되었기 때문에 유류분 산정의 기초 재산액에 포함되지 않는다, 즉 금융기관은 상속인이 아니므로 유류분 산정의 기초 재산액에 포함될 수 없다는 견해입니다.

두 번째 견해는, 신탁되었기 때문에 유류분 산정의 기초 재산액 중 적극적 상속재산에는 해당되지 않는다고 하더라도, 상속인의 특별수익(증여재산)에는 해당되기 때문에 유류분 산정의 기초 재산액에는 포함되어야 한다는 견해입니다[4].

참고로 위 사건에서는 어떻게 계산하더라도 법정상속분의 1/2인 유류분을 침해하지는 않기 때문에 원고가 패소했습니다.

신탁재산이 유류분 산정의 기초 재산액에 포함되는지 여부에 대한 하급심 판례는 위와 같이 엇갈리고 있고 대법원 판단은 나와 있지 않습니다. 따라서 현시점에서는 여전히 유류분을 감안해서, 즉 다른 상속인의 유류분을 침범하지 않는 범위에서 신탁계약을 체결하는 것이 합리적인 계약서 작성 방법이라고 보입니다.

---

4. 수원지법 성남지원 2020. 1. 10. 선고 2017가합408489 판결(1심), 수원고법 2020. 10. 15. 선고 2020나11380 판결(2심), 창원지법 마산지원 2022. 5. 4. 선고 2020가합100994 판결 등 참고 및 변용

변호사 Comment : 유류분을 침해하지 않는 범위 내에서 신탁계약서 작성하기

영미법 계통의 나라에서는 유언의 자유를 존중하는 경향이 크기 때문에 이와 반대되는 획일적인 분배방법인 유류분을 인정하지 않는 경우가 많습니다. 그렇지만 영미법 나라에서도 유족유산분여제도(영국), 유족부양청구권(미국) 등 배우자나 미성년자녀에 대한 분배제도처럼 유류분과 유사한 기능을 수행하는 제도가 있습니다.

우리나라에서는 유언의 자유를 제한하는 성격인 유류분제도가 여전히 존재하기 때문에 유언의 자유가 확대된 형태로 볼 수 있는 유언대용 신탁계약을 작성할 때에는 신탁계약의 내용이 상속인의 유류분을 침해하는 것은 아닌지 반드시 확인할 필요가 있습니다.

2024년 4월 25일 선고된 헌법재판소의 유류분제도 위헌 및 헌법불합치 결정에서 예견되듯이, 유류분제도의 기반은 유지하되 향후 입법 및 유류분권자의 구체적인 행위 등과 연결되어, 유언대용신탁 계약에서도 분쟁이 세분화, 격화될 것으로 예상됩니다.

가업승계, 법령을 지키는 것이
무엇보다 중요

 가업승계는 중소기업이나 중견기업을 운영하는 분들이 가업을 증여 또는 상속하는 과정에서 많은 세금혜택을 누릴 수 있는 제도입니다. 가업승계에 세금혜택을 주는 이유는 막대한 세금부과로 가업이 단절되는 것을 방지하고, 지속성장이 가능한 기업으로 발전시키기 위함입니다.

 가업을 구성하는 재산에는 기계설비나 동산, 무체재산권 등도 있겠지만 공장부지나 건물 등 부동산이 상당한 비중을 차지할 것입니다. 이처럼 가업을 구성하는 부동산 포함 영업재산 일체가 주식으로 전환되어 주식을 증여하는 형태로 가업이 승계되는데, 이는 사실상 자식에게 부동산을 증여하는 것과 유사합니다. 그 때문에 부동산 양도를 가업승계 형태로 하면 세금이 공제되는 효과가 있어 실로 큰 혜택이라 할 것입니다.

 앞서 유언대용신탁 계약에는 사적자치의 원칙이 우선 적용되어 자유롭게 신탁자의 의사가 반영되게 신탁계약서를 작성할 수 있었습니다. 반면, 가업승계는 법령의 구성요건을 철저하게 충족시켜야 한다는 점에서 차이가 납니다. 이처럼 법령요건을 충족시켰는지를 엄격하게 점검하는 이유는 가업승계를 활용하는 자에게 세금혜택이 주어지기 때문에 제도를 악용해 탈세하는 것을 방지하기 위함입니다. 이런 이유로 입법자에게 광범위한 입법형성권이 부여되어 있기도 합니다.

가업승계제도가 악용되는 것을 방지할 필요로 인해 상속세 및 증여세법(이하 '상증세법')과 조세특례제한법에서 가업승계 요건을 자세하게 규정하고 있습니다.

아래에서는 조세특례제한법 제30조의 6 및 동법 시행령 제27조의 6에 규정되어 있는 '가업의 승계에 대한 증여세 과세특례'를 중심으로 과세특례를 받기 위한 주요 요건을 살펴보고, 해당 요건을 충족해 과세특례를 받은 사례와 그렇지 못한 사례를 비교해봄으로써, 과세특례 요건의 기본 개념 및 이해의 폭을 넓히고자 합니다.

가업승계 혜택받기 위한 주요 법률요건 알아보기

법률 체계를 보면, 먼저 사망해 상속이 일어난 경우의 가업상속공제 규정은 상증세법 제18조의 2, 동법 시행령 제15조에 명시되어 있습니다. 증여할 경우에는 조세특례제한법에서 별도로 규정하고 있는데, 여전히 상증세법의 규정을 준용하고 있습니다.

여기에서는 상속이 아닌 증여를 다루는 만큼 현재 시행되고 있는 조세특례제한법을 기준으로 세금혜택을 받기 위한 주요 요건을 나열해봅니다. 엄격하게 적용되는 만큼 하나라도 충족하지 못하면 세금 혜택이 없습니다.

- 증여받는 자가 18세 이상의 거주자여야 합니다.

- 60세 이상의 부모로부터 '가업'의 승계를 목적으로 해당 가업의 주식 또는 출자지분을 증여받아야 합니다.

- '가업'이란 상증세법 시행령 제15조 별표에 기재된 업종을 주된 사업으로 영위하는, 평균 매출액(업종별로 1,500억 원, 1,000억 원, 800억 원, 600억 원, 400억 원 등으로 세분) 이내이고, 자산총액이 5,000억 원 미만인 기업을 말합니다.

- 증여받은 자 또는 그 배우자가 증여세 과세표준 신고기한까지 가업에 종사하고 증여일부터 3년 이내에 대표이사에 취임해야 합니다.

- 증여받은 자가 가업을 승계하지 아니하거나 가업을 승계한 후 증여받은 날부터 5년 이내에 정당한 사유 없이 다음 각 호의 어느 하나에 해당하게 된 경우에는 증여세를 부과받습니다.
  - 가업에 종사하지 아니하거나 가업을 휴업하거나 폐업하는 경우
  - 증여받은 주식 등의 지분이 줄어드는 경우

사례 1 : 가업승계 요건을 충족해 증여세를 돌려받은 사례

회사를 운영하는 60대 아버지는, 2012년 4월 30일 회사 감사였던 부인이 보유하던 주식 67,000주를 증여받고 그다음 날인 2012년 5월 1일 부인으로부터 증여받은 주식과 아버지 자신이 보유하던 주식 93,000주를 합한 16만 주를 아들에게 증여했습니다. 아들은 2009년 3월경부터 회사의 대표이사로 재직하면서 경영수업을 받아왔습니다. 아버지는 이로써 조세특례제한법상 가업승계에 대한 과세특례 요건을 충족한 것으로 생각하고 과세특례를 전제로 8,000만 원의 증여세만 신고·납부했습니다. 하지만 세무서장은 과세특례요건을 충족하지 못했다고 판단하고 1억 2,000만 원

을 추가 과세했습니다.

1심 법원은 세무서장의 손을 들어주었습니다. 즉, 기획재정부 예규(재산세제과 385호)를 보면, '기업을 경영하지 아니한 배우자로부터 증여받아 10년이 경과하지 아니한 주식에 대해서는 과세특례가 배제된다'고 규정하고 있고, 원고 주장을 받아들이면 조세회피 수단으로 악용될 수 있으므로 과세를 정당하다고 봤습니다. 즉, 부인으로부터 증여받은 주식의 경우 아버지가 10년 이상 보유하지 않았기 때문에 과세 혜택을 못 받는다고 선고한 것입니다. 하지만 2심 법원과 대법원의 판단은 달랐습니다. 주요 이유는 다음과 같습니다[5].

- 조세법률주의 원칙상 조세법규의 해석은 특별한 사정이 없는 한 법문대로 해석할 것이고 합리적 이유 없이 확장해석하거나 유추해석하는 것은 허용되지 않는다.
- 조세제한특례법과 상증세법령 조문에 따르면, '증여자가 증여하는 해당 주식을 10년 이상 보유할 것'은 가업승계에 대한 증여세 과세특례를 적용하기 위한 요건이 아니다.

상급심 법원은 조세특례법 등 법령을 조문 그대로 엄격하게 해석해 원고의 주장을 받아들였고, 기획재정부 예규를 근거로 과세한 세무서의 판단을 기각했습니다. 즉, 조문에는 10년 보유요건이 명시되어 있지 않음에도 불구하고, 요건이라고 자의적으로 해석한 세무서장에게 패소 판결을 한 것입니다('증여자가 증여하는 해당 주식을 10년 이상 보유할 것'이라는 규정은 이후

5. 대구지법 2018. 12. 5. 선고 2017구합24365 판결(1심), 대구고법 2019. 5. 31. 선고 2018누5278 판결(2심), 대법원 2020. 5. 28. 선고 2019두44095 판결 등 참고 및 변용

2017년 2월 7일 추가됨).

이로 미루어볼 때, 법원은 법령의 내용을 법문 그대로 해석해 엄격하게 적용하는 태도를 보이고 있음을 알 수 있습니다.

사례 2 : 가업승계 요건 미충족으로 증여세가 부과된 사례

70대 아버지는 2012년 12월 아들에게 회사 발행주식 전체를 가업승계를 목적으로 증여했습니다. 그 무렵 아들은 그동안 근무하던 항공사 기장직에서 퇴사하고 2013년 3월 회사의 공동대표이사로 취임했습니다. 아들은 조세특례제한법에 따라 세금혜택을 받는 것으로 계산해 2억 5,000만 원의 증여세만 신고·납부했습니다. 이후 아들은 혼신의 노력을 다했으나 기업 사정이 악화되었다는 이유로 2015년 7월경 대표이사직에서 사임했습니다. 이에 세무서장은 2018년 11월경 7억 7,000만 원의 증여세를 부과하는 처분을 했습니다.

법원의 판단은 세무서장의 입장과 같았습니다. 주된 이유는 다음과 같습니다[6].

• 원고(아들)는 주식을 증여받은 날로부터 10년 이내에 대표이사직에서 사임했는데, 조세특례법 규정상 정당한 사유에 해당되는지가 쟁점이다.

• 대통령령이 정한 정당한 사유를 정한 이유는 가업승계자에 대한 증여세 감면의 특혜적용 범위가 지나치게 확대되지 않도록 하려는데 그 취지가 있다.

6. 서울행정법원 2020. 8. 21. 선고 2019구합75297 판결 등 참고 및 변용

- 시행규칙 등을 보면, 병역의무 이행, 질병의 요양, 취학상 형편 등을 예로 들고 있는데, 이처럼 가업승계자의 책임 없는 일신상의 사유로 인해 직접 가업에 종사할 수 없게 되는 경우를 의미한다고 제한해석함이 타당하다.
- 원고가 주장하는 외부 사정에 따른 경영악화는 가업승계자가 가업에 더 이상 종사하지 않게 되는 전형적인 사유이다. 그런데 시행규칙 등에서는 이를 명시적인 예외 규정으로 두지 않았다. 따라서 포함되지 않는 것으로 봐야 한다.

원고가 패소했지만, 사례 1과 판결 취지의 맥락은 유사하다고 봐야 합니다. 즉, 가업승계 특례는 증여세를 감면해주는 시혜적인 성격이 있기 때문에 법원은 일관되게 법령에 규정된 문구를 있는 그대로 엄격하게 해석해 판단하고 있는 것입니다. 따라서 가업승계를 적용받으려는 분들은 무엇보다도 법령의 규정을 정확하고 엄격하게 해석해 요건충족 여부를 반드시 체크하는 것이 좋습니다.

변호사 Comment : 세법은 수시로 변동하니 증여 당시 법령 정확히 체크하기

가업승계 시 상속·증여세 감면 혜택을 주게 된 근본 원인을 살펴보면, 상속·증여세의 세율이 과도하게 높기 때문입니다. 국회입법조사처에서 발간한 'OECD 회원국들의 상속 관련 세제와 시사점' 보고서를 보면, 우리나라는 최고세율이 50%에 달해 조사대상 38개국 중 2번째로 높고, 상속세를 채택한 국가 24개국 중 독일, 프랑스, 일본 등 20개국은 유산취득세 방식(상속인 각자가 실제 받는 재산에 세율 적용)을 취하는 데 반해 우리나라는 유산세 방식(상속재산 전체금액을 기준으로 세율 적용)을 취하고 있어 상속세가 과도하게 높습니다.

가업승계의 또 하나의 걸림돌인 유류분제도와 관련, 일본은 경영자 아버지와 상속인들이 사전 동의할 경우 유류분 주장을 할 수 없도록 하는 '중소기업 가업승계 원활화 법률'을 마련해 경영자 생존 시에 가업승계를 쉽게 할 수 있도록 법제화했습니다. 또한 일본은 비상장 중소기업의 주식을 상속할 경우 상속세를 면제해 주고 있습니다. 이러한 외국 사례에 비추어 보아, 우리나라 상증세법의 개정 필요성이 크다는 점을 알 수 있습니다.

어쨌든 가업승계 제도를 적극적으로 지원하고 있고, 가업승계 세금공제액도 2019년 약 2,400억 원에서 2023년 약 8,400억 원으로 그 감면 폭이 커지고 있습니다. 이 때문에 중소기업을 운영하는 분들은 가업승계 제도를 적극적으로 활용할 필요가 있고, 무엇보다도 해당 요건을 정확하고 꼼꼼하게 검토하는 일이 가장 중요합니다.

참고로 앞서 소개한 사례들 발생 시점의 적용 세법은 당연히 개정되어 현재의 세법과 그 내용이 다릅니다. 세법은 법령 중 가장 빈번히 개정되는 분야인 만큼 실제 적용되는 법령 체크의 중요성은 아무리 강조해도 지나치지 않습니다.

성년후견, 법원 생각 vs 당사자 생각,
그 현격한 차이

제도의 변천과 판단 기준

'금치산자'나 '한정치산자'라는 말을 들어보셨을 것입니다. '심신상실의 상태에 있는 자'나 '심신미약의 상태에 있는 자'를 지칭합니다. 이들은 재산을 처분할 능력이 없거나 미약하다는 이유로 법률행위를 하는 데 제한을 받았습니다. 예전에는 이처럼 재산보호의 관점에서만 접근하다 보니 인간의 존엄성에 기반한 자기결정권, 인권, 복지의 필요성이 대두되었고, 결국 금치산자 제도 등이 폐지되고 2013년 7월부터는 성년후견제도가 전격 시행되게 되었습니다. 성년후견제도의 종류는 성년후견(포괄적 후견)과 한정후견(몇몇 사무에 한정된 후견), 특정후견(특정 사무에 대한 후견), 임의후견(계약을 통한 후견) 등으로 나뉘는데, 기본적인 이념은 재산관계나 가족관계에 대해 피후견인의 남아 있는 능력만큼 그 결정이 존중되어야 한다는 가치를 기반으로 합니다.

이처럼, 법원은 피후견인의 남아 있는 잔존 정신력을 최대한 존중하고, 특히 '피후견인의 복리'를 위해, 경우에 따라서는 사건에 적극적으로 개입해서 성년후견개시 심판을 하고 있습니다. 하지만 현실에서는 다소 다르게 작동되기도 합니다. 이 제도를 활용하는 아버지, 어머니, 아들, 딸의 이해관계가 실타래처럼 얽힙니다. 판례를 통해 드러나는 가족 모습은 실로 복잡하고 다양합니다.

치매에 거동능력이 떨어진 어머니를 부양하는 딸이 있다고 가정합니다. 어머니의 유일한 재산인 아파트를 팔아야 부양할 돈을 마련하는데, 매수인과 중개사는 거래안전상 당연히 계약을 꺼리게 될 것입니다. 이처럼 아주 간단하게 접할 수 있는 사안에서부터 성년후견의 필요성은 시작됩니다.

아래에서는 성년후견과 관련된 두 가지 사례를 살펴봄으로써, 피후견인의 복리를 최우선 기준으로 판단하는 법원과 당사자의 생각이 어떻게 차이가 나는지를 확인해보겠습니다.

피후견인의 정신이 혼미해지기 전에 어떤 조치를 취하는 것이 현명할지 생각하는 계기가 되길 바랍니다.

참고로 성년후견제도의 법적 기반은 민법 제9조부터 제17조, 제928조부터 제959조의 20에 규정되어 있고, 절차적인 부분은 가사소송법에서 규정하고 있습니다.

사례 1 : 자식들과 새 부인 사이에서 갈등하는 아버지, 그리고 법원의 판단

아버지는 1남 3녀를 두고 있는데, 부인과 사별하고 뇌졸중을 겪은 이후 2002년부터 김 여사를 만나 월 300만 원을 주고 간병을 받으며 동거하고 있습니다. 김 여사가 계속 혼인신고를 간청해 2018년 혼인신고를 했는데, 김 여사는 아버지 소유 건물을 담보로 대출을 받아야 한다며 서류교부를 요청했고, 아버지는 거절했습니다. 상황이 심각해지자, 아들은 아버지 재산이 새어머니 손에 넘어가는 것을 막고자, 법원에 성년후견인을 누나로 선임해달라는 성년후견개시심판을 청구했습니다. 그러나 법원은 성년후견 결정이 아닌 한정후견 결정을 내렸습니다. 성년후견인도 누나가 아닌 법무사를 선임했습니다. 그 이유는 다음과 같습니다[7].

- 성년후견이나 한정후견은 가정법원이 당사자의 주장에 구애받지 않고 후견적 입장에서 합목적적으로 결정할 수 있다.

- 사건본인(피후견인)의 정신상태에 관해 의사에게 감정을 시켜야 한다. 다만 다른 충분한 자료가 있는 경우 가정법원은 의사의 감정이 없더라도 후견을 개시할 수 있다.

- 치매선별검사자료, 병원진단서와 사건본인의 남은 능력을 고려하면 사건본인의 사무처리능력이 부족한 것을 넘어 지속적으로 결여되었다고 보기 어렵다.

- 사건본인은 일상생활에 정신적 제약이 없고 사무처리능력이 충분하므로 후견개시가 불필요한데 설령 후견이 개시된다면 가장 잘 아는 새 부인이 후견인으로 선임되어야 한다고 주장한다.

- 자식들은 아버지의 사무처리능력이 지속적으로 결여된 경우에 해당하므로 한정후견이 아닌 전면적인 성년후견이 개시되어야 하고 성년후견인으로는 딸이 선임되어야 한다고 주장한다.

- 사건본인이 자식들과 새 부인 사이에 갈등이 있는 점 등을 고려하면 중립적인 전문가 후견인인 법무사를 선임하는 것이 사건본인의 복리에 부합한다.

아버지는 정신상태가 혼미하지 않기 때문에 성년후견을 거부하지만, 굳이 성년후견이 필요하다면 새 부인과 살고 있는 현실을 감안해 자식보

---

7. 의정부지법 고양지원 2020. 2. 21. 선고 2019느단60024 심판(1심), 의정부지법 2020. 4. 13. 선고 2020브1027 결정(2심), 대법원 2021. 6. 10. 선고 2020스596 판결(3심) 등 참고 및 변용

다는 새 부인이 성년후견인이 되었으면 좋겠다는 바람을 가지고 있습니다. 자식들은 당연히 반대하고요. 자식들이 법원의 재판에 불복해 대법원까지 판단을 받아봤지만, 법원은 오직 사건본인의 복리를 위해 어떤 결정이 가장 유리한지를 유일한 기준으로 해 위와 같이 판단한 것입니다.

사례 2 : 성년후견인 변경의 최우선 기준은 피후견인의 복리다

성년후견인도 법원에 의해 변경될 수 있습니다. 그런데 신청만 한다고 변경될까요? 사례를 통해 살펴봅니다.

삼 형제를 둔 지방 거주 아버지는 뇌출혈로 쓰러졌습니다. 같은 동네에 거주하던 큰아들이 2017년 4월 성년후견개시심판을 청구했고, 그 무렵 큰아들이 성년후견인으로 선임되었습니다. 큰아들은 당시 객지에 살던 동생들 명의의 성년후견인 동의서도 제출했습니다. 그런데 동생들은, 형과 조카가 아버지의 재산을 빼앗고 동의서를 위조했다는 이유로, 형을 고소하고, 한 달 후에 법원에 성년후견인 변경 신청을 했습니다. 그 배경에는 아버지 명의의 재산 다툼이 자리잡고 있었습니다.

원심은 재산을 둘러싸고 가족들 사이에 갈등이 존재해 아버지의 신상과 재산에 손해나 위험 발생 가능성이 높고, 아들들 모두 객관적인 제삼자를 후견인으로 변경하는 데 반대하지 않는다는 이유로 서울 소재 사단법인 한국성년후견지원본부를 후견인으로 변경했습니다. 하지만 대법원의 판단은 달랐습니다. 피후견인의 복리에 더 부합하는 것이 무엇인지 더 고민해보라는 판시를 한 것입니다[8]. 다음에서 구체적인 이유를 살펴봅니다.

---

8. 창원지법 2019. 5. 10. 선고 2017느단10055 심판(1심), 창원지법 2020. 6. 18. 선고 2019브10038 결정(2심), 대법원 2021. 2. 4. 선고 2020스647 판결(3심) 등 참고 및 변용

- 성년후견 변경의 요건은 '피성년후견인의 복리를 위해 후견인을 변경할 필요가 있다고 인정되는 경우'다.

- 성년후견인의 임무에는 재산관리 임무뿐만 아니라 신상보호 임무가 포함되어 있고, 신상보호 임무 역시 재산관리 임무 못지않게 피성년후견인의 복리를 위해 중요하기 때문에 특별한 사정이 없는 한, 양 업무의 측면을 모두 고려해야 한다.

- 성년후견인 변경이 후견인 선임에 반대하는 관련 이해관계인에 의해 불복절차를 대신하는 수단으로 변질되어서는 안 된다.

- 피성년후견인의 가족들 사이에 다툼이나 갈등이 생기는 경우가 많기 때문에 그런 사정만으로 후견인 변경 사유가 있다고 쉽게 단정할 것이 아니라 가족 간 갈등이 피성년후견인의 복리에 해가 될 수 있으며 후견인을 변경함으로써 갈등이 해소 또는 완화되어 복리를 증진시킬 수 있다는 구체적 사정이 인정되어야 한다.

- 동생이 형을 고소한 사건이 불기소처분되었고, 동생은 사건본인과 동거하거나 신상보호를 하고 있지 않다.

- 사건본인이 뇌출혈로 거동이 어려운 상태임을 감안할 때, 서울에 있는 사단법인이 후견인에 더 적합한지 단정하기 어렵고, 기존 후견인을 유치한 채 다른 처분을 하는 것이 오히려 피후견인의 복리에 더 부합하는 것은 아닌지 충분히 살펴보아야 한다.

변호사 Comment : 후견인이 되기 위한 전략 제대로 세우기

위 두 사례에서 보듯이, 2013년 개정된 후견제도의 입법 취지는 피후견인의 권리를 존중하고 복리를 증진시키는 방향임이 뚜렷합니다. 때문에 성년후견인 또는 한정후견인이 되고자 하는 사람은, 자신이 후견인이 되는 것이 왜 피후견인의 복지를 위해 최상의 선택인지에 관해 증거자료를 통해 법원을 설득해야 합니다.

다만, 실상은 롯데, (구)한국타이어 집안 등 언론에 공개된 사례와 같이 고령화와 맞물려 성년후견제도를 활용해 부동산 등 재산확보의 주도권을 잡으려는 분쟁으로 일상화되고 있는데, 굳이 재벌가가 아니더라도 분쟁의 핵심 쟁점은 대동소이합니다.

성년후견지원본부에서 2023년 발간한 '통계로 알아보는 우리나라의 후견 사건의 현황'에 따르면, 제도를 시행한 지 불과 10년도 되지 않는 기간에 사건이 약 10배 정도 급증하는 추세라고 합니다(예 ; 전국법원합계 2013년 1,883건 → 2022년 16,495건 ; 미성년후견 포함).

사건 급증에 따라 성년후견제도를 둘러싼 여러 문제점도 발생하고 있는 바, 사건을 처리할 법관과 가사조사관의 수적 한계 및 잦은 인사이동에 따른 전문성 부족, 후견지원법 입법의 필요성 등이 제기되고 있습니다. 다행히 가정법원종합지원센터 설립이 확정되었지만, 여전히 갈 길이 멀다 할 것입니다.

참고로 제대로 활용되지 않는 제도 중 하나가 후견계약(민법 제959조의 14 또는 20)인데, 당사자가 사적자치의 원칙에 입각해 본인 의사가 최대한 반영된 공정증서를 작성하는 방법으로 자유롭게 후견계약 체결이 가능합니다. 후견계약은 법원이 임의후견감독인을 선임할 때부터 효력이 발생하는데, 법원 감독하에 다양한 후견계약을 체결할 수 있으므로, 창의력을 발휘해 이 제도를 활용할 필요성도 있습니다.

품격 있는 유언, 나의 가치와 생각을 적극적으로 유언장에 담자

유언의 의미와 가치

정신이 흐려지기 전, 마지막으로 내 자유의사대로 재산을 분배하는 전통적인 방법인 '유언'에 대해 알아볼 시간이 왔습니다. 평생 모은 재산뿐만 아니라 축적된 가치와 지혜까지도 후손에게 물려줄 수 있는 방법인 유언은 어떻게 보면 인간의 존엄과 가치를 가장 구체적이고 최종적으로 실현하는 수단이라 생각됩니다.

80 평생 어르신의 지혜와 가치관이 담긴 편지 형식의 유언장을 보고 감동을 받았던 기억이 납니다. 편지 마지막에 구체적인 가족사를 십분 고려해 자식들 사이가 나빠지지 않을 정도로 현명하게 재산을 분배한 것을 보고 또 한 번 고개를 끄덕였습니다.

어르신의 합리적인 당부를 모두 수긍했기에 자식들 사이에 법적 분쟁은 발생하지 않았고요.

이처럼, 유언은 잘 활용하면, 유류분을 침범하지 않는 한도 내에서, 법적 분쟁을 미리 방지하는 강력한 수단이 됩니다.

유언의 종류

유언은 유언자의 최종적인 의사를 기재하는 것이기 때문에 민법에서는 5가지 방식을 준수한 유언에 대해서만 유효한 것으로 규정하고 있습니다. 그 5가지 방식은 자필증서, 녹음, 공정증서, 비밀증서, 구수증서에 의한 방식입니다(민법 제1065조). 자필증서 방식은 유언자가 그 전문과 연월일, 주소, 성명을 자서하고 날인해야 효력이 있습니다(민법 제1066조). 자주 사용되는 공정증서 방식은 유언자가 증인 2인이 참여한 공증인의 면전에서 유언의 취지를 구수하고 공증인이 이를 필기 낭독해 유언자와 증인이 그 정확함을 승인한 후 각자 서명 또는 기명 날인해야 비로소 그 효력이 있습니다(민법 제1068조).

유언분쟁의 현황

유언분쟁은 증가추세에 있습니다. 아마도 건강수명이 길어짐에 따라 부모님이 영원한 현역이어서 유언할 때가 아니라는 생각을 해 갈등이 잠복되어 있거나, 자식이 먼저 유언 이야기를 꺼내는 건 도리가 아니라는 조심스러움도 영향을 미치는 것 같습니다. 또한 자산가치가 커짐에 따라 분쟁이 많아지는 영향도 있을 것입니다. 사법연감에 따르면, 유언사건은 2014년 292건에서 2022년 436건으로 증가했고, 상속사건은 2014년 약 3만 7,000건에서 2021년 약 5만 1,600건으로 증가하는 추세입니다.

이하에서는 홀어머니의 품위 있는 자필증서에 의한 유언사건과, 많이 활용되는 공정증서에 의한 유언사건을 검토해봄으로써 그 바탕에 흐르는 법이 추구하는 가치를 음미해보도록 합니다.

사례 1 : 홀어머니의 품위 있는 자필증서 유언

남편과 사별한 부인은 1남 2녀를 유학까지 보내는 등 훌륭히 키워냈고, 홀로 자신의 명의로 된 아파트에 거주하다가 2019년 사망했습니다. 부인은 사망하기 약 5년 전 그동안 자신을 돌봐주던 아들에게 유일하게 남은 아파트를 유증하기로 마음먹고 자필로 유언장을 작성했습니다. 그 내용은 다음과 같습니다.

> 사랑하는 아들 민수야.
>
> 지난 1980년부터 오늘까지 부모를 위하여 생활비를 월 150만 원씩 보내주어 안정되고 편하게 사라온 것을 고맙게 생각하고 사렀다. 하여 자그마한 아파트지만 아들인 너에게 물려주고 싶다. 누이들도 내 뜻에 따르기로 했다. 아무쪼록 온 식구가 다복하게 잘 살어라. 가정과 사회에 존경받는 삶이 되기를 바란다.
>
> 엄마 김영자 (주민등록번호)
> 2014년 11월 11일 씀
> 동작구 ○○아파트 101동 101호

그리고 같은 일자로 누나 2명은 다음과 같은 동의서를 작성했는데 누나 2명의 도장이 날인되어 있었습니다.

> 우리 두 딸은 어머니 김영자의 유언(2014년 11월 11일 작성)에 전적으로 동의하여 이를 동의서를 작성합니다.
>
> 유언내용 : 서울시 동작구 ○○아파트 101동 101호를 아들 민수에게 상속함.

자필증서로 된 유언장의 경우는 위조나 변조의 위험이 크기 때문에, 상속등기를 해야 할 때 반드시 가정법원의 재판을 통한 검인 절차를 거쳐야 합니다.

아들 민수는 아파트를 상속등기해서 처분하려고 했지만, 누나들이 협조를 해주지 않는 바람에 부득이 가정법원에 검인신청을 했고, 누나들을 상대로 유언효력확인의 소를 제기했습니다. 법원의 판단[9]은 다음과 같습니다.

• 유언장의 필체는 망인의 여권에 기재된 필체 및 자필서신, 메모의 필체와 유사하다.

• 유언장에는 망인이 작성 당시 처했던 상황 및 감정 상태가 그대로 기재되어 있고, 일부 맞춤법에 오기가 있는 부분 역시 자연스럽다.

• 피고들은 유언장에 '자그마한 아파트'로 기재했을 뿐 유증의 대상을 정확히 지정하지 않았다고 주장하나, 망인이 이 사건 아파트 외에 다른 아파트를 소유한 증거가 없고, 피고들도 망인의 재산보유상황을 파악하고 있었으며, 유언장 하단에 이 사건 아파트의 주소가 정확히 기재되어 있으므로, 아파트 표시가 특정되지 않는다는 사정만으로 자필증서로서의 요건이 구비되지 않은 유언장이라고 취급할 수 없다.

• 피고들이 유언검인 청구 사건의 검인 절차에 협조하지 않고 이 사건 유언의 효력 유무를 다투고 있으므로, 원고가 유언의 효력을 확인할 이익이 있다.

• 다만, 피고 2 작은누나는 미국에 거주해 왕래가 잦지 않아서 유언장의 기재내용을 인식했다는 사정만으로 자신의 유류분이 침해되었다는 사

9. 서울중앙지법 2022. 2. 10. 선고 2020가합569413(본소) 유언효력확인의 소, 2021가합 5242409(반소) 기타(금전) 판결 등 참고 및 변용

법원은 어머니의 진정성 있는 자필증서 유언장의 효력을 인정했는데, 미국에 거주하거나 거주했던 누나들을 대신해 홀어머니의 노년 대부분을 봉양했던 아들의 손을 들어주었습니다. 다만, 현행 법제상 유언의 한계영역이라 할 수 있는 유류분에 대해서는 피고인 작은누나의 주장을 받아들였습니다.

사례 2 : 공정증서를 둘러싼 유언의 요식성에 대한 다툼

2남 2녀를 둔 아버지는 사망하기 약 2년여 전인 2016년 10월에 서초구에 있는 공증인가 법무법인 사무실에 장녀 부부와 함께 가서 유언 공증을 했습니다. 유언 공증은 별지에 기재된 다수의 부동산과 금융재산을 장녀에게 2/5, 나머지 자식 3명에게 각 1/5씩 유증한다는 내용입니다. 즉, 장녀에게 법정상속분보다 더 많은 재산을 물려주는 내용입니다.

하였다.

망인은 유언의 집행자로 피고(장녀)를 지정하였다.

<별지> 유증 목록

망인은 다음 부동산 및 금융재산을 수증자 피고(장녀)에게 2/5 지분, 수증자 원고들(장남, 차남), 차녀에게 각 1/5지분씩 유증하기로 하고, 유언 효력 발생 시점의 유언자 소유의 다음 유증재산을 포함하여 모든 재산을 위의 지분대로 유증하기로 한다.

이하 부동산 및 금융재산 목록

원심은, 공정증서에 의한 유언은 공증인의 자격을 가진 변호사가 관여하기 때문에 분쟁의 우려가 적고 가사 분쟁이 발생하더라도 공증내용대로 그 효력이 발생하는 기본 관행을 바탕으로, 아들들인 원고들의 '유언공증이 무효'라는 주장을 기각시켰습니다.

하지만 2심의 판단은 달랐습니다. 유언공증 당시의 망인의 건강 상태와 장녀 부부가 주도한 공증의 내용, 증인으로 출석한 공증인의 증언 등을 종합적으로 고찰해 유언공증이 무효라는 판결을 선고한 것입니다. 구체적인 판결 이유는 다음과 같습니다[10].

---

10. 서울중앙지법 2020. 12. 24. 선고 2019가합533517 유언공증무효확인 판결(1심), 서울고법 2021. 8. 13. 선고 2021나2001702 판결(2심) 등 참고 및 변용

• 민법이 유언의 방식을 엄격하게 규정한 것은 유언자의 진의를 명확히 하고 그로 인한 법적 분쟁과 혼란을 예방하기 위한 것이므로, 법정된 요건과 방식에 어긋난 유언은 그것이 유언자의 진정한 의사에 합치하더라도 무효이다.

• 유언공증 담당 변호사인 증인이 당시 상황에 관해 구체적으로 기억하지 못한다고 하면서도, 일반적인 업무방식을 고려하면 유언공정증서의 별지는 공증업무를 담당하는 직원이 미리 작성해 두었고 자신은 이를 유언자인 망인에게 확인했을 것이라고 증언했는데, 유언의 구체적인 내용은 모두 본문이 아닌 별지에 기재되어 있다.

• 결국, 공증인이 망인을 만나기 전에 이미 유언공정증서의 별지가 작성되어 있었던 이상, 유언공정증서는 유언자인 망인이 공증인의 면전에서 유언의 취지를 구수하고 공증인이 망인의 구수를 필기하는 방법으로 작성되지 않았다고 할 것이다.

• 이러한 경우에도, 실질적으로 유언 취지의 구수가 이루어졌다고 보기 위해서는 공증인이 서면에 따라 유증 대상과 수증자에 관해 유언자에게 질문을 하고 유언자가 한 답변을 통해 유언자의 의사를 구체적으로 확인할 수 있어 그 답변이 실질적으로 유언의 취지를 진술한 것이나 마찬가지로 볼 수 있어야 하는데 이 사건은 다음 이유로 그렇게 볼 수 없다.
  - 공증 작성 당시 망인의 시력과 청력이 상당히 저하된 상태였다.
  - 공정증서 별지에는 29건의 부동산과 7건의 금융재산이 기재되어 있어 가액이 상당히 클 것으로 추측되고, 별지 표시 재산 외의 나머지 모든 재산까지 유증의 대상으로 삼고 있어 다소 이례적인 측면이 있는데도, 해당 기간 5건의 공증밖에 하지 않은 공증인은 망인을 거의 기억하지 못한다고 증언했는데, 이는 별지 등의 내용에 관해 망인의 의사를 확인하는 조치를 제대로 하지 않았기 때문으로 볼 여지가 있다.
  - 공증 당시 피고(장녀)와 그 남편이 망인과 동행했고 망인은 당시 88

세의 고령이었고 공증은 장녀와 남편의 주도로 작성된 것으로 보인다. 이들은 다른 상속인들보다 더 큰 이익을 얻는 지위에 있으므로 망인의 진정한 의사를 왜곡하려는 유인이 있음을 부인하기 어렵다.
- 다른 상속인보다 큰 이익을 얻게 되는 피고로서는 충분히 망인의 구술을 녹화하거나 녹음하는 등으로 보다 객관적인 증거를 남길 수 있었을 것임에도 이와 같은 증거는 전혀 제출되어 있지 않다.
- 상대적으로 객관적인 지위에 있는 것으로 보이는 소외 차녀는 망인이 생전에 자녀들에게 재산을 똑같이 분배하겠다고 강조했다는 내용의 진술서를 제출하였다.

즉, 2심은 재판에 나타난 모든 증거와 당시 사정을 종합적으로 검토한 결과, 더욱 많은 이익을 보는 장녀 부부의 석연치 않은 태도 및 관련 증거들을 토대로, 공정증서에 의한 유언장의 효력을 무효화시켰습니다. 결국 구체적인 사건마다 다르겠지만, 실체적인 진실이 무언인지에 대한 법원의 고민이 녹아 있는 사건이라 할 것입니다.

변호사 Comment : 고전적이지만 여전히 강력한 유언

유언장을 작성하는 당사자의 마음을 생각해봅니다. 인생을 마무리한다는 생각, 남은 재산에 대한 정리, 사후 예견되는 분쟁 등으로 인해, 엄숙하기도, 착잡하기도 할 것입니다. 반면, 인생을 회고하고 사망 후에도 나의 가치를 관철시킬 수 있는 의미 있는 시간이기도 할 것입니다. 따라서 앞에서 살펴본, 효도계약, 유언대용신탁, 가업승계 등의 수단들도 후손에게 재산을 이전하는 유용한 제도들이지만, 유언이야말로 나의 가치관과 생각을 후세에 남길 수 있는 여전히 전통적이고 강력한 방법입니다. 생전에는

분명한 증여로, 사후에는 명확한 내용의 유언으로 인생을 마무리하는 것이야말로 사적 자치와 인간의 존엄성을 최종적으로 구현하는 방법이 아닐까 생각합니다.

상속재산분할,
'특별수익'과 '기여분'

망인이 유언을 하지 않았다면 그 재산은 어떻게 처리될까요? 참고로 불행히도 한국인의 대부분은 유언장을 작성하지 않는다고 합니다. 이 경우 일반적으로 상속인들이 법정상속분대로 나누어 가지게 될 것입니다. 그런데 만약 상속분대로 배분하는 것이 부당하다고 생각하는 상속인이 있다면 어떻게 될까요? 이때 등장하는 분쟁의 형태가 바로 '상속재산분할 심판'입니다. 예시 질문을 통해 설명해봅니다.

예시 질문

홀어머니가 사망하면서 유언 없이 20억 원의 재산을 남겼습니다. 홀어머니에게는 딸과 아들이 하나씩 있었는데 딸은 10년간 치매와 암에 걸린 어머니 간병을 했습니다.

반면, 아들은 미국에 거주하는데 1년에 한두 번 정도 한국에 와서 어머니의 안부를 묻는 정도였습니다. 아들은 미국에 갈 때 어머니로부터 미법의 기반이 상식이라는 전제에서 본다면, 위 예시 질문에서 딸과 아들에게 남아 있는 상속재산을 10억 원씩 법정상속분대로 나누어주는 것은 무언가 공정하지 않다고 느끼실 것입니다. 그 이유는 첫째, 아들이 미리 받아 간 금전 4억 원에 대한 정산도 해야 하는 것 아닌가 하는 점과 둘째, 딸이 어머니를 간병한 노고가 반영되지 않았다는 2가지 점 때문입니다. 법적 용어로, 전자가 '특별수익', 후자가 '기여분'이라는 개념인데, 상속재산분할 심판 사건에서 가장 핵심적인 개념입니다.

상속재산분할 제도의 이해도를 높이기 위해서는 법적 개념에 대한 충분한 숙지가 바탕이 되어야 합니다. 따라서 먼저 핵심 개념들을 살펴보고, 다음으로 예시 질문에 대해 답변하는 순서로 설명합니다.

상속재산분할 필수개념 1 : 상속재산분할

상속재산분할은 민법 제1005조부터 제1018조까지에 규정되어 있습니다. 주요 내용은 다음과 같습니다.

1단계 : 피상속인은 유언으로 상속재산의 분할방법을 정할 수 있다.

2단계 : 유언이 없을 경우 공동상속인은 언제든지 협의에 의해 상속재산을 분할할 수 있다.

3단계 : 협의가 성립되지 않을 때는 법원에 그 분할을 청구할 수 있다.

위 조문들을 근거로 상속인들이 법정상속분대로 나누는 것에 불만이 있을 경우 법원에 상속재산분할 청구를 할 수 있는 것입니다.

상속재산분할 필수개념 2 : 특별수익

특별수익은 민법 제1008조에 규정되어 있습니다. 즉, '공동상속인 중에 피상속인으로부터 재산의 증여 또는 유증을 받은 자가 있는 경우에 그 수증재산이 자기의 상속분에 달하지 못할 때에는 그 부족한 부분의 한도에서 상속분이 있다'라고 규정하고 있습니다. 즉, 미리 받은 재산이 있는 경우 상속재산분할 때 이를 반영해서 분할한다는 내용입니다.

그렇다면, 구체적으로 어떤 부분이 특별수익에 해당할까요?

대법원은 무엇이 특별수익에 해당되는지 여부와 관련해 '피상속인의 생전의 자산, 수입, 생활 수준, 가정상황 등을 참작하고 공동상속인들의 형평을 고려해 당해 생전 증여가 장차 상속인으로 될 자에게 돌아갈 상속재산 중 그의 몫 일부를 미리 주는 것이라고 볼 수 있는지 여부에 의해 결정한다[11]'고 판시하고 있습니다.

소송 실무를 보면, 당사자들은 대학등록금, 자동차, 결혼식 자금, 심지어 한 번씩 집에 들르면서 받아 간 금전 등 망인의 수첩이나 은행 통장 등을 통해 드러난 온갖 내용을 대거 상대방이 미리 받아간 특별수익이라고 주장하는 경우가 많습니다. 하지만 법원은 위 판시 기준을 통해 특별수익 해당 여부를 판단해주고 있습니다.

---

11. 대법원 2011. 12. 8. 선고 2010다66644 판결, 대법원 2014. 11. 25. 선고 2012스156, 157 결정 등

상속재산분할 필수개념 3 : 기여분

기여분은 민법 제1008조의 2에 규정되어 있습니다. 즉, '공동상속인 중에 상당한 기간 동거·간호 그 밖의 방법으로 피상속인을 특별히 부양하거나 피상속인 재산의 유지 또는 증가에 특별히 기여한 자가 있을 때' 이를 기여분으로 보아 상속재산분할에 참작합니다.

공동상속인이 협의로 기여분을 정하면 가장 좋지만, 소송까지 제기될 수 있는 갈등상황에서 협의가 되기는 어려울 것입니다. 협의가 되지 않을 경우 역시 법원에서 기여의 시기나 방법, 정도와 상속재산의 액 기타의 사정을 참작해 기여분을 결정하게 됩니다. 실제 소송 실무에서는 기여분 인정이 쉽지는 않고 인정되더라도 금액이 그리 크지는 않습니다. 오히려 특별수익에서 첨예하게 다투는 경우가 많습니다. 대법원은 기여분과 관련해 '공동상속인 사이의 실질적 공평을 도모하려는 것이므로 기여분을 인정하기 위해서는 공동상속인 사이의 공평을 위해 상속분을 조정해야 할 필요가 있을 만큼 피상속인을 특별히 부양했다거나 피상속인의 재산 유지 또는 증가에 특별히 기여했다는 사실이 인정되어야 한다[12]'고 판시하고 있습니다.

상속재산분할 필수개념 4 : 예금 등 분할 방법

망인 명의로 은행에 예치되어 있는 예금 등을 현실적으로 어떻게 인출해야 하는지에 대한 질문은 실무에서 가장 많은 궁금증 중의 하나입니다.

법원의 판단[13]은 다음과 같습니다.

---

12. 대법원 2014. 11. 25. 선고 2012스156, 157 결정
13. 서울고법 2014. 6. 2. 선고 2013브127 판결, 대법원 2016. 5. 4. 선고 2014스122 판결 등

첫째, 예금채권, 부당이득반환채권과 같은 가분채권은 상속 개시와 동시에 공동상속인들에게 그 법정상속분에 따라 분할되는 것이 원칙이다.

둘째, 다만 특별수익이나 기여분으로 인해 법정상속분의 재조정이 이루어져야 하는 경우에는 공동상속인들 사이의 형평을 기하기 위해 가분채권을 분할대상인 상속재산에 포함시키는 것이 타당하다.

즉, 망인의 예금이나 주식 등은 특별한 사정이 없는 한 사망과 동시에 상속인들의 소유가 되므로, 법원 판결문이 없더라도 사망확인서류와 가족관계증명서(폐쇄) 등 상속인 증명 서류를 가지고 은행에 가서 그냥 인출하시면 됩니다. 하지만 보통은 일부 상속인이 예금 인출에 협조하지 않는 경우가 많으므로 금융기관에 따라 현실적으로 인출 시기가 늦어질 가능성도 존재합니다.

그런데 그냥 인출할 경우, 상속인 중 초과특별수익자(미리 가져간 돈이 법정상속분 금액을 초과하는 자)가 있는 때에는 초과특별수익자가 초과수익을 반환하지 않음에도 불구하고 예금 등을 법정상속분대로 분할받아가는 불공평한 결과가 발생할 수 있습니다. 따라서 이러한 경우에는 비록 예금채권이더라도 바로 인출하게 하지 말고 분할대상에 포함시켜 법적 판단을 받게 하자는 것이 법원의 입장입니다.

상속재산분할 필수개념 5 : 상속재산분할의 방법

상속재산을 분할하는 방법도 공동상속인들 사이에 다툼이 많은 영역입니다. 예시 질문에서 어머니가 남긴 20억 원의 구성이 10억 원 가치의 빌라 1채 + 예금 10억 원일 수도 있고, 20억 원 가치의 아파트 1채일 수도 있습니다. 상속인들 사이에 어떻게 나눌지에 대해서 합의가 되지 않는 경우가 다반사이고 그 배경에는 향후 재산 가치에 대한 예측이나 감정 대립 등이 작용할 것입니다.

대법원은 상속재산 분할 방법과 관련해 다음과 같이 판시하고 있습니다[14].

> 상속재산의 종류 및 성격, 상속인들의 의사, 상속인들 사이의 관계, 상속재산의 이용관계, 상속인의 직업·나이·심신 상태, 상속재산분할로 인한 분쟁 재발의 우려 등 여러 사정을 고려해 법원이 후견적 재량에 의해 결정할 수 있다.

즉, 실무에서는 법원이 당사자 및 소송대리인 등을 통해 구체적인 재산 분할 방법을 모색합니다. 이처럼 여러 차례의 조정과정을 거쳐 상당 부분의 사건은 해결됩니다. 그런데도 여전히 이견이 있어 해결되지 않는 경우에는 법원이 후견적 견지에서 재량권을 행사해 모든 사정을 참작해서 결정하는 것입니다.

예시 질문에 대한 답변

다시 처음의 예시 질문으로 돌아가겠습니다. 예시 질문에서 어머니가 유언을 남기지 않았기 때문에, 딸과 아들이 협의에 의해 상속재산을 분할하면 됩니다. 그런데 법정상속분으로 나누는 것을 포함해서 협의 과정에서 의견이 일치되지 않는다면 부득이 법원에서 상속재산분할을 하게 됩니다.

---

14. 대법원 2014. 11. 25. 선고 2012스156 결정, 대법원 2022. 6. 30. 선고 2017스98, 2017스100 결정 등

법원은 다음과 같은 과정을 거쳐 상속재산을 분할합니다.

첫째, 간주상속재산을 정합니다. 간주상속재산은 상속재산에서 기여분을 공제하고 특별수익을 더해 정해집니다.

둘째, 구체적 상속분을 정합니다. 법정 상속분액에서 상속인별로 특별수익이나 기여분을 감안해 결정하고 최종상속분액이 도출됩니다.

사안에서 간주상속재산은 20억 원 - 1억 원(기여분 5% 가정) + 4억 원(특별수익) = 23억 원입니다.

법정상속분액은 23억 원의 법정상속분 1/2인 각 11.5억 원입니다.

딸의 구체적 상속분액은 11.5억 원 + 1억 원(기여분) = 12.5억 원입니다.

아들의 구체적 상속분액은 11.5억 원 - 4억 원(특별수익) = 7.5억 원입니다.

즉, 현재 남아 있는 상속재산 20억 원(아파트일 경우)을, 딸이 12.5억 원, 아들이 7.5억 원으로 나누어 가지게 됩니다. 구체적인 분할 방법은 딸이 아파트 소유권을 취득하고 현금으로 아들에게 지급하는 방법이 있는데, 만약 그 돈을 마련할 수 없다면, 아파트 지분을 62.5 : 37.5로 공유하는 방법으로 분할하게 될 것입니다.

이를 정리하면 다음 도표와 같습니다.

1. 간주상속재산 = 상속재산 - 기여분 + 특별수익

2. 구체적 상속분

1) 법정상속분액 = 간주상속재산의 합계 X 상속인별 각 법정상속분
2) 구체적 상속분액 = 상속인별 법정상속분액 - 상속인별 특별수익
   + 상속인별 기여분
3) 구체적 상속분율(지분) = 구체적 상속분액 / 구체적 상속분액의
   합계액
4) 최종 상속분액 = 분할심판 시 상속재산가액 합계 X 상속인별 구
   체적 상속분율

변호사 Comment : 상속재산분할의 개념과 절차를 숙지할 것

위에 기재한 내용은 법원에서 수십 년간 판례를 통해서 정립된 판시를 정리한 것입니다. 따라서 상속재산분할 분쟁을 하시게 되는 분은 위에서 정리한 법적 개념과 의미 등을 충분히 이해하시는 것이 큰 도움이 될 것입니다. 또한, 대부분의 쟁점이 특별수익, 즉 누가 얼마를 미리 가져갔다는 내용에 집중되기 때문에 이와 관련된 풍부한 증거자료를 수집하고 제출하는 것이 법원을 설득하는 데 도움이 됩니다.

유류분, 헌법재판소 결정의
핵심 쟁점 5가지

헌법재판소는 지난 2024년 5월 25일 유류분제도 전반에 관한 의미 있는 결정을 했습니다. 1977년부터 시행되었던 유류분제도에 대해 시대변화에 부합하지 못한다는 이유의 여러 건의 위헌제청 사건이나 헌법소원 사건에 대해 일괄해 판단을 내렸는데, 아래에서 그 핵심 쟁점에 대해 설명드리겠습니다.

더욱 쉽게 설명하기 위해 상속재산분할 관련 예시 질문을 또다시 적절하게 응용하면서 헌법재판소 결정의 핵심 쟁점을 살펴봅니다.

홀어머니가 사망하면서 유언 없이 20억 원의 재산을 남겼습니다. 홀어머니에게는 딸과 아들이 하나씩 있었는데 딸은 10년간 치매와 암에 걸린 어머니 간병을 했습니다. 반면, 아들은 미국에 거주하는데 1년에 한두 번 정도 한국에 와서 어머니의 안부를 묻는 정도였습니다. 아들은 미국에 갈 때 어머니로부터 미리 4억 원을 받았습니다.

쟁점 1 : 유류분제도 자체는 여전히 합헌인 점

유류분제도의 정의와 필요성

유류분제도란 피상속인이 증여 또는 유증으로 자유로이 재산을 처분하는 것을 제한해 법정상속인 중 일정한 범위의 근친자에게 법정상속분의 일부가 귀속되도록 법률상 보장하는 제도를 말합니다.

만약 홀어머니가 아들을 편애해서 아들에게 20억의 재산 전체를 증여하고 사망했을 때, 10년간 어머니를 간병한 딸인 누나의 심정은 어떨까요? 사망 당시 어머니의 재산, 즉 상속할 재산은 하나도 없기 때문에 딸은 단 한 푼도 상속받지 못하게 됩니다. 어머니가 당신의 재산이기 때문에 자유롭게 처분했을 경우, 유류분제도가 없다면, 나아가 딸이 차상위 계층의 가난한 형편이었다면 더더욱 딸의 사정은 힘들어집니다.

예시와 같은 딸의 억울한 사정을 보완하기 위해, 민법은 제1112조에서 법정상속분의 1/2을 유류분으로 정해 일정 한도에서 보호하고 있는 것입니다(직계비속, 배우자는 1/2, 직계존속은 1/3).

유류분제도의 기능과 역할

이처럼 유류분제도는, 증여받지 못한 남아 있는 유족인 딸의 생존권을 보호하고, 딸의 상속재산형성에 대한 기여나 상속재산에 대한 기대를 보장하는 데 그 취지가 있습니다.

비록 증여를 받지 못했지만, 딸은 어머니를 중심으로 긴밀한 유대관계를 가졌던 사람이기 때문에, 유류분은 어머니가 재산을 처분하는 것을 일정 부분 제한함으로써 가족의 연대가 종국적으로 단절되는 것을 저지하는 기능을 합니다.

만약 유류분제도가 없다면 아들은 어머니가 이전에 증여한 재산 4억 원을 포함해 합계 24억 원을 차지하게 되고, 10년 간병한 딸은 한 푼도 받지 못하게 됩니다. 이 경우 가난한 누나와 남동생의 관계는 종국적으로 단절될 가능성이 더 커질 것입니다. 유류분제도로 인해 딸은 법정상속분 24억 원 중 자신의 상속분인 1/2에서 유류분지분 1/2을 곱한 6억 원을 받게 되어 그나마 생존권이 보장되는 것입니다.

사회구조가 농업사회에서 산업화·정보화 사회로 급격히 변화하고, 핵가족 중심의 가족제도가 일반화되고 1인가구의 수도 증가하고 있으며, 국민 개개인의 평균수명이 과거보다 훨씬 늘어났고, 여성의 사회적 지위가 향상되고 있지만, 위와 같은 유류분제도의 기능과 역할은 여전히 의미가 있다고 할 것이기 때문에 유류분제도 자체는 합헌으로 판단받은 것입니다. 이로써, 딸은 어머니와의 관계가 지속되고 있음을 확인하고, 남동생과의 경제적인 결합체를 이루면서 가족 간의 연대를 유지해나갈 수 있는 것입니다.

쟁점 2 : 위헌 결정 부분 - 형제자매 유류분

헌법재판소는 피상속인의 형제자매의 유류분(법정상속분의 1/3)에 대해서는 단순위헌결정을 선고했습니다. 왜냐하면, 사망한 자의 형제자매는 상속재산형성에 대한 기여나 상속재산에 대한 기대 등이 거의 인정되지 않는다고 봐야 하고, 이러한 견지에서 독일이나 오스트리아, 일본 등 외국의 입법례 역시 형제자매를 유류분 권리자에서 제외하고 있기 때문입니다.

위의 예에서 어머니의 형제들, 즉 외삼촌이나 이모가 상속인이고, 어머니가 공익재단에 전 재산을 증여했다고 가정했을 때, 외삼촌이나 이모가 자신의 유류분이 침해되었다고 공익재단을 상대로 소송을 제기하는 것은 이제 불가능해졌습니다.

쟁점 3 : 헌법불합치 결정 부분 – 유류분 상실 사유 규정 미비

기존 민법은 유류분 권리자와 유류분을 획일적으로 규정하고 있었습니다. 즉, 민법 제1004조의 상속인 결격사유에만 해당하지 않으면, 피상속인을 장기간 유기하거나 정신적·신체적으로 학대하는 등 패륜적인 행위를 일삼은 상속인의 유류분도 인정되었습니다. 이는 일반 국민의 법 감정과 상식에 반한다고 할 것입니다. 따라서 헌법재판소는 유류분 상실 사유를 별도로 규정하지 않은 부분을 위헌으로 판단하되 법적 혼란이나 공백 등이 발생할 우려가 있으므로 2025년 12월 31일까지 계속 적용을 명하는 헌법불합치결정을 선고했습니다.

예를 들어, 만약 딸이 10년간 어머니를 간병한 것이 아니라, 알고 보니 장기간 무허가 요양원에 보내고 한 번도 찾아가지 않았고, 어머니의 예금만 몰래 꺼내 사용했거나, 함께 거주하면서 신체적 약자인 어머니를 구타하거나 학대하는 일이 잦아서 이웃 주민들이 경찰에 신고하는 일이 빈번했다고 가정한다면, 그래서 어머니가 아들에게 전 재산을 증여했다면, 이제 그 딸은 유류분을 받지 못하게 되는 것입니다.

즉, 예전 같으면 그럼에도 불구하고, 딸에게 6억 원의 유류분이 인정되었겠지만, 아들이 딸의 유기나 패륜에 대한 증거자료를 법원에 제출하고 객관적인 설득력을 확보했다면 이제는 딸에게 유류분이 인정되지 않게 되는 것입니다.

국회에서는 조만간 유기나 패륜 부분에 대한 입법 절차에 착수할 것이고, 이후 소송실무에서는 공동상속인들 사이에 장기간 유기나 패륜적인 행위를 했다는 점에 대한 주장 및 증거수집 등 더욱 복잡하고 다양한 공방들이 발생하리라 예상됩니다.

쟁점 4 : 헌법불합치 결정 부분 – 기여분 미반영

상속재산분할 편에서 살펴봤듯이, 상속재산분할심판 청구가 있는 경우에는 자연스럽게 특별수익과 기여분에 대한 평가가 이루어집니다. 즉, 딸이 10년간 간병한 기여분을 평가해 상속재산분할에 반영할 것입니다. 하지만 유독 유류분을 산정함에 있어서는 기존 민법은 기여분을 반영하지 않고 있습니다. 민법 제1118조는 공동상속인의 특별수익(제1008조)은 유류분에 준용하면서도, 공동상속인의 기여분(제1008조의 2)은 준용하지 않고 있었습니다. 이로써 기여분과 유류분제도는 서로 관계가 없는 단절된 상태로 남아 있었던 것입니다.

때문에, 예시 질문에서 어머니가 딸에게 20억 전체를 증여했고, 아들이 딸을 상대로 유류분청구를 했을 경우, 기존 민법에서는 기여분에 대해 반영을 하지 않기 때문에, 딸은 10년간 간병한 기여분에 대해 공제해 달라는 항변을 할 수 없었습니다. 만약 어머니가 10년간 간병한 기여의 대가로 20억 상당의 아파트를 딸에게 증여했다 하더라도, 딸은 획일적으로 아들에게 유류분 부족액 전액을 반환할 의무를 부담했던 것입니다.

즉, 딸이 정당한 대가로 받은 기여분 성격의 증여까지도 유류분반환의 대상이 됨으로써, 기여상속인인 딸과 비기여상속인인 아들 간의 실질적 형평과 연대가 무너지고 기여상속인인 딸에게 보상하려고 했던 어머니의 의사가 부정되는 불합리한 결과가 초래되었습니다.

최근 대법원은 위 문제점을 보완하기 위해 '피상속인으로부터 생전 증여를 받은 상속인이 피상속인을 위해 특별히 부양했거나 피상속인의 재산 유지 또는 증가에 특별히 기여했고, 피상속인의 생전 증여에 상속인의 위와 같은 특별한 부양 또는 기여에 대한 대가의 의미가 포함되어 있는 경우와 같이 상속인이 증여받은 재산을 상속분의 선급으로 취급한다면 오히려 공동상속인들 사이의 실질적인 형평을 해치는 결과를 초래되는 경우에는 그러한 한도 내에서 생전증여를 특별수익에서 제외할 수 있다'고 판시한 바 있습니다(대법원 2022. 3. 17. 선고 2021다230083, 230090 판결).

하지만 민사사건인 유류분사건과 가사비송사건인 상속재산분할(기여분)사건은 관할이 달라 병합할 수 없는 점 등 여전히 문제점이 남아 있는 상태였습니다.

이 때문에 헌법재판소는 제1008조의 2를 유류분에 준용하는 규정을 두지 아니한 민법 제1118조에 대해 헌법불합치 결정을 했습니다. 즉, 위헌 결정을 선고해 효력을 상실시키면 법적 혼란이나 공백 등이 발생할 우려가 있으므로 2025년 12월 31일까지 계속 적용을 명하는 헌법불합치결정을 선고한 것입니다.

쟁점 5 : 제삼자 및 공동상속인에게 미리 증여한 부분 규정은 여전히 합헌

유류분 산정 시 중요한 쟁점 중의 하나가 바로 피상속인이 미리 증여한 부분에 대한 평가입니다. 즉, 피상속인이 공익재단에 증여한 경우와 공동상속인에게 수십 년 전 증여한 부분에 대해서도 유류분반환청구의 대상이 되는 것은 불합리하다는 주장에 대한 헌법재판소의 평가입니다.

피상속인이 제삼자에게 증여한 경우, 상속개시 전 1년간에 한 증여에 대해서만 유류분 계산에 반영하되, 다만 유증자와 수증자가 유류분 권리자에게 손해를 가할 것을 알고 증여한 때에는 1년 전에 한 증여도 유류분 계산에 반영합니다(민법 제1114조).

피상속인이 공동상속인에게 증여한 경우, 시기와 관계없이 무조건 유류분 계산에 반영합니다(민법 제1118조, 제1008조).

예를 들어, 어머니가 사망 2년 전에 평소 기부하던 공익재단에 재산 20억 전액을 증여한 경우, 유류분권자인 딸과 아들은 원칙적으로 공익재단을 상대로 유류분반환 청구를 할 수 없습니다. 하지만 공익재단이 어머니의 증여로 인해 딸과 아들의 유류분권이 침해되는 것을 알았다고 판단되는 증거를 딸과 아들이 제출할 경우에는 사망 1년 이전의 증여라도 유류분반환청구를 할 수 있습니다.

가장 빈번하게 발생하는 사례는 공동상속인이 아닌 손자에게 사망 1년 이전에 증여한 경우입니다. 예를 들어, 어머니가 사망 2년 전에 아들의 아들, 즉 친손자에게 20억 원 전액을 증여했다면, 딸인 고모는 조카를 상대로 유류분반환 청구를 할 것입니다. 이 경우 어머니와 손자가 유류분권자인 딸에게 손해를 가할 것을 알았다는 점을, 딸이 추가로 입증하면 승소할 수 있습니다.

헌법재판소는 위 제1114조 및 제1118조 규정 모두 합헌으로 봤습니다. 즉, 제삼자에 대한 증여의 경우, 쌍방의 가해인식에 대한 증명책임이 유류분반환청구권자에게 있기 때문에 이를 통해 공익재단 등 수증자의 피해를 방지할 수 있다고 봤습니다. 그리고 공동상속인에 대한 증여의 경우, 어떠한 증여가 특별수익에 해당하는지를 법원이 피상속인의 생전의 자산, 수입, 생활 수준, 가정상황 등을 참작하고 공동상속인들 사이의 형평을 고려해 결정하기 때문에 불합리하지 않다고 판단했습니다.

따라서, 제삼자 및 공동상속인에게 미리 증여한 부분을 유류분 대상에 포함시키는 규정은 합헌결정을 받았기 때문에 여전히 기존의 공방이 이어질 것으로 예상됩니다.

변호사 Comment : 유류분 소송은 더 복잡한 양상으로 계속된다

부동산을 중심으로 한 상속분쟁의 최종 귀착지는 유류분 소송입니다. 헌법재판소 결정으로 어떤 분들은 유류분반환 소송이 법적으로 해결되었거나 또는 더 명쾌해졌다고 짐작하시는 분도 계시는데 전혀 그렇지 않습니다. 명쾌해진 부분은 헌법재판소 결정 이전부터 어느 정도 예견되었던 피상속인의 형제자매에 대한 유류분권 폐지 정도일 뿐입니다. 오히려 나머지 부분은 동일하거나 더 복잡한 양상의 분쟁으로 전개될 것입니다.

먼저, 유류분권자 중 하나가 피상속인을 장기간 유기하거나 정신적·신체적으로 학대하는 등 패륜행위를 했음을 입증하려는 각양각색의 증거들이 법정에 제출될 것입니다.

공동상속인들 각자의 진실과 오래된 서운함이 상대방을 찌르고 또 다른 상처로 남을 것입니다. 가족 간 연대와 우애를 회복하기보다는 돌이킬 수 없는 다리를 건널 확률도 높습니다.

둘째, 기여분에 대한 공방 역시 첨예해질 것입니다. 만약 아들이 어머니로부터 10년 전 20억 원을 증여받았다면, 아들은 분명히 그간의 기여분에 대한 대가임을 주장하며 유류분반환을 거부할 것입니다. 따라서 기존 유류분반환소송의 쟁점에 더해 기여분 쟁점까지 더해지는 복잡한 형국이 되리라 예상됩니다.

이 밖에도, 미리 증여한 재산에 대해 그 산입 범위를 증여 시기에 따라 감액하자는 의견, 배우자 생존권 보장을 위해 배우자 유류분 비율이 상향

되어야 한다는 의견, 공익재단·장학재단 등에 대한 증여, 가업승계를 위한 증여는 유류분 대상에서 제외하자는 의견 등 다양한 주장들이 헌법재판소 반대의견, 별개 의견에서 개진되었습니다.

정리하자면, 피상속인의 재산처분 자유와 유족의 생존권이 부딪히는 유류분제도에 대한 헌법재판소의 결정은 현 단계에서 필요한 부분에 관한 수정의 의미 정도를 갖는다고 보이고, 여전히 분쟁은 계속되리라 예견됩니다.

따라서 현 시점에서 여러분이 숙지해야 할 점은, 헌법재판소의 결정 취지를 정확히 이해하고, 향후 입법을 예상해, 유류분청구권자 또는 그 상대방이 될 경우를 대비, 법률전문가의 조언을 참고해 미리 적절한 재산분할 조치나 대응방안을 모색하는 일일 것입니다.

해외 거주자에게 발생되는 상속·증여의 주요 쟁점

　해외에 거주하시는 분들이 부동산 상속·증여와 관련해 질문하는 내용은 크게 두 가지로 나누어집니다. 첫째는 실체적인 부분으로, 국내 또는 해외에 소재하는 부동산 등 재산을 상속 내지 증여받을 경우 어떤 기준으로 상속·증여를 받게 되고 세금 등은 어떻게 부과되는지 등에 관한 질문이고, 둘째는 절차적인 부분으로, 어떤 서류들이 필요하며 구체적으로 어떤 절차를 거쳐서 진행되는지에 관한 질문입니다.

　첫째 질문과 관련해, 기본적으로는 앞에서 설명한 유언과 상속재산분할, 유류분 등의 법적 논리가 그대로 적용됩니다. 다만, 사안에 따라 국제사법에 따른 관할이나 준거법을 확인해야 할 수도 있습니다. 주목해야 할 점은 거주자인지 비거주자인지의 구별이 상속·증여세를 부과하는 데 아주 중요하게 작용한다는 점입니다.

　둘째 질문과 관련해서는, 예를 들어, 미국 시민권자가 국내 국적의 아버지가 남겨주신 국내 부동산을 상속받는 경우, 상속재산분할협의서, 거주사실확인서, 서명확인서, 동일인증명서, 출생증명서 등이 필요하고 영사공증을 받으면 됩니다(미국과 같은 아포스티유 협약국가이면 영사공증을 현지 공증인의 공증 및 아포스티유 인증으로 대체 가능). 이와 관련된 법령으로는 대법원 예규에 '재외국민 및 외국인의 부동산 등기신청 절차에 관한 예규'가 있는데 자세한 내용이 규정되어 있으니 참고하시면 됩니다.

이처럼 둘째 질문은 실무적인 영역으로 비교적 쉽게 답변할 수 있는 사안이니만큼, 별도의 기회를 통해 살펴보기로 하고, 여기에서는 첫째 질문인 실체적인 부분 중 가장 중요한 쟁점 중의 하나인 거주자/비거주자 구분에 대한 다양한 사례들을 검토하는 방법으로 논의를 간추려 검토해봅니다.

거주자와 비거주자 구별 기준

거주자란 국내에 주소를 두거나 183일 이상 거소를 둔 사람을 말하며, 비거주자란 거주자가 아닌 사람을 말합니다. 주소와 거소, 거주자와 비거주자의 판정에 대해서는 소득세법을 따릅니다(이상 상증세법 제2조 8호, 동법 시행령 제2조).

주소는 국내에서 생계를 같이 하는 가족 및 국내에 소재하는 자산의 유무 등 생활관계의 객관적 사실에 따라 판정하고, 거소는 주소지 외의 장소 중 상당 기간에 걸쳐 거주하는 장소로서 주소와 같이 밀접한 일반적 생활관계가 형성되지 않은 장소를 말합니다.

한편, 국내에 거주하는 개인이 ① 계속하여 183일 이상 국내에 거주할 것을 통상 필요로 하는 직업을 가진 때나 또는 ② 국내에 생계를 같이 하는 가족이 있고, 그 직업 및 자산 상태에 비추어 계속하여 183일 이상 국내에 거주할 것으로 인정되는 때에는 국내에 주소를 가진 것으로 간주합니다(이상 소득세법 시행령 제2조).

이처럼 자세히 설명해드리는 이유는, 조세심판원이나 법원이 위 상증세법과 소득세법의 규정을 기초로 해서 무수히 많은 구체적인 사실관계들을 검토한 후 거주자와 비거주자를 구분하고 이를 기초로 상속세나 증여세를 부과하거나 적법성을 판단하기 때문입니다. 즉, 추상적인 규정들이 구체적인 사실관계와 결합해 세금이 추징되기도 또는 않기도 하는 것입니다. 다음 3가지 사례를 충분히 음미하신다면, 법원 판단의 논리와 기준을 예측해볼 수 있을 것입니다.

사례 1 : 거주자로 판명되어 배우자 증여재산공제를 받은 사례

부인은 1993년 8월부터 아들의 교육을 위해 미국에서 거주하던 중 1995년 10월 이민을 가서 계속 미국에서 생활했습니다. 부인은 1999년 12월 국내에 거주하던 남편으로부터 국내에 있는 건물을 증여받았는데, 당연히 거주자라고 생각했으므로 배우자 증여재산공제를 적용해서 증여세를 신고했습니다. 그런데 동작세무서장은 2003년 6월경 부인이 비거주자이므로 배우자 증여재산공제 대상이 아니라는 이유로 증여세 부과처분을 했고, 이에 부인이 동작세무서장을 상대로 증여세부과처분 취소소송을 제기했습니다.

법원은 부인이 거주자라는 이유로 부인의 증여세 부과처분 취소 주장을 인용했는데 구체적인 이유는 다음과 같습니다[15].

---

15. 서울행정법원 2004. 10. 28. 선고 2004구합9029판결(1심), 서울고법 2006. 2. 15. 선고 2004누24747 판결(2심), 대법원 2006. 6. 16. 선고 2006두4943 판결(3심) 참고 및 변용

- 소득세 법령에 따르면, 국외에 거주하면서 외국의 영주권을 얻은 자는 국내에 생계를 같이 하는 가족이 없을 뿐만 아니라 다시 입국해 주로 국내에 거주할 가능성도 없을 때, 즉 위 두 가지 요건을 모두 충족할 경우에만 국내에 주소를 두지 않은 자인 비거주자로 보게 되고, 위 요건 중 어느 하나라도 갖추지 못하면 거주자라 봐야 한다.
- 이민 후 증여 시까지 4년 2개월간 국내 체류기간은 325일에 불과하나 국내 남편과 정상적 결혼생활을 했고, 서로 미국과 한국을 왕래했다.
- 원고와 남편은 국내 부동산 임대수입으로 생활했다. 따라서, 원고는 국내에 생계를 같이 하는 가족인 남편이 있는 경우에 해당한다.
- 미국에서 12년 이상 거주하고 영주권도 취득했으므로 국내 자산을 처분해서 미국에 주거용 부동산을 취득할 법도 한데 현재까지 임대아파트에 생활하고 있다.
- 아들의 학업 종료 시에는 귀국 가능성도 배제하기 힘들고, 남편은 여전히 국내에 거주한다.
- 따라서 원고가 비거주자임을 전제로 한 이 사건 처분은 부적법하다.

사례 2 : 비거주자로 판명되어 상속세 부과가 유지된 사례

망인은 부인과 아들 하나, 딸 두 명의 가족이 있었는데, 큰딸은 1999년 12월 뉴질랜드 영주권을 취득한 이후 현재까지 뉴질랜드에서 거주하고 있고, 아들은 2001년 11월 뉴질랜드 영주권을 취득하고 2002년 1월 이민 목적으로 출국했다가 2009년 12월 영구 귀국했습니다.

망인과 부인은 2005년 뉴질랜드로 출국해 영주권을 취득하고 국내 주민등록이 말소되었는데 망인은 2007년 2월 뉴질랜드에서 사망했습니다.

둘째 딸은 국내에 거주했는데, 망인 사망 시 5개월 정도만 뉴질랜드에서 체류했습니다. 부인은 여전히 뉴질랜드에 살고 있습니다.

아들은 2013년 12월 망인의 사망신고를 했고 국내에 있는 망인의 부동산에 대해 별도의 상속세 신고 및 납부를 하지 않았습니다. 이에 삼성세무서장은 망인을 비거주자로 판단해 기초공제만 차감한 상태에서 2018년 11월 아들과 부인에 대해 상속세 15억 원 부과처분을 했습니다.

이에 아들과 부인은 망인의 부동산 등 모든 재산이 국내에 있고 주된 생활근거지 역시 국내에 둔 거주자에 해당하므로 기초공제만을 적용하는 것은 위법하다는 이유로 삼성세무서장을 상대로 취소소송을 제기했습니다.

법원은 망인이 비거주자임을 이유로 삼성세무서장의 상속세 부과처분이 정당하다고 판단했는데 구체적인 근거는 다음과 같습니다[16].

> • 국내에 주소를 둔 경우에 해당하는지 여부는, 국내에서 생계를 같이 하는 가족 및 국내에 소재하는 자산의 유무 등 생활 관계의 객관적 사실, 외국 국적을 가졌거나 외국의 영주권을 얻은 사람은 국내에 생계를 같이 하는 가족이 있는지, 직업 및 자산 상태에 비추어 다시 입국해 주로 국내에 거주하리라고 인정되는지 여부 등 생활관계의 객관적 사실을 종합해 판정해야 한다.
>
> • 망인은 2년간 한차례도 귀국하지 않았고, 뉴질랜드에서 영주권을 취득함에 따라 자국민 혜택으로 병원치료 등을 받을 수 있었다.
>
> • 작은딸을 제외한 자녀들은 부모보다 먼저 영주권 취득해서 뉴질랜드에 거주했고, 상속 개시 무렵까지 국내에 들어올 수 없는 상황이었다.

16. 서울행정법원 2021. 4. 22. 선고 2020구합58960 판결, 서울고법 2022. 2. 11. 선고 2021누 44212 판결 참고 및 변용

• 국내에 거주하는 작은딸은 사망 전까지 뉴질랜드 왕래가 없었기 때문에 작은딸이 생계를 같이 하는 국내 거주 가족이라고 보기는 어렵다.

• 장례식, 유품 정리 등은 뉴질랜드에서 이루어졌다.

• 망인의 재산은 해외에서 관리 불가능한 재산들이 아니고, 실제 망인 부부는 뉴질랜드에서 거주하면서 국내 은행 계좌로 소유 부동산 월세, 보유주식 배당이익을 수령했고, 종합소득세도 납부했다.

• 때문에 원고들 주장과 같이 부동산 등 망인의 재산이 주로 국내에 있었고, 질병으로 말미암아 거동이 불편한 상황에서도 망인에게 조만간 국내로 돌아오고 싶은 내심의 의사가 있었던 경우라 하더라도, 거주자에 해당하지는 않는다.

• 따라서 망인이 비거주자에 해당함을 전제로 세무서장이 이 사건 처분을 한 것은 적법하다.

사례 3 : 증여 시점별로 구분해 증여세를 일부 부과 및 취소한 사례

부인은 2008년 3월경 비거주자인 남편과 공동명의로 홍콩에 66억 원 상당의 주택을 취득했습니다. 당시 대출채무가 있었는데 남편은 그 무렵부터 대출받았던 취득자금을 지속적으로 상환했습니다. 성동세무서장은 2014년 3월부터 부인이 국내에 생활기반이 있는 거주자로 전환되었다고 판단해 2020년 6월 남편이 홍콩 주택대출상환 금액 중 부인지분 부담분을 증여받은 것으로 봐서 수증분에 대해 증여세 부과처분을 했습니다. 이에 부인은 거주자가 아니라는 이유로 성동세무서장을 상대로 증여세부과처분 취소소송을 제기했습니다.

법원은 원고가 거주자에 해당하는지 여부는 각각의 증여 시점별로 판

단해야 하는데, 일정기간은 비거주자이고, 나머지 일정기간은 거주자에 해당한다고 판시해, 비거주자 부분에 대한 증여세부과처분을 취소했습니다. 구체적인 이유는 다음과 같습니다[17].

- 홍콩 주택 취득자금 수증분은 국내에 있는 재산이 아니므로, 원고가 비거주자라면 증여세 과세대상이 아니다. 다만 25차례에 걸쳐 증여가 이루어졌으므로 원고가 거주자에 해당하는지는 각각의 증여 시점별로 판단해야 한다.

- 비거주자였던 기간은 2014년 3월부터 2014년 7월까지다.
  - 2014년 1월부터 7개월간 32일만 국내 체류했고 아이들도 런던에서 학교를 다녔다.
  - 영국에서 공연기획자 등으로 활동했는데 국내에서 별다른 직업 활동이 없었다.
  - 2013년, 2014년 국내에서 아무런 수입이 없었다.

- 거주자였던 기간은 2014년 8월부터 2015년 12월까지다.
  - 2014년 8월부터 5개월간 125일, 2015년에는 305일간 국내에 체류했다.
  - 2014년 하반기에 국내에서 직업 활동을 했다.
  - 2014년 3월부터 국내 계좌로 매달 1,700만 원을 송금했다. 따라서 원고가 국내에 머물면서 자산의 관리 및 처분 등을 해야 할 필요성이 상당히 커진 것으로 보인다.
  - 주민등록은 2015년 6월 회복했으나 그 이전부터 주택을 소유하면서 거소 신고를 했다.

- 따라서 비거주자였던 기간에 대한 증여세부과처분을 취소하고, 거주자였던 기간의 증여세부과처분은 유지한다.

17. 서울행정법원 2023. 12. 26. 선고 2022구합64037 판결, 대법원 2014. 11. 27. 선고 2013두16876 판결 참고 및 변용

변호사 Comment : 구체적인 사안이 모두 다르니 전문가에게 맡겨라

해외 거주자에 대한 상속·증여는 기본적으로는 국내에서 적용되는 법령과 판례 논거 및 절차에 따라 동일하게 적용됩니다. 다만, 절차적인 부분과 제출서류 확인 부분에서 차이가 있어, '재외국민 및 외국인의 부동산 등기신청 절차에 관한 예규'나 '외국 공문서에 대한 인증의 요구를 폐지하는 협약[아포스티유(Apostille) 협약 – 협약가입국 사이에 영사확인 절차를 간소화한 아포스티유 인증절차를 시행]' 등을 근거로 관련 서류들을 준비해야 합니다.

실체적인 부분과 관련, 거주자인지 비거주자인지 여부가 상속·증여세 부과에 큰 영향을 미친다는 점을 알 수 있는데, 해외 거주자들에게 분쟁이 발생했을 경우, 각자 처한 상황에 따라 구체적인 상황들을 살펴봐야 하고, 그에 부합하는 법령과 판례들을 검토해봄으로써 적절한 해결책을 찾아야 합니다. 이 경우 판단은 최종적으로 법원의 판례가 그 기준이 됨을 유의하셔야 합니다.

3장

고령화보다 무서운
상속·증여

심형석

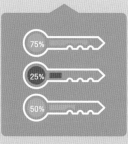

일본 대량상속의
시대가 온다

현재 일본의 상속 건수는 얼마나 될까요? 2023년 전국 사망자 수가 159만 5,503명이니 이만큼의 상속 건수가 발생했다고 볼 수 있습니다. 상속발생 건수는 연간 사망자 수와 일치하기 때문입니다. 고령화의 여파로 한국(35만 2,700명)과 비교해도 많습니다.

지금부터 40년 전인 1983년 사망자 수는 74만 명이었다고 합니다. 40년 전과 비교해 약 2.16배나 증가하고 있는 것을 알 수 있습니다. 일본은 고령화하고 있을 뿐만 아니라 당연하지만 고령인구가 늘어나면 죽는 사람의 수 또한 늘어납니다. 일본은 앞으로 20년 동안은 상속 건수는 계속 늘어나 대량상속의 시대를 맞게 됩니다.

친숙해지는 상속세

상속세가 과세된 건수를 살펴보면 1983년 3만 9,000건이었던 건수는 2022년 기준으로 15만 건으로 약 3.85배나 늘었습니다. 물론 2015년에 세제가 개편되면서 과세유산 총액을 계산할 때의 기초공제액이 줄어들었기 때문에 상속세 과세대상자가 늘었다는 배경이 있습니다. 하지만 개정 전인 2014년에 5만 6,000건과 비교해도 과세되는 비율은 3배 가까이 늘었습니다.

〈일본 상속세 현황〉

구분	2021년	2022년	증감
피상속인수(사망자 수)	1,439,856명	1,569,050명	9.0%
상속세 과세건수	134,275건	150,858건	12.4%
과세비율	9.3%	9.6%	0.3%p

출처 : 國稅廳(2023년 12월)

상속 발생한 건수 중 어느 정도 비율로 상속세가 과세되는 걸까요? 이는 과세건수를 사망자 수로 나누면 산출되는데 대체로 9.6%가 됩니다. 세제 개정 전 4.4%였기 때문에 과세되는 비율은 2배 이상 늘었습니다. 90%는 과세대상에서 제외되었기 때문에 많은 사람은 나는 상관이 없다고 생각할 수 있지만, 꼭 그렇지만도 않습니다.

1차 상속에서는 세금 걱정이 없다고 안심하면 안 된다

상속세 과세대상이 생각보다 많지 않은 것은 과세 계산 방법을 보면 분명합니다. 상속의 대상이 되는 재산을 평가한 액수로부터 기초공제액을 뺀 것을 과세유산총액이라고 하며, 이것을 법정상속분으로 나누어 과세대상액을 산출하지만, 현재의 기초공제액(3,000만 엔 + 600만× 법정상속인 수)을 고려하면 다소 자산을 가지고 있는 사람이라도 적어도 1차 상속에 있어서는 세금 걱정을 할 필요는 없습니다.

하지만 기초공제액이 2015년 개정 전(5,000만 원 + 1,000만 엔× 법정상속인 수)에 비해 줄어들어 향후 수도권을 비롯한 대도시권에서 고도 성장기 이후 지방에서 상경한 사람들에게 대량상속이 발생하는 향후에는 상당수가 과세 대상이 될 가능성이 있습니다. 특히 대도시권에 부동산을 가지고 있는 사람에게는 현재 9%대에 머물고 있는 과세대상이 확대될 가능성이 큽니다.

일본의 주택가격이 오르면서 과세대상은 더 늘어날 것입니다. 일본 국토교통성은 2023년 전국의 공시지가가 작년과 비교해 2.3% 상승했다고 발표했습니다. 이는 1991년, 즉 버블경제 붕괴 직전 이후로 33년 만에 최대 상승률입니다. 특히 도쿄 도심지역에서는 상업지 지가가 평균 7%나 급등했습니다.

상속세 과세대상의 38%가 부동산

특히 고령자 부부 중 한쪽에서 상속이 발생했을 경우(1차 상속) 배우자 특별공제나 소규모 택지 등의 특례로 인해 과세되지 않는 경우가 많으나, 2차 상속에서는 이러한 공제를 사용할 수 없어 과세되는 세대가 향후 대도시권을 중심으로 늘어날 것으로 예상됩니다. 2차 상속에 대해 인식하고 대응책을 검토해나가는 시대가 되고 있는 것입니다.

그럼 실제로 상속세 과세대상이 된 재산의 내역을 살펴보겠습니다. 국세청 조사(2022년)에 따르면 토지, 가옥을 합친 부동산 비율은 2021년 38%에서 줄어든 37.4%로 전체의 40% 가까운 수준입니다. 부동산이 상속에 있어서 중요한 대상이 되고 있습니다.

구분	전체	부동산	비중
2021년	196,794	75,561	38.0%
2022년	218,663	81,780	37.4%

출처 : 일본 국세청(2023년 12월)

부동산 상속 후에도 부담

상속세의 과세대상이 되든, 되지 않든 부동산은 향후 상속에 있어서 이를 승계하는 상속인에게 큰 부담이 될 것으로 보입니다. 당연하게도 부동산은 단지 소유하는 것만으로 고정자산세(보유세)나 지역에 따라서는 도시계획세가 듭니다. 주택을 유지하기 위해서는 맨션이라면 관리비와 수선충담금 부담이 매월 발생합니다. 단독주택의 경우에는 집의 통풍을 자주 하지 않으면, 특히 목조주택의 경우 순식간에 주택 내부가 망가집니다. 섬세한 수선비용의 부담, 정원의 나무 등 주택은 유지비가 계속 들어가는 비용의 덩어리라고 할 수 있습니다.

자동차나 기계라면 없애버리면 되지만 부동산은 계속 승계됩니다. 부동산은 멸실해도 토지가 남고 토지를 없애버리는 것은 불가능합니다. 맨션의 경우에는 구분 등기가 되어 있어 멸실을 하고 싶어도 가능하지 않고 매월 비용이 들어갑니다. 살기에는 편리한 구조로 되어 있지만, 맨션은 상속재산의 대상으로서는 귀찮은 존재입니다.

상속 부동산이란 세금의 문제만은 아니다

상속이란 세금의 문제만은 아닙니다. 상속은 모든 가정에서 발생합니다. 그것은 사람은 반드시 사망하기 때문입니다. 그리고 죽은 사람은 어떤 형태로든 '유산'을 가지고 죽는 것이 현대사회입니다. 보통의 가정에서 일어나는 일이 상속이며 승계되는 부동산이 수익이 되는 경우도 있지만, 그 반대의 경우도 있다는 점에 유의해야 합니다.

단카이세대(団塊の世代)는 일본에서 제2차 세계대전 이후 1947년부터 1949년 사이에 베이비붐으로 태어난 세대를 말합니다. 한자를 한국식으로 읽어 단괴세대(團塊世代)라고도 합니다. 출생 당시 806만 명으로 일본 인구 피라미드 중에서 항상 최대 파벌을 형성해왔습니다. 이들의 대부분은 지방에서 도쿄와 오사카 등 대도시로 나와 배우고, 졸업 후 기업 등에 취직해 활약해왔습니다.

하지만 이들은 2022년부터 후기 고령자(75세 이상)의 나이가 시작되었습니다. 현시점에서의 단카이세대는 600만 명 정도 됩니다. 출생 때의 75%로 감소했습니다. 일본의 평균 수명인 남성 81.64세, 여성 87.74세가 되는 5년부터 10년까지 상당수가 돌아가실 것으로 보입니다. 즉, 상속이 발생하게 됩니다.

현재 후기 고령자 인구는 일본 전국적으로 1879만 명입니다. 이 카테고리에 앞으로 불과 3년 후에 현재 수의 1/3에 해당하는 인구가 진입한다면 일본에서의 상속 러시는 시작됩니다. 단카이세대는 대부분 1980년대를 중심으로 수도권 교외에 내 집 마련을 했습니다. 이 주택이 1차 상속 시점에서는 배우자에게 무사히 인계될 것이지만 2차 상속이 되면 그들의 자녀 대부분이 부모의 남은 집에서 사는 것을 선택하지 않을 것입니다.

대량상속시대 사전에 준비해야

〈부동산 상속 설문 조사〉

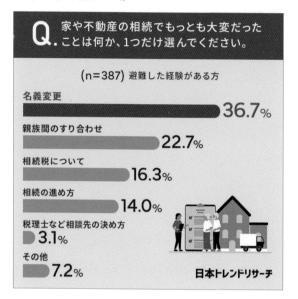

Q. 家や不動産の相続でもっとも大変だったことは何か、1つだけ選んでください。

(n=387) 避難した経験がある方

名義変更 **36.7%**

親族間のすり合わせ **22.7%**

相続税について **16.3%**

相続の進め方 **14.0%**

税理士など相談先の決め方 **3.1%**

その他 **7.2%**

日本トレンドリサーチ

출처 : 일본 트렌드 리서치회사(2023년 12월)

　2023년 12월에 일본의 트렌드 리서치회사가 전국의 남녀 2,037명을 대상으로 '부동산 상속'에 대한 설문 조사를 실시했습니다. 우선 부동산 상속의 경험이 있느냐는 질문에서는 34.8%가 '집이나 부동산의 상속을 한 적이 있다'라고 응답했습니다. 그중 54.6%가 '집이나 부동산의 상속으로 힘들었던 적이 있다'라고 응답했습니다. 따라서 원만한 상속은 꽤 어려운 현실로 보입니다. 가장 힘들었던 것은 '명의변경(36.7%)'과 '친족 간의 마무리(22.7%)'로 나타났습니다. 마지막으로 부동산을 상속했을 때, '사전에 해두었어야 했다'라는 응답이 62.0%로 나타나 사전에 대비하는 것이 중요함을 알 수 있습니다.

위대한 부의 이전,
어떻게 준비해야 할까?

　역사상 가장 큰 부의 물결이 향후 20년에 걸쳐 베이비붐 세대에게서 사라질 것이며, 이는 우리 삶의 여러 측면에서 큰 영향을 미칠 것입니다. 위대한 부의 이전(The Great Wealth Transfer)이라고 불리는 이 금액 84조 달러가 노인 미국인에서 X세대(1965~1980년 출생) 및 밀레니얼(1981~1996년), Z세대(1997~2012년)로 이동할 준비가 되어 있습니다.

　현명하게 관리한다면 미국인들은 부를 늘리고 재정적으로도 안정될 수 있을 것입니다. 단, 대량 자산 이전을 준비하려면 상속인과 피상속인 등 양쪽에서 신중한 계획과 전략적 의사결정이 필요합니다.

　국가 부의 약 절반을 소유하고 있는 베이비붐 세대가 2045년까지 84조 달러를 상속 또는 증여하는 위대한 부의 이전을 시작할 준비가 되어 있습니다. 전문가들은 X세대와 밀레니얼 세대와 같은 젊은 세대가 그 총액 중 72조 달러를 상속받을 것으로 예상하며, 나머지는 자선 단체 등으로 흘러갈 것으로 보입니다. 이는 역사상 가장 큰 부의 이전이라고 불립니다. 이는 많은 사람을 백만장자로 만들어줄 것입니다.

　물론 위대한 부의 이전이 실현되려면 수십 년이 걸릴 것입니다. 가장 나이 많은 베이비붐세대(1946~1964년 출생)는 올해 78세지만, 가장 어린 베이비붐 세대는 이제 60세가 되어 아직 사회보장 혜택도 청구할 수 없습니다. 이 이전은 그렇게 빨리 이루어지지는 않을 것입니다. 많은 미국인이 미래에 번영할 수 있도록 재정을 준비할 충분한 시간을 제공할 수 있습니다.

자산의 이전은 부의 불평등 문제를 심화할 수도

뉴욕타임스(New York Times)에 의하면 부의 대부분은 가장 부유한 10%에게 이전될 것이라고 합니다. 상위 1%가 가져갈 몫(비중)은 더 클 것입니다. 2022년을 기준으로 미국인의 상위 1% 소득은 785,968달러이며 자산은 3,340만 달러(2023년 2분기)입니다.

반면 평균 임금은 61,136달러, 자산은 109만 달러입니다. 상위 1%의 부와 평균의 차이가 현재도 적지 않습니다만 위대한 부의 이전이 발생하고 나면 이 차이가 더 벌어질 수도 있다는 말입니다. 즉, 부의 불평등 문제는 위대한 부의 이전 이후에도 계속될 가능성이 큽니다.

〈미국과 한국의 상위 1%와 평균의 소득 및 자산 비교〉

구분	상위 1%		평균		차이	
	미국	한국	미국	한국	미국	한국
소득	785,968달러	3억1,632만 원	61,136달러	6,414만 원	12.9배	4.93배
자산	3,340만 달러	53억6,882만 원	109만 달러	5억2,727만 원	30.6배	10.18배

출처 : 경제정책연구소 사회보장청(2022년), 연방준비은행의 자산데이터(2023년 2분기), 통계청

상위 1%와 평균의 소득과 자산을 비교해보면 소득의 차이보다는 자산의 차이가 더 큽니다. 우리나라도 상위 1%와 평균의 소득과 자산의 차이

는 4.93배와 10.18배로 미국보다는 크지 않지만, 소득과 자산의 차이는 2배 이상 벌어집니다. 따라서 부의 이전 이후에는 자산 차이가 더 벌어지는 것이 문제가 될 수 있다는 점입니다.

상속이나 증여를 받는 입장에서도 자산을 어떻게 소득으로 만들어가느냐도 중요합니다. 젊은 세대가 상속을 받더라도 배당주나 연금 등을 통해 시간이 지나 소득으로 전환해야 할 수도 있습니다.

연방준비제도이사회(Federal Reserve)의 연구원들의 2019년 연구에 의하면 지난 3년 동안 상속을 받았다고 답한 미국인들 중 가장 부유한 1%의 가족은 평균 71만 9,000달러를 상속받은 것으로 보고되었으며, 하위 50%에 속하는 사람들은 평균 9,700달러를 받았다고 합니다. 소득이 51~90% 범위인 가족의 경우에도 평균 상속재산은 46,000달러를 받았다고 응답해 상위 10%가 아니고는 인생을 바꿀 수 있을 만큼 큰돈은 아닌 것으로 보입니다. 자산 불균형이 계속 늘어나는 이유입니다.

상속(증여) 계획과 사전 준비가 중요

전문가들은 얼마나 많은 부를 가지고 있던 상속계획은 꼭 필요하다고 말합니다. 유산계획에는 유언장이 있어야 하며 금융계좌에 수혜자를 지정하거나 신탁을 이용하는 방법도 있습니다. 더욱 중요한 사실은 잠재적인 피상속인에게 상속한다는 계획을 전달하는 것이 중요합니다. 수혜자 특히 자녀가 있는 사람들은 현재 상속계획을 적극적으로 전달해야 합니다. 상속계획이 수립되면 이것을 바꾸기 번거로우므로 의사소통을 통해 피상속인이 직면하는 문제를 미연에 방지할 수 있습니다.

부모와 자식 간에 이러한 대화를 나누기가 어려울 수 있지만 일을 단순하게 진행할 수는 있습니다. 부모님의 계좌에 잔액이 얼마 있는지를 공유할 필요는 없습니다. 상속이 발생할 때 쉽게 접근할 수 있도록 위치, 등록 및 수혜자를 알려주기만 하면 됩니다. 특히 부동산의 경우 복잡할 수 있으며 자산을 유지하고 늘리는 최선의 방법에 대한 광범위한 지식이 필요하므로 전문 조언자가 문제를 현명하게 정리하는 데 도움을 줄 수 있습니다.

가장 큰 문제는 돈을 상속받거나 증여받는 사람이 사전에 계획을 세우지 못하는 경우입니다. 이로 인해 불필요하게 자금을 지출하게 되는 경우가 많습니다. 대표적인 지출 중 하나는 예상치 못한 세금입니다. 사전에 준비하지 않으면 세금을 피하기는 어렵습니다.

시간이 지남에 따라 부를 축적하는 데 어떤 자산이 더 좋은지를 고민해야 합니다. 미국의 경우에는 장기 수익률은 역사적으로 다각화된 주식 포트폴리오에서 가장 높았습니다.

미국 최고의 기업 수백 개로 구성된 S&P500지수가 매년 평균 약 10% 수익률을 기록했음을 알았으면 합니다.

거대한 부의 이전 이후, 자산 시장은 달라진다

하지만 앞으로는 달라질 수 있습니다. 'Bank of America Private Bank'의 '2022년 부유층 미국인 연구(2022 Bank of America Private Bank Study of Wealthy Americans)'에 대한 설문 조사에 참여한 밀레니얼 세대 및 Z세대 투자자 중 75%는 '기존 주식과 채권만으로는 평균 이상의 수익을 달성하는 것이 불가능하다'고 믿고 있습니다. 젊은 투자자들은 대체 투자(Alternative Investments)를 포함한 새로운 금융수단에 더 개방적입니다.

21~42세의 부유한 투자자는 43세 이상의 투자자보다 사모펀드, 사모

부채 및 기업에 대한 직접 투자(심지어 자신의 회사나 브랜드를 설립)를 더 선호하는 것으로 나타났습니다.

〈2022년 부유층 미국인 연구〉

출처 : Bank of America Private Bank(2022년 10월)

부동산은 영원하다?

세대를 통틀어 변하지 않는 것 중 하나는 부동산입니다. 미국의 부유한 개인을 대상으로 한 설문 조사에서 나이가 많은 응답자와 젊은 응답자 모두가 유사하게 선호하는 유일한 투자 카테고리가 있습니다. 밀레니얼 세대가 첫 주택 구입에 있어 금리상승, 공급부족 등 가파른 장벽에 직면하고 있지만, 이것이 영원히 지속될 상황은 아니라고 믿고 있습니다.

따라서 위대한 부의 이전은 더 많은 사람이 상속(증여) 자금을 가지고 주택 소유자가 되거나 두 번째 주택을 추가로 매입할 수 있습니다. 미국의 주택 수요자들은 소규모 가족을 지향하는 추세이기 때문에 더 작고 도시화한 숙소를 원하면서 원격 근무 옵션은 계속 확대될 예정입니다.

막대한 부의 이전으로 여성이 가장 큰 수혜자가 될 가능성이 큽니다. 2020년에 발표된 매켄지(McKinsey & Company)의 연구(Women as the Next Wave of Growth in US Wealth Management)에 따르면 약 30조 달러의 부가 향후 10년 이내에 주인이 바뀔 것이며 여성은 상당한 몫을 물려받을 준비를 해야 한다고 합니다. 이 규모는 미국의 연간 GDP에 맞먹는 수준입니다. 현재도 여성은 미국 전체 가계금융자산의 1/3을 관리하고 있습니다. 남성이 여성보다 빨리 사망함에 따라 이러한 자산의 통제권이 더 젊고 오래 사는 경향이 있는 여성 배우자에게 양도됩니다. 미국의 경우 여성은 남성보다 평균 5년 더 오래 살고, 여성은 약 2살 많은 남성과 결혼합니다.

〈Women as the Next Wave of Growth in US Wealth Management〉

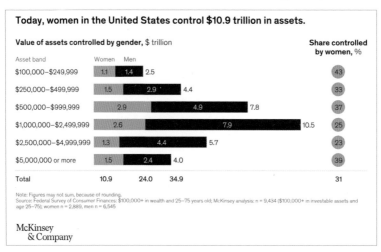

출처 : Bank of America Private Bank(2022년 10월)

부유한 여성 자산가 전면 등장

여성은 남성과 다르게 돈을 관리합니다. 부유한 여성은 전문적인 조언을 구할 가능성이 더 높으며 재정적 의사결정에 있어 위험에 덜 관대하고 삶의 목표에 더 집중하는 경향이 있습니다. 매켄지의 조사에 의하면 실제로 부유한 노인 여성은 금융 자문가가 관리하는 계좌에 1% 이상의 수수료를 지불하는 것을 선호하는 경향이 디지털 전용서비스에 지불하는 것에 비해 부유한 노인 남성보다 2배나 더 높다고 합니다. 따라서 여성 자산가들이 늘어나면 자산 시장의 수급상황이 달라질 수도 있습니다.

위대한 부의 이전은 곧 닥칠 미래입니다. 한국 또한 비슷한 시기에 비슷한 상황을 겪을 것입니다. 현재의 자산이 젊은 층에 그리고 여성분들에게 이전되었을 때 기존의 자산 시장이 그대로 유지될 것이라는 생각은 안일합니다. 거대한 자산 이전 이후 부의 불평등이 더 심화할 수도 있겠지만 이걸 기회로 새로운 자산가들이 대거 등장할 수도 있습니다. 그 차이는 미래를 어떻게 준비하느냐에 달려 있다고 보입니다.

부자들의 문제,
상속의 경제학

상속이란 한 세대에서 다른 세대로 부나 자산을 물려주는 과정을 말합니다. '상속경제학'이란 상속이 사회의 부의 배분에 어떤 영향을 미치는지, 그리고 그것이 경제적 결과에 어떤 영향을 미칠 수 있는지에 초점을 맞춘 경제학의 한 분야입니다.

상속경제학의 핵심 개념 중 하나는 세대 간 이전인데, 이는 한 세대에서 다른 세대로 부의 이전을 의미합니다. 이는 유산, 증여, 양도 등 다양한 형태를 취할 수 있습니다.

부는 '인적인 부(Human Wealth)'와 '비인적인 부(Nonhuman Wealth)'로 나눌 수 있으며 인적인 부는 개인의 교육, 기술, 능력 등 인적 자본에 내재된 부를 의미합니다. 반면 비인적인 부는 실물 자산이나 금융 자산과 같이 인적인 부에 속하지 않는 것을 의미합니다.

인적인 부는 소득을 창출하고 경제에 기여하는 개인의 능력과 연결되어 있기 때문에 종종 가장 가치 있는 부의 형태로 간주됩니다. 인적인 부는 교육 및 훈련과 같은 지식, 기술 및 능력의 세대 간 이전을 통해 전수될 수 있습니다.

반면 비인적인 부는 개인의 인적자본과 관련되지 않는 부동산, 주식, 채권 및 기타 금융상품과 같은 자산이 포함됩니다. 비인적인 부는 유산이나 상호 간 이전을 통해 이전될 수 있으며 상속인이나 피상속인에게 재정적 지원과 안전을 제공할 수 있습니다. 인적과 비인적인 부의 이전은 경제적 결과와 불평등에 중요한 영향을 미칩니다. 인적 자본의 상속은 개인에게 노동시장에서 성공하고 소득을 창출하는 데 필요한 기술과 지식을 제공할 수 있습니다.

백만장자들의 이민이 늘어나고 있습니다. 이들의 이주가 중요한 이유는 자산과 함께 모든 국가의 경제적 활력에 직접적인 영향을 미치는 전문지식, 네트워크 및 역동성을 가지고 이주하기 때문입니다. 즉, 비인적인 부와 함께 인적인 부의 이전도 중요합니다.

최근 미국에서도 재산과 함께 부모의 가치와 신념을 사망 후 수혜자 또는 상속인에게 이전하기 위한 포괄적인 상속계획인 유산계획(Legacy Planning)이 유행하고 있습니다. 이 유산계획은 자산을 사랑하는 사람에게 정확히 어떻게 이전할지를 결정하는 것입니다. 여기에는 비인적인 부(자산) 외에도 사랑하는 사람의 삶을 풍요롭게 하기 위한 특정 가치를 전하거나 자선 기부를 하는 등 무형의 선물을 전달할 수도 있습니다.

상속경제학을 연구하는 이유와 방법

상속은 경제학에서 복잡하고 논란이 가장 많은 주제 중 하나입니다. 한편으로 상속은 상속인에게 재정적 안정의 원천을 제공하고 부를 재분배해 불평등을 줄이는 데 도움이 될 수 있습니다. 반면에 부와 권력을 소수 가족의 손에 집중시킴으로써 기존의 불평등을 고착화할 수 있으며, 상속받은 부에 지나치게 의존하는 상속인들로 인해 노동 및 생산성에 대한 의욕을 저해할 수 있습니다. 최근 몇 년간 연구자들은 상속이 부의 불평등에 미치는 영향을 연구하기 위해 등록인구통계(population registers)를 사용해 이 중요하고 논란이 많은 문제에 대한 새로운 시각을 제시했습니다.

등록인구통계는 시간 경과에 따라 전체 인구에 대한 인구통계학적인 정보를 기록하는 대규모 데이터베이스입니다. 이는 연구자들이 여러 세대에 걸친 부의 승계를 추적하고 분석을 저해하는 광범위한 요인들을 제어할 수 있게 해주기 때문에 특히 상속경제학을 연구하는 데 유용합니다. 부모와 자녀에 대한 정보를 연결함으로써 연구자들은 상속이 시간이 지남에 따라 다양한 인구집단에 걸쳐 부의 불평등에 어느 정도 영향을 미치는지 연구할 수 있습니다.

등록인구통계에 나타난 부의 불평등

등록인구통계에서 나타난 주요 발견 중 하나는 상속이 부의 불평등을 초래하는 주요 원인이라는 것입니다. 예를 들면 스웨덴에서 2017년 진행된 연구에서 연구자들은 상속받은 부가 2007년 전체 가구 자산의 약 30%를 차지했으며 자산기준으로는 상위 10% 가구가 전체 상속의 약 60%를 받았다는 사실을 발견했습니다. 또한 연구자들은 상속재산이 시간이 지남에 따라 더욱 중요해지고 있음을 알게 되었습니다. 가계 자산에서 상속이 차지하는 비중은 1989년 20%에서 2007년 30%로 증가했습니다.

인구통계 연구에서 또 다른 중요한 발견은 세대 간 부의 이전이 매우 불평등하다는 것입니다. 예를 들면 2021년 노르웨이 연구에서 연구자들은 상위 1% 가족이 전체 상속재산의 약 25%를 차지하는 반면, 하위 50%

가족은 상속재산의 약 10%만을 받는 것으로 나타났습니다. 상속경제학은 경제적 이동성과 사회적 이동성을 형성하는 데 있어서 상속의 역할도 고려합니다. 상속은 부유한 가정에서 태어난 사람들에게 날개를 제공할 수 있지만, 그렇지 않은 사람들은 부를 축적하고 경제적 성공을 달성하는 데 더 큰 어려움에 직면할 수 있습니다.

한국의 사정도 비슷합니다. 한겨레 신문이 지난 10년간(2012~2021년) 국세청의 국세통계연보를 분석한 자료에 의하면 전체 상속 가운데 상속세가 매겨지는 비중은 연평균 2.6%에 불과했습니다. 세금을 내는 피상속인도 10년 전과 비교해 두 배로 늘었지만, 이는 사망률 증가와 자산가치 상승에 따른 것으로 보입니다. 2021년 과세대상 피상속인은 4.5%로 늘었습니다.

세금을 내는 소수의 피상속인 가운데서도 극소수가 대부분의 상속세를 냅니다. 상속세 납부자 상위 10%가 전체 상속세의 평균 75%를 냅니다. 고 이건희 전 삼성회장의 26조 원이 넘는 상속으로 인해 2021년의 경우 상위 10%가 내는 상속세 비중이 92.3%로 늘었습니다.

상속의 경제적 효과

또한 상속은 조세정책과 정부 재정에 중요한 영향을 미칩니다. 정부는 부를 재분배하고 더 큰 경제적 평등을 촉진하기 위해 상속받은 부에 세금을 부과할 수 있지만, 그러한 정책의 효과는 지속적인 논쟁의 대상이 됩니다. 상속과 부의 불평등 사이의 관계에 대한 새로운 시각을 제시하는 것 외에도 등록인구통계는 경제에서 상속의 역할에 대해 다양한 해석을 제공합니다. 실제로 상속받은 부는 새로운 사업이나 기술에 투자하기보다는 소비 및 기타 비생산적 활동에 자금을 조달하는 데 사용되는 경우도 많습니다.

이는 경제성장과 혁신에 큰 영향을 미칩니다. 상속받은 부가 새로운 벤처기업의 자금을 조달하는 데 사용되지 않는다면 경제에서 필요한 투자가 박탈되고 혁신이 저해될 수 있습니다. 이는 기업가정신과 혁신을 촉진하기 위한 정책이 벤처 캐피털이나 공공 투자와 같은 다른 자본 소스에 초점을 맞춰야 할 수도 있음을 시사합니다.

등록인구통계에서 제기된 또 다른 가정은 상속이 근면과 생산성에 대한 보상을 좌우한다는 점입니다. 그러나 실제로 상속은 가족 배경, 행운 등 개인이 통제할 수 없는 요인에 의해 결정되는 경우도 많습니다. 이는 상속이 자원을 할당하는 효율적이거나 공정한 방법이 아닐 수 있으며 성과기반 보상과 같은 대체 메커니즘이 더 효과적이고 공평할 수 있음을 시사합니다.

부의 불평등과 상속

상속의 중요한 경제적 효과 중 하나는 부의 불평등에 미치는 영향입니다. 상속받은 재산은 전체 가계 재산의 상당 부분을 차지할 수 있으며, 특히 매우 부유한 사람들 사이에서는 더욱 그렇습니다. 연구에 따르면 재산 기준 상위 10% 가구가 전체 상속의 대부분을 받는 경우가 많아 소수의 가족 손에 부가 더 집중되는 것으로 나타났습니다.

이러한 부의 집중은 경제적 기회, 사회적 이동성 및 정치적 권력에 중요한 영향을 미칠 수 있습니다.

상속은 경제적 생산성과 성장에도 영향을 미칠 수 있습니다. 일부 경제학자들은 상속이 벤처와 기타 생산적인 투자를 위한 자본의 원천이 될 수 있다고 주장해왔습니다. 그러나 앞서 지적했듯이 상속받은 부는 새로운 사업이나 기술에 투자하기보다는 소비 및 기타 비생산적인 활동에 자금을 조달하는 데 사용되는 경우가 많습니다. 이는 상속의 경제적 영향이 일부 지지자들이 제안하는 것보다 더 복합적일 수 있음을 시사합니다.

경제적 효과 외에도 상속은 공공 정책에도 큰 영향을 미칩니다. 많은 국가에서 경제적 평등을 촉진하고 정부 수입을 늘리기 위해 상속이 과세 대상이 됩니다. 그러나 일부 사람들은 상속재산에 대한 과도한 세금이 저축과 투자를 저해할 수 있다고 주장하는 반면, 다른 사람들은 그러한 정책이 더 큰 경제적 기회를 촉진하고 소수 가족의 손에 부가 집중되는 것을 줄이는 데 필요하다고 주장합니다.

누진과세는 상속문제를 해결할 수 있는가?

부의 집중이 개인과 기업의 진입 장벽을 만들어 경쟁과 혁신을 제한할 수 있다는 것은 이제 잘 알려져 있습니다. 또한 인종, 성별, 사회계층에 따른 불평등을 영속화하고 부유한 가정에서 태어나지 않은 사람들의 경제적 기회를 제한할 수도 있습니다. 이러한 문제를 해결하기 위해 정책입안자와 경제학자들은 더 큰 경제적 기회를 촉진하고 부의 집중을 줄이는 것을 목표로 하는 다양한 정책과 계획을 제안해왔습니다.

한 가지 접근 방식은 누진과세(Progressive Taxation)를 시행하는 것입니다. 이 방법은 상속재산이 공공재와 서비스를 지원하기 위해 소득이나 자산의 더 많은 부분을 기여하도록 요구합니다. 이는 부의 집중을 줄이고 경제적 기회와 이동성을 촉진하는 계획에 자금을 제공하는 데 도움이 될 수 있습니다.

또 다른 접근 방식은 부의 이전에 있어 투명성과 책임성을 높이는 것입니다. 예를 들어, 일부 국가에서는 개인과 가족이 자산의 가치와 분배를 공개하도록 요구하는 상속세 또는 유산세를 시행했습니다. 이는 부의 집중에 대한 인식을 높이고 불평등과 사회적 배제를 해결하려는 노력을 지원하는 데 도움이 될 수 있습니다.

또한 정책입안자와 경제학자들은 교육 및 훈련 프로그램에 대한 투자와 같은 인적 자본 이전에 초점을 맞춘 계획을 제안했습니다. 개인에게 노동 시장에서 성공하고 소득을 창출하는 데 필요한 기술과 지식을 제공함으로써 이러한 계획은 가족 배경이나 상속재산에 상관없이 경제적 기회와 계층 간 이동을 촉진하는 데 도움이 될 수 있습니다.

한국 부자들 부동산 비중 월등!
10명 중 6명은 상속형 부자

하나금융경영연구소에서 발간한 '대한민국 부자보고서'에 의하면 2022년 말 기준으로 금융자산을 10억 원 이상 보유한 한국 부자들은 자산의 절반 이상이 부동산에 집중된 것으로 나타났습니다. 부자가 보유한 평균 72억 원 자산 중 부동산이 39억 7,000만 원이었습니다. 해외부자들의 부동산 비중이 10%대인 것과 비교하면 대략 3배를 웃도는 수준이어서 상당한 차이를 보입니다. 특히 부자 10명 중 6명이 이런 부동산 자산을 부모로부터 상속을 받아 부자가 된 경우입니다.

최근 10년간 주택가격이 많이 올랐고 자산을 안정적으로 유지하는 데 가장 적합한 투자처이기도 해서 다른 투자 자산에 비해 높은 비중을 보였던 것으로 판단됩니다. 따라서 부동산 투자가 부의 원천을 일구는데 가장 크게 이바지했습니다.

일반인들 보유자산 중 부동산 비중 높아

물론 이러한 비중은 변화를 보입니다. 60%가 상속형 부자인 것은 지난

10년간 큰 변화가 없었다고 합니다. 하지만 최근에는 현금예금 또는 신탁상품을 활용한 증여도 확산하는 추세라고 합니다. 왜냐하면 가족 간 분쟁 없이 안전하게 재산을 상속할 수 있는 방법인 '유언대용신탁'에 대한 수요가 크게 늘었기 때문이랍니다.

자산가들의 경우 자산의 포트폴리오가 자산관리에 미치는 영향은 크지 않습니다. 부동산의 비중이 크다고는 하지만 금융자산의 규모 또한 평균보다는 많기 때문입니다. 하지만 부자들보다 부동산의 비중은 일반인들이 더 큽니다. 자산의 80% 내외가 부동산이라고 합니다. 이런 점 등을 고려한다면 오히려 일반인들의 자산관리가 포트폴리오(자산배분)적인 관점에서 이루어져야 합니다.

'노인빈곤율 1위'는 한국의 현실입니다. 한국의 부실한 복지제도와 빈곤문제를 언급할 때 항상 등장하는 표현입니다. OECD가 2023년 발표한 '한눈에 보는 연금 2023(Pension at a glance 2023)'에 의하면 한국의 노인빈곤율(Old-age Income Poverty)은 40.4%(2020년 기준)로 OECD 회원국 중 압도적 1위입니다. OECD 평균인 14.2%와 비교하면 무려 3배에 육박하는 수준입니다. 우리나라 노인 다섯 명 중 두 명이 빈곤층이라는 데 언뜻 이해가 가지 않는 통계입니다.

하지만 노인빈곤율 통계를 자세히 파악하면 왜 그런지 이해가 됩니다. OECD에서 말하는 빈곤율의 정의는 '중위가구의 처분가능소득보다 50% 미만인 비율'입니다. 따라서 우리가 일반적으로 알고 있는 빈곤층의 정의와는 다르다는 것을 알 수 있습니다. 빈곤의 기준이 소득이며 보유자산은 고려하지 않는다는 것입니다. 소득이 적은 자산가도 빈곤층으로 정의될 수 있다는 의미입니다.

소득과 자산이 다른 경우도 있어

통상적으로는 소득이 높은 사람이 자산도 많을 것으로 생각하지만 고령화시대에는 다르게 생각해야 합니다. 소득이 계속 발생하는 젊은 층의 경우에는 이런 논리가 적용될 수 있지만, 소득이 줄어들거나 없어지는 고령층의 경우에는 적용되기가 힘듭니다. 60대 이상 인구의 자산보유액 규모는 약 7,500조 원으로 연령대 중 가장 높을 뿐만 아니라, 앞으로도 증가율은 더 커질 듯합니다. 이미 60대 이상 고령층이 금융권의 핵심 고객군으로 부상하고 있습니다. 하지만 소득이 없다는 이유로 빈곤층으로 분류하는 건 상식에 맞지 않습니다.

OECD의 다른 선진국과 비교에서 우리의 노인빈곤율이 높게 보이는 이유는 현금흐름을 중시하는 외국과 다르게 우리는 축적된 자산을 중요하게 생각하기 때문입니다. 나아가 부동산에 집중된 자산구조의 문제 또한 지적할 수 있습니다. 이는 자산구조를 바꾸어 현금 흐름을 개선하면 되는 것이지 '빈곤'이라는 자극적인 말로 노인들의 미래를 암울하게 만들 필요는 없습니다. 물론 생활 형편이 어려운 노인분들도 많습니다. 이런 분들에게는 국가 차원의 복지가 분명히 제공되어야 할 것입니다.

〈국가별 노인빈곤율〉

구분	한국	일본	미국	호주	영국
노인빈곤율	40.4%	20.2%	22.8%	22.6%	13.1%

출처 : OECD, 한눈에 보는 연금 2023

사상 처음으로 한국의 1인당 국민소득(GNI)이 일본을 앞선 것으로 나타났습니다. 6월 5일 한국은행 발표에 의하면 2023년 한국의 1인당 국민소득은 3만 6,194달러였습니다. 반면 같은 해 일본의 1인당 국민소득은 3만

5,793달러로 한국이 일본보다 1인당 국민소득이 401달러 더 많았습니다. 한국이 5년마다 정기적으로 국내총생산(GDP) 집계 기준 연도를 바꾸는 과정에서 GNI가 크게 증가한 가운데 일본의 엔저 현상까지 겹치면서 달러화 기준으로 두 나라 국민소득이 처음 역전된 것이라는 분석입니다.

부자는 소득보다 자산으로 평가

우리나라의 소득이 일본보다 높다는 것은 좋은 일입니다. 하지만 이 발표를 듣고 한국이 일본보다 더 잘살게 되었다고 기뻐하거나 한국이 일본을 따라잡았다고 생각하는 사람이 있지 않을까 걱정됩니다. 이는 소득과 자산을 잘못 이해하기 때문에 생기는 오류입니다.

우리는 소득(Income)과 자산(Asset)이 동일하다고 생각합니다. 소득이 많은 사람이 자산도 많다고 여깁니다. 하지만 소득과 자산이 동일하지 않은 경우도 많습니다. 소득이 많은 데 반해 자산이 적은 경우입니다. 물론 반대의 경우도 있습니다.

우리가 일본보다 소득이 많다고 해서 자산까지 많지는 않습니다. 우리나라와 일본의 자산을 비교할 수 있는 지표로는 대외 순자산(Net International Investment Position)이 있습니다. 2023년 기준으로 일본이 세계 1위입니다. 무려 3조 1,655억 달러를 보유 중입니다. 우리(7,466억 달러)도 적지 않습니다만 일본이 4배가 훌쩍 넘습니다. 따라서 우리가 일본보다 많이 잘산다고 생각하는 것은 착각일 수 있습니다.

우리나라에서 누가 가장 부자인가를 따질 때도 마찬가지입니다. 소득보다는 자산을 고려합니다. 한국의 부자 순위 1위는 이재용 삼성전자 회장입니다. 이재용 회장이 가장 부자인 것은 자산이 많기 때문이지 소득이 많아서는 아닙니다. 대부분 보유주식의 가치로 평가됩니다. 이 회장이 부자인 건 연봉을 많이 받아 서가 아닙니다. 이재용 회장의 연봉이 얼마인지는 사실 큰 관심사항이 아닙니다.

부동산 부문에서 소득과 자산을 착각해서 발생하는 대표적인 지표가 PIR(Price to Income Ratio)입니다. 소득 대비 주택가격의 비율로서 연소득을 모두 모아 주택을 구입하는 데 걸리는 기간을 이야기합니다. KB국민은행에 의하면 2024년 3월 기준 전국의 PIR은 4.7, 서울은 10.2입니다. 이 지수는 10년 2개월 동안 소득을 전혀 사용하지 않고 모아야 서울의 집을 살수 있다는 의미입니다. 집값이 높은지, 낮은지를 판단하는 근거로 가장 많이 사용됩니다. 안타까운 사실은 이 지표가 가지는 가정의 불합리성과 현상 이해의 한계에도 불구하고 전가의 보도처럼 널리 활용되고 있다는 사실입니다. 소득을 모두 모아 집을 사는 사람도 없지만, 저축(자산)을 고려하지 않아 허점이 많습니다. 주택구입 예정자 대부분은 소득과 함께 자산을 활용해 주택을 구입합니다. 사실 소득은 집을 구입할 당시보다는 구입 후 대출 상황 등을 고려할 때 중요한 변수입니다. 오히려 주택을 구입하는 데 더 중요한 요소는 자산입니다.

전국에서 소득이 가장 높은 도시는 울산광역시입니다. 2022년 추계로는 1인당 GRDP(지역내총생산)가 무려 7,751만 원입니다. GRDP는 생산, 소비, 물가 등의 기초통계를 바탕으로 추계한 해당 지역의 소득 자료입니다. 서울도 5,161만 원, 인접도시인 부산과 대구는 각각 3,161만 원과 2,674만 원에 불과(?)합니다. 특히 대구는 전국에서 가장 낮습니다. 하지만 울산보다 대구를 가난한 도시라고 생각하는 사람은 아무도 없습니다. 이 또한 소득과 자산을 오해하는 데서 벌어지는 오류입니다. 단순하게 비교하면 대구는 2021년 1월에 이미 30평대(84㎡)의 아파트 가격이 17억 7,500

만 원까지 올랐던 지역입니다. 반면에 울산은 여전히 12억 원에 머물러 있습니다.

〈1인당 지역소득과 전용 84㎡ 아파트 최고가 비교〉

구분	서울	부산	대구	울산
인당 GRDP (2022p)	5,161만 원	3,161만 원	2,674만 원	7,751만 원
전용 84㎡ 아파트 최고가	50억 원[*]	18억 3,000만 원	17억 7,500만 원	12억 원

* 2024년 7월 말, 서울의 반포주공1단지(73억 원)는 재건축 단지라 제외

자산 내 부동산 비중 낮추고 연금화해야

소득과 자산을 잘 구분해야 부를 축적할 수 있습니다. 소득은 언젠가는 끊깁니다. 노후를 위해 열심히 저축하는 이유도 언젠가는 끊기는 소득을 위한 대비입니다. 하지만 자산은 스스로 일을 합니다. 자산의 규모가 크면 클수록 매년 증가하는 자산의 규모 또한 커집니다. 현재 소득이 높다고 자만하지 말고 꾸준히 자산을 만들 수 있는 노력을 해야 합니다. 소득을 늘리는 방법과 자산을 늘리는 방법은 다릅니다. 소득은 많은 사람과의 사회관계에서 발생하는 성취이지만 자산은 혼자만의 고독한 싸움인 경우가 많기 때문입니다.

안타깝게도 은퇴계층의 자산관리에서 부동산의 비중이 높은 것은 그리 좋은 현상은 아닙니다. 따라서 상속과 증여를 대비한 노후설계를 위해서는 부동산 자산의 현금흐름을 중시할 필요가 있습니다. 과거에는 차익거래(시세차익)에 초점을 맞춘 부동산 자산관리를 했다면 앞으로는 임대소득

이나 월세의 비중을 늘리는 것이 좋을 듯합니다. 대표적인 상품이 세대분리형 아파트입니다. 분리세대에는 임대하고 월세 수익을 얻을 수 있습니다. 하나의 부동산으로 노후 주거문제를 해결하고 임대수익을 통한 생활비 창출도 가능하기 때문에 일거양득의 효과가 있습니다.

현재 살고 있는 주택을 다운사이징하고 남는 현금을 활용하는 방안도 좋은 대안입니다. 역(逆) 갈아타기입니다. 갈아타기란 현재 본인이 거주하고 있는 집보다 좋은 집(지역, 평수, 연수 등)으로 이사를 하면서 실거주의 질과 투자 수익을 함께 높이려는 거래방식을 의미합니다. 하지만 베이비부머의 은퇴가 본격화되면서 좋은 집(상급지)이 아닌 곳으로 이동하는 경우도 있습니다. 예를 들면 매매가격이 9억 원인 주택을 처분하고 6억 원인 곳으로 이동하고 차액인 3억 원을 금융이나 연금상품으로 투자하는 방식입니다.

현재 살고 있는 주택을 주택연금으로 활용하는 방안도 있습니다. 만 60세에 9억 원의 주택을 종신 정액형으로 가입하면 2024년 3월 기준으로 월 178만 1,000원의 연금을 받을 수 있습니다. 평생 자기 집에 거주하면서 연금을 수령할 수 있습니다. 이외에도 거주하는 주택을 제외한 수익형 부동산을 추가로 매입하는 방법도 있지만, 수익형 부동산은 운영수익이 좋은 만큼 위험도 따른다는 점을 이해해야 합니다. 부동산이 많은 우리나라의 은퇴계층, 부동산 은퇴설계에 관심 가져야 하며 설계의 핵심은 안정적이며 지속적인 현금흐름을 만들어낼 수 있느냐에 달려 있습니다.

실버타운,
은퇴주거의 대안이 될까?

　실버타운, 정확한 법적 용어로는 '노인복지주택'입니다. 노인복지주택은 주택법이 아닌 노인복지법에 의거 분양, 매매 및 임대에 제한을 받는 준주택입니다. 현황을 살펴보면 2008년 20개소에 입소정원은 5,645명이었으나, 2023년 현재에도 40개소 입소정원은 9,006명에 불과합니다. 고령화 추세와 맞물려 같은 기간 노인복지시설의 입소정원은 275,327명이 증가했으나, 노인복지주택만은 3,361명 증가에 머물러 거북이걸음입니다. 수요제한 상품으로 경쟁력이 떨어지니 자연스럽게 공급하는 사업자도 없고 정부 또한 주택가격을 안정화하는 데 혈안이 되어 고령화에 따른 주거문제를 대비한다는 의식이 부족합니다. 물론 노인복지주택은 건축부지 취득에 관한 조세를 감면하고 일반 공동주택에 비해 완화된 시설 설치기준을 적용받는 등 보조와 혜택이 있지만, 이것만으로 실버타운을 늘리기는 역부족입니다.

〈노인복지시설(주택) 현황〉

구분	노인복지시설		노인복지주택	
	2008년	2023년	2008년	2021년
시설 수(개수)	63,919	93,056	20	40
입소정원(명)	112,064	387,391	5,645	9,006

출처 : 2024 노인복지시설 현황

도심 회귀와 젊은 층과의 경쟁

하지만 우리에게 있어 고령화는 너무나 급속하게 다가오는 불청객입니다. 통계청에 의하면 2018년 고령화율은 14.8%를 기록해 이미 고령사회에 진입했습니다. 2024년 5월 고령화율은 19.4%로 이 추세대로라면 2025년에는 65세 이상 인구가 천만 명을 넘어서고 동시에 초고령사회까지 진입하게 됩니다. 한국은행의 예측에 의하면 2050년 우리의 고령화율은 37.4%로 세계 3위가 될 것으로 전망됩니다. 코로나19로 저출산이 심각해지면서 고령화율이 더욱 높아지는 상황에서 실버타운과 같은 노인을 위한 주거시설이 지어지지 않는다면 어떤 일이 벌어질까요?

가장 먼저 일어날 일은 도심 회귀입니다. 실버타운은 서비스산업의 특징을 가집니다. 이중 가장 중요한 서비스는 의료입니다. 만 60세가 넘으면 실버타운에 입소할 수 있지만 사실 입소자들의 평균 연령은 70세가 훌쩍 넘습니다. 나이 들어 느끼는 가장 큰 위험은 건강입니다. 대형병원에 대한 집착이 강한 우리나라는 당연히 노인들이 도심을 떠나지 않으려 할 것입니다. 직주근접의 중요성이 더 커져 도심에 자리를 잡아야 하는 젊은이들이 노인들과 주거지 경쟁을 벌일 가능성이 큽니다. 대도시 도심에 대한 수요가 더욱 증가할 수밖에 없습니다.

실버타운이 지어지지 않으면 아파트 내 서비스 기능이 추가될 가능성 또한 큽니다. 어차피 의료를 제외한다면 중장년층도 필요한 서비스들입니다. 대표적인 서비스가 급식(Catering)입니다. EBS 방송에서는 이미 이러한 사회적 요구를 반영해 '조식 포함 아파트'라는 예능 프로그램도 방영했습니다. 이 방송에서는 이른바 '밥차 군단'이 아파트에 출동해 조식을 제공하는 개념인데 아파트 내 특정 장소에 고정적으로 제공될 가능성이 높습니다. 담당 PD는 단절된 아파트에 모임의 장을 만들고 싶었다고 합니다. 커뮤니티 활성화에도 도움이 되니 일거양득의 효과를 누릴 수도 있을 것입니다. 어찌 조식 서비스만일까요? 이미 건강지킴이로 나선 단지 내 헬스클럽 등도 더욱 활성화될 가능성이 큽니다.

주상복합이 대안시설이 될 가능성 크다

노인들을 위한 편의시설을 충분히 확보하기 위해서는 주상복합아파트가 해답이 될 수 있습니다. 최소 1천 세대를 훌쩍 넘는 대단지여야 할 것입니다. 이런 단지를 방문하면 상업시설에 우리가 알고 있는 브랜드 대부분이 입점해 있는 것을 볼 수 있습니다.

물론 병원도 진료과목별로 모두 입점해 있습니다. 아파트 상업시설 내에서 전 연령층이 눈에 띄는 것은 이런 편의 서비스에 대한 욕구가 노인들에게만 국한된 것은 아니라는 의미일 것입니다. 수도권과 비교하면 편의시설이 부족한 지방의 경우 더 큰 의미가 있습니다.

일본의 경우 신도시 내 역 주변의 주상복합아파트들이 완판 행진 중입니다. 전원생활을 즐기던 노인들이 건강이 악화하면서 도심에 편의시설들이 완비된 주상복합 아파트로 이동하고 있습니다. 한국과 일본의 이런 추세에는 유의할 점이 있습니다. 단순히 아파트 기능만 있는 곳이 아니라 문화와 상업 등 여러 기능이 결합한 주거복합시설이 필수입니다. 더불어 과거의 대형아파트는 관심이 떨어지고 중소형 면적이 인기입니다.

주상복합은 주상복합이되 새롭게 화장하고 꾸민 주상복합이라는 말입니다. 실버타운이 지어지지 않으면 해외 이주가 늘어날 수도 있습니다. 주로 동남아시아 지역인데 필리핀, 말레이시아, 태국 등의 나라에서는 국가 차원에서 세미나 등을 개최하면서 국내 은퇴(예정)자를 유치하기 위해 노력하는 중입니다. 이른바 은퇴 이민입니다. 통계청의 '2023 고령자통계'에 의하면 2022년 고령자 가구의 순자산액은 4억 5,364만 원으로 전년과 비교해 4,316만 원 증가했다고 합니다. 동남아시아에서는 적지 않은 액수입니다. 대부분이 휴양지라서 자연환경도 나쁘지 않습니다. 한국의 은퇴(예정) 계층을 흡수하기 위해 편의시설 또한 우리보다 월등하게 구비 중이라고 합니다.

실버타운 거의 지어지지 않아

고령화가 급속히 진행되고 있지만, 실버타운, 즉 노인복지주택과 유료양료시설은 그에 발맞춰 건설되고 있지는 않습니다. 입주가 예정된 실버타운은 여전히 찾기가 쉽지 않습니다. 수도권을 예로 들면 2024년 말부터 2025년까지 인천 서구의 '더 시그넘하우스 청라'(139가구), KB평창카운티(164가구), 경기 의왕시 '백운호수 푸르지오 숲속의 아침 스위트'(536가구), 서울 강서구 'VL르웨스트'(810가구) 등 총 1,649가구에 불과합니다. 그동안 65세 이상 노인인구는 1,000만 명을 넘어 고령화율은 20%에 도달할 것입니다. 초고령사회가 눈앞에 다가왔습니다. 세계에서 가장 빠른 고령화 속도입니다.

〈전국 입주 예정 노인복지주택〉

브랜드명	지역	세대 수	입주(예정)	보증금(생활비)
더 시그넘하우스 청라	인천 서구	139세대	2023년 11월	3.29~12억 원 (199~531.9만 원)
KB골든라이프케어 평창카운티	서울 종로구	164세대	2023년 12월	3,000만 원 (290~457만 원)
VL르웨스트	서울 강서구	810세대	2025년 10월	7.38~22.3억 원 (215~570만 원)
백운호수 푸르지오 숲속의 아침 스위트	경기 의왕시	1차 : 325세대 2차 : 211세대	2025년 11월	5.45~7.95억 원 (190~476만 원)
라티브(라우어)	부산 기장군	라티브 : 408실 라우어 : 574실	2025년 2월	2.765~6.01억 원 (173.6~380.5만 원)

출처 : 각 사 홈페이지

다행히 새로운 주체들이 속속 등장하면서 실버타운에 대한 기대가 완전히 사라지지는 않고 있습니다. 병원에 한정되던 실버타운의 운영 주체들이 보험사와 호텔로 확대되고 있습니다.

KB손해보험은 자회사인 KB골든라이프케어를 설립해 서울 서초와 위례 등에서 이미 요양시설을 운영해왔습니다. 2023년 12월 드디어 첫 번째로 선보이는 실버타운을 옛 부촌인 종로구 평창동에 오픈했습니다. 총 164세대 8개 타입인데 실버타운의 입소연령 제한을 없앴습니다. 더 큰 장점은 보증금을 3,000만 원으로 통일해 입주 문턱을 낮췄다는 점입니다. 2025년까지 '은평빌리지(가칭)', '광교빌리지(가칭)', '강동빌리지(가칭)'를 차례로 개소할 예정입니다.

이에 더해 신한라이프가 실버타운 조성사업에 출사표를 던졌습니다. 신한라이프는 서울시 은평구에 노인복지주택 단지를 조성할 것으로 알려졌습니다. 미래 성장동력으로 부각되는 요양사업을 강화하기 위해 기존의 노인요양시설을 넘어 실버타운 사업에 진출하는 것입니다. 신한라이프는 이미 2021년 8월 사내 테스크포스팀(TFT)을 꾸려 요양사업 진출을 준비해왔습니다. 2023년 1월 금융위원회에 요양업 영위 업무 인허가 신고도 완료했습니다. 생명보험회사가 사업적 연관성이 높은 요양사업에 진출한다면 도심권에 관련 시설을 늘리고 전문화된 서비스를 제공할 수 있을 것으로 기대됩니다.

보험, 호텔 등 새로운 주체들 참여 기대

서울시 강서구에서 5성급 호텔을 운영 중인 메이필드호텔은 롯데호텔에 이어 실버타운 사업에 뛰어듭니다. 현재 메이필드호텔스쿨로 운영되는 건물을 고급실버타운으로 조성할 계획입니다. 2024년 착공해서 2025년까지 조성사업을 마무리한다고 합니다.

수도권만이 아닙니다. 지방에서 실버타운을 설립하려는 움직임도 적지 않습니다. 대구백화점을 인수해서 실버타운으로 개발하려는 차바이오그룹이 대표적입니다. 폐점 2년이 지났지만, 경영권 인수협의가 지지부진했던 대구백화점이 차바이오그룹에 의해 도심형 실버타운으로 탈바꿈할 예정입니다. 인수협의는 마쳤으나 인수자금 마련은 시간이 걸릴 것으로 보입니다. 추후 대구백화점 본점 건물 및 부지에 대한 자산양수도 계약을 체결하고 인수작업을 본격화할 것으로 예상됩니다.

부산에서는 해운대 마린시티에 있는 옛 한화갤러리아 부지에 지하 5층 지상 최대 73층 규모의 초고층 고급 실버타운 2개 동이 조성될 예정입니다. 2023년 11월 3일 제11회 부산시 건축위원회에서 개발계획안이 조건부로 의결되었습니다. 인근 초등학교와 유치원이 학습권과 일조권에 위협이 된다면서 방해하고 있지만, 재점검이 필요한 조건이 어렵지 않아 사업자의 의지만 있다면 문제없이 진행될 것으로 예상됩니다.

심지어 수도권과 지방이 협력해서 실버타운 사업을 추진하려는 구상도 나오고 있습니다. 강원도 삼척시에 서울 은퇴자들이 이주할 수 있는 대규모(2,700세대)의 시니어타운을 조성하는 업무협약이 2023년 11월 8일 서울시와 강원도, 삼척시, 서울도시개발공사, 강원개발공사 간에 체결되었습니다. 일명 '골드시티사업'이라 명명되는 이 계획은 서울시가 구상 중인 상생형 순환주택사업 중 하나입니다. 지방 이주를 희망하는 서울지역 내 은퇴(예정)자들을 대상으로 주택연금 등과 연계해 생활비와 신규주택을 제공하고, 기존주택은 서울도시개발공사가 매입 또는 임대해 청년이나 신혼부부에게 재공급하는 모델입니다. 수도권 인구 과밀화와 주택부족 문제를 해결할 수 있는 대안이 될 수 있을 것으로 기대됩니다. 서울시는 삼척시를 시작으로 전국 각지에 골드시티 모델을 확대해 나갈 계획입니다.

그동안 병원 등 실버타운을 조성하는 주체가 한정되어 있었는데 다양한 회사에서 실버타운 사업에 관심을 가지는 것은 현재 양적으로 부족한 실버타운의 문제를 해결하고 질적인 서비스 제고에도 도움이 될 것입니다. 영세한 개인사업자 중심으로 형성된 국내 실버타운 시장이 한 단계 도약할 수 있는 계기가 될 것으로 기대해 봅니다.

실버타운은 왜 비쌀까?

보증금 9억 원에 월 550만 원, 강남의 초고가 월세가 아닙니다. 실버타운이라고 알려진 광진구의 한 노인복지주택의 보증금과 1인 생활비입니다. 실버타운의 생활비는 의무식(입소하게 되면 의무적으로 먹어야 하는 식사 횟수)이 각각 다르기 때문에 일률적으로 비교하기는 힘듭니다. 하지만 올해 들어 가장 비싸게 월세 거래된 30평대 아파트의 보증금과 월세가 각각 2억 원과 1,100만 원이니 큰 차이가 없습니다.

공빠TV에서 집계한 자료에 의하면 국내 상위 5개의 실버타운은 보증 금 3.2~9억 원, 1인 월 생활비는 224~550만 원이 듭니다. 노후의 안정적 인 생활을 걱정하는 노인인구가 많은 점 등을 고려한다면 실버타운의 보 증금과 월 생활비는 상당한 수준입니다. 추가적으로 들어가는 비용 등을 고려한다면 어지간한 자산가가 아니면 실버타운의 문을 두드리는 것은 어렵습니다.

〈공빠TV 실버타운 순위〉   (단위 : 원)

실버타운 명	지역	1인 보증금	1인 월 생활비	설립연도
더클래식500	서울 광진구	900,000,000	5,500,000	2009년
브이엘르웨스트	서울 강서구	750,000,000	3,050,000	2025년
삼성노블카운티	경기 용인시	320,000,000	3,400,000	2001년
브이엘라우어	부산 기장군	446,400,000	2,860,000	2024년
더시그넘하우스	서울 강남구	440,000,000	2,240,000	2017년

출처 : 공빠TV(2024년 3월)

고령화가 진전되면서 노인들이 입소할 수 있는 실버타운에 대한 관심 이 커지고 있습니다. 하지만 안타깝게도 국내에는 실버타운 자체도 많지 않지만, 입이 떡 벌어지는 입소비용은 노인주거에 대한 고민을 가중시키 고 있습니다. 실버타운 입소연령이 60세(부부 중 한 사람만 적용)임을 고려한 다면 대상 연령층으로 진입하는 베이비부머들은 갈수록 늘어날 것입니다. 이들을 수용할 수 있는 노인주거시설이 적다면 사회에 부담이 되는 건 시 간문제가 아닐까 싶습니다.

소규모와 노하우 부족이 문제

실버타운은 왜 이렇게 비쌀까요? 기본적으로 실버타운은 관리가 필요한 케어(Care)시설이기 때문입니다. 하지만 의료서비스와 식사 그리고 기본적인 청소 등을 외부에서 조달한다고 하더라도 현재의 생활비보다는 조금 더 저렴하게 할 수도 있지 않겠냐는 의문은 듭니다. 국내 실버타운이 비쌀 수밖에 없는 요인을 몇 가지 지적하고자 합니다.

첫 번째는 국내 실버타운은 타운이라고 하기에도 부끄러울 정도로 소규모입니다. 보건복지부의 '2022 노인복지시설 현황 자료'에 의하면 노인복지주택 1개 시설당 입소정원은 223세대입니다. 200세대는 보통 나홀로 아파트로 분류되어 투자 가치도 떨어집니다. 서울은 더 심각합니다. 시설당 입소정원은 160세대에 불과합니다. 규모의 경제를 만들지 못하다 보니 의무식이 존재하고 제반 서비스 비용 또한 높을 수밖에 없습니다. 미국의 은퇴자 공동체(Retirement Community) 선시티(Sun City)에는 4만 명 가까운 은퇴 노인들이 거주합니다. 도시면적은 여의도의 11배에 이릅니다.

두 번째는 노하우의 부족입니다. 실버타운의 역사가 일천하기에 아직 제대로 된 노인복지에 대한 경험이 부족합니다. 국내 실버타운은 단순히 노인복지서비스들을 합쳐놓았다는 인상이 강합니다. 서비스 간의 연계나 시너지는 부족한 듯합니다. 하지만 시간이 갈수록 경험이 쌓이면 더 나은 서비스를 더 저렴한 비용으로 제공할 수 있을 것입니다.

정부는 지금부터라도 노인주거 문제를 고민하지 않으면 자금력 있는 은퇴계층을 다른 나라에 빼앗길 수 있습니다. 더 큰 문제는 이런 이민을 고민하는 계층이 노인들만은 아니라는 것입니다. 최근 잡코리아(Job Korea)에서 성인남녀 4,802명을 대상으로 조사한 자료에 의하면 '기회가 되면 이민 갈 생각이 있는가?'란 질문에 '있다'는 응답이 무려 70.8%였다고 합니다. 은퇴계층을 포용하지 못하는 나라는 젊은이나 중장년층에게도 희망이 없습니다. 특히 50대 이상의 응답자들이 이민을 가고 싶어 하는 가장 큰 이유가 '안정적인 노후를 위해서'라고 합니다. 정부의 관심과 정책지원이 더욱 요구되는 이유입니다.

세대공존형 주거가 뜬다

통계청에 의하면 노인가구 수가 총가구에서 차지하는 비중은 35.6%에 이릅니다. 반면 노인전용 주택은 9,000가구이며, 노인에 적합한 시설 기준을 적용해 건설된 주택 역시 2만 가구 수준입니다. 이는 총 노인가구의 0.4%에 불과합니다. 따라서 노인의 주거편익 향상에 적극적으로 나서야 할 것으로 보입니다.

하지만 실태조사에 따르면 65세 이상 노인인구 중 5.1%만이 노인전용 주택에 거주하기를 희망합니다. 현재 거주하는 집에서 계속 거주하기를 원하는 수요가 가장 많습니다. 무려 83.7%나 됩니다. 거주환경이 더 좋은 주택으로 이사하려는 수요도 11.2%에 그치고 있습니다. 반면 식사나 생활 편의서비스가 제공되는 노인전용 주택으로 이사하려는 비중은 더욱 줄어들기에 노인전용 주택이 턱없이 부족하지만 큰 문제 없이 노인들의 주거가 유지되는 듯합니다. 사실 노인들도 노인전용 주택에 들어가는 것을 썩 달가워하지 않습니다. 은퇴(예정)자들에 대한 설문 조사를 보더라도 도심에 젊은이들과 함께 지내기를 원하지 노인들만 있는 시설에는 들어가기 싫어합니다. 특히 액티브 시니어(Active Senior)로 명명되는 베이비부머들은 여전히 현역인 것처럼 행동합니다.

〈건강이 유지된다면 어디에서 거주할 생각인지〉

구분	노인가구							가족동거 노인가구
	계	1인가구			부부가구			
		계	도시	농촌	계	도시	농촌	
현재 집에서 계속 거주	83.7%	79.0%	77.5%	82.7%	85.4%	84.0%	89.1%	84.2%
거주환경 더 좋은 주택으로 이사	11.2%	12.4%	13.5%	9.7%	10.7%	11.5%	8.6%	11.4%
식사, 생활편의 서비스 제공주택	5.1%	8.5%	8.9%	7.6%	3.9%	4.5%	2.2%	4.3%

출처 : 주택산업연구원(2024년 2월)

나이가 더 들고 거동이 불편해 노인전용 주택에 거주하는 것이 더 좋을 것 같은 분들도 마찬가지입니다. 조사를 해보면 대부분의 노인분은 집에서 임종을 맞이하기를 원합니다. 노후에 재택 의료를 통해 편안하고 존엄한 죽음을 맞이하고 싶어 합니다. 하지만 현실은 그렇지 못합니다. 많은 분이 병원에서 죽음을 맞이하는데 비용도 많이 들지만 편안하지도 않습니다. 고령화 선배국가인 일본에서도 비슷한 문제가 발생하는데 심지어 '임종난민'이라는 말도 생기고 있습니다. 노인인구는 급격히 늘어나는데 미래의 노인주거는 어떻게 하는 것이 좋을까요?

조심스럽지만 세대공존형(Age Mix) 노인주거시설이 필요할 듯합니다. 노인들을 위한 전용주택은 꼭 있어야 하지만 노인들만 거주하기를 원하지 않는다면 젊은 층과 중장년층도 노인주거시설의 한 축으로 포함해야 하지 않을까요? 우리나라는 아직도 과거의 성과 없는 소셜 믹스(Social Mix)라는 이념의 틀에 갇혀 있지만, 선진 외국은 이미 세대공존형이라는 주거시설에 주목하고 있습니다.

2세대 이상이 함께 거주하는 '세대통합형 주택'이란 개념은 우리나라에도 오래전부터 있었지만 하나의 주택에서 세대가 공존한다는 생각은 현실적이지 않습니다. 젊은 층은 당연히 싫어할 것이며 노인계층 또한 같은 공간에서 다른 세대와 거주하기를 원하지 않습니다. 특히 전통적인 가족 기능이 약화되고 핵가족화로 세대분화가 가속화되고 있어 세대통합 가구는 지속적으로 감소하는 추세입니다. 세대통합 가구가 급격히 줄어드는데 '세대통합형 주택'을 공급한다는 것은 큰 의미가 없어 보입니다.

〈세대 관련 주택의 개념〉

구분	세대통합형 주택	세대분리형 주택	세대공존형 주택
의미	하나의 주택에 여러 세대가 공존	세대분리가 되어 있는 주택으로 두 세대 거주가 가능	세대가 근거리에 거주하면서 상호 도움을 받는 주택단지
유형	LH임대주택	민간 분양주택	골든 빌리지

출처 : 저자 작성

반면 별개의 주택에 거주하면서 서로 도움을 받을 수 있는 세대공존형 주거시설에 대한 수요는 늘어날 것으로 예상됩니다. 고령층과 젊은 세대가 이웃해 거주하는 '세대공존형 주거'의 원조는 일본입니다. 고령화 선배 국가인 일본에서는 노인전용 주택과 일반 아파트를 함께 지어 세대 간 교류를 촉진하는 세대공존형 주거단지가 증가하고 있습니다. '시바우라 아일랜드'와 '도요시키다이' 단지가 대표적입니다. 특히 UR의 '도요시키다이' 단지는 저층아파트를 고층으로 재건축한 단지로 의미 있습니다.

우리나라에서도 서울시에서 세대공존형 주거시설 '골든 빌리지'를 계획 중입니다. 강동구와 은평구에 건설되는 주거, 의료, 편의시설이 갖춰진 공공형 주택으로 부모세대와 자녀가 교류하며 안정적인 노후를 보낼 수 있도록 조성 중입니다.

이미 세대공존형을 표방하면서 건설하고 있는 노인복지주택도 있습니다. 노인복지주택에는 만 60세 이상만 거주할 수 있습니다. 만 24세 미만의 동반 입주 자녀·손자녀는 거주할 수 있습니다만 실제 거주하는 경우는 거의 없습니다. 아기가 있는 젊은 세대가 거주하는 것이 세대공존형에 적합하다고 봅니다. 하지만 법적으로 같은 단지에 거주할 수 없습니다.

의왕시에 오피스텔과 노인복지주택을 함께 공급하면서 부모, 부부, 자녀 3대가 함께 생활할 수 있도록 한 세대공존형 주거단지가 2025년이면 입주합니다. 오피스텔 842실과 노인복지주택 536세대가 들어섭니다. 안타까운 점은 외국의 경우 실버타운을 젊은 층에 일정 부분 개방하면서 분양가(임대료)를 노인세대보다 낮게 책정해서 실버타운에 입주하는 젊은 세대에게 혜택을 제공합니다. 반면 의왕시의 실버타운의 경우 오피스텔 분양가가 주변 시세보다 높아 외국과는 다른 가격체계를 가지고 있습니다.

대부분 노인세대는 자녀와 멀리 떨어져 살기보다는 가깝게 살기를 희망합니다. 서울시 50플러스재단의 연구보고서에 의하면 자녀와 같은 집에 살거나 멀리 떨어져 살기보다는 '자녀세대와 인근에 거주'하기를 원하는 50대의 비율이 45.3%로 압도적으로 높았습니다.

중요한 점은 자녀세대들 또한 세대공존형 주택단지에 관심을 보인다는 사실입니다. 특히 비혼족, 돌싱(돌아온 싱글)들이 늘어나면서 서로에게 부담을 주지는 않으면서 상호 간 도움이 되는 세대공존형 단지에 부모와 함께 거주하기를 희망하는 현상이 빠르게 확산되고 있습니다.

'세대공존형 주거'는 향후 가장 전망 있는 부동산 상품이 될 가능성이 큽니다. 기본적으로는 수요의 확장성이 크기 때문입니다. 물론 젊은 세대와 노인세대는 서로의 필요 때문에 근거리에 거주하는 것이 바람직합니다. 케어와 돌봄이 하나로 합쳐지면 편리하기도 하지만 국가 차원에서도 의료비와 육아 비용이 절감되는 효과가 있습니다. 대표적으로 생각할 수 있는 '세대공존형 주거시설'로는 도심의 주상복합 아파트를 들 수 있습니다. 편의시설을 충분히 누릴 수 있는 주상복합 아파트는 도심에 머물고 싶어 하는 노인세대에게도 매력적입니다. 특히 입주민만 출입할 수 있도록 진화하는 최근의 주상복합 아파트는 안전에 대한 욕구가 큰 노인세대를 만족시킬 수 있습니다. 아파트와 붙어있는 상업시설은 먼 거리 이동이 불편한 노인세대에게는 더 매력적입니다.

노인주간보호시설과 아동을 위한 유치원을 결합시키는 모델도 나오고 있습니다. 일본 도쿄의 에도가와구에 위치한 '고토엔'이 대표적입니다. 일본이 직면하고 있는 급속한 인구 고령화 문제와 맞벌이 부부로 인한 보육 수요 증가를 동시에 해결하고 있습니다. 취학 전 아동 100명과 65세 이상 시니어 100명이 함께 하고 있습니다.

백화점의 팝업 스토어도 세대공존형 부동산으로 주목받고 있습니다. 오래된 이미지를 가진 백화점에 젊은이들이 몰리고 있습니다. 팝업 성지로 알려진 더현대서울은 팝업 전용 공간인 '에픽서울'을 조성했습니다. 신세계와 롯데백화점 또한 이 대열에 동참하면서 트렌드화되고 있습니다. 백화점 입점 전문 공식 벤더사들도 적극적이며 관련 벤처기업도 생기는 중입니다. 브랜드 인지도를 높이고 시장조사의 기회를 다양한 고객들과 직접 소통하면서 파악할 수 있어 긍정적입니다. '세대공존형 부동산'은 비단 주거시설에만 그치지는 않을 듯합니다.

일본 아파트는 어떠할까?

　국내 주택 시장의 조정기가 길어지면서 해외로 눈을 돌리는 투자자들이 늘고 있습니다. 2006년 해외 부동산 투자 자유화가 실시된 이후 해외 부동산 투자가 다시 주목받고 있는 모양새입니다. 투자자들의 구성 또한 달라지고 있습니다. 과거에는 일부 부유층으로만 한정되었던 해외 부동산 투자에 일반 중산층 투자자들도 가세하고 있습니다. 10년 동안 부동산 투자자들의 자본도 축적되었고, 해외 부동산 시장은 국내에 비해서는 하락폭이 작았고 반등도 빨라 위험이 적다고 여기기 때문입니다.

　강남 아파트의 가격 또한 이제는 일반 투자자들이 넘볼 수 있는 수준을 크게 넘어섰습니다. 한국부동산원에 의하면 서울의 평균 아파트 매매가격은 10억 원이 넘습니다. 강남구의 아파트는 2024년 5월 현재 22억 3,000만 원입니다. 이제 강남 아파트는 자산가들의 그들만의 리그로 바뀌고 있습니다. 반면 해외에는 아직도 적은 금액으로 투자할 수 있는 매력적인 주택이 꽤 됩니다. 특히 이민과 연계된 투자는 더욱 매력적입니다. 포르투갈의 경우 여전히 투자 이민을 열어놓고 있고 50만 유로(7억 1,000만 원) 이상의 부동산(주택)을 취득하면 거주가 가능한 골든비자(Golden Visa)가

나옵니다. 그 거주증으로 다른 EU 내 국가로 쉽게 이동, 다른 일도 할 수 있습니다.

이런 영향이 반영된 탓인지 해외 부동산 취득 건수는 코로나19 기간에도 꾸준합니다. 특히 개인의 부동산 투자도 건수는 줄었지만, 금액은 오히려 늘었습니다. 2021년 전체 해외 부동산 취득 건수는 2,455건, 취득금액은 6억 달러로 집계되었습니다. 2020년 대비 건수는 408건이 줄었지만, 취득금액은 2억 1,000만 달러나 증가한 규모입니다. 해외 부동산 취득에 따르는 송금 한도가 폐지된 이래 코로나19에 따른 경제충격과 전 세계적인 부동산 가격 변동에도 불구하고 내국인의 해외 부동산 취득과 투자 규모의 증가세가 유지되고 있다는 말입니다.

⟨2020~2022년 해외 부동산 취득 현황⟩   (단위 : 건, 억 달러)

연도	2020년		2021년		2022년(상반기)	
	건수	금액	건수	금액	건수	금액
건수/금액	2,863	3.9	2,455	6.0	1,136건	3.3

출처 : 기획재정부

해외 부동산 투자 늘어나

과거에는 이민, 유학 등 실수요 중심이 주를 이루었다면 최근 해외 부동산 투자는 해외 투자 자유화 정책 등의 영향으로 투자를 목적으로 한 비중이 크게 늘어나고 있습니다. 2022년부터 시작된 국내 주택 시장의 침체 또한 큰 영향을 받았습니다. 여타 선진국에 비해 우리나라 주택 시장은 훨씬 가격 하락 폭이 크며 반등도 늦었기 때문입니다. 해외 부동산 투자가 대안으로 부상한 이유입니다.

투자 목적이 달라지니 투자 대상도 다변화되고 있습니다. 과거 이민이나 유학의 수요가 많은 선진국 중심에서 개발도상국이 투자 대상국으로 부각되는 중입니다. 고령화와 저금리 또한 이를 부채질합니다. 'STARLING Properties'에서 조사한 2023년 최고의 부동산 투자 국가(Best Countries to Invest in Real Estate in 2023)에 의하면 1위는 아랍에미리트의 두바이, 2위는 터키의 이스탄불이었습니다.

최근 베이비부머의 은퇴와 내수 경기의 악화로 아시아 등 해외로의 이민이나 장기 체류도 증가하는 추세입니다. 국내에서는 불가능하지만 저렴한 비용으로 해외 체류 및 생활이 가능하기 때문입니다. 한 달 살기 트렌드 또한 국내를 벗어나 해외로 향하는 중입니다. 동남아시아의 경우 평균 기온 또한 은퇴자들에게 적합합니다. 각국의 은퇴 지원 정책도 국내 은퇴자들의 발길을 붙잡습니다. 필리핀, 태국, 말레이시아 등은 국가 차원에서 은퇴이민을 장려하고 사전답사 프로그램을 적극적으로 활용하고 있습니다.

은퇴와 이민의 수요도 증가

해외 주식 투자도 비슷한 경로를 걸어왔습니다. 부유층들을 중심으로 국내 주식 투자의 대체 투자처로서 주목받다가 지금은 일반인들도 투자하는 등 보편화되고 있습니다.

서학개미는 이제는 낯선 용어가 아닙니다. 국내 증권사 최초로 해외 기업 전문 분석업무를 미래에셋대우가 시작한 것이 2017년입니다. 불과 5년 만에 해외주식 투자의 시대가 활짝 열리고 있습니다.

투자만이 아닙니다. 해외 부동산에 투자하는 이유로는 세금을 꼽습니다. 미국의 경우 상속·증여세가 부모 각각 총 300억 원 수준에서 과세되지 않습니다. 그러다 보니 미국으로 와서 증여하려는 분들의 문의가 늘어나고 있습니다. 물론 부모 자식 모두 영주권이 있어야 하기 때문에 미국에 부동산을 사며 이를 통해 영주권을 받는 방법 등이 고려되고 있습니다.

상속·증여를 하는 부모와 자식 모두 과세시점에 비거주자가 되어야 합니다. 비거주자란 첫째 외국에 1년 중 183일 이상 머무르고, 둘째 한국에 거소가 없는 사람을 말합니다. 한국 국민일지라도 한국에 주민등록상이든 실질적인 거주 주소가 없어야 하고, 또 1년에 183일 이상 외국에 나가 살고 있으면 비거주자로 간주됩니다. 그래서 어떤 분들은 한국에 있는 모든 자산을 매각하고 매각 대금을 가지고 아예 미국으로 이민 간 경우도 많습니다. 물론 더 나은 삶에 대한 욕구가 결정하는 데 가장 중요한 요소이겠지만 자녀 상속의 이유도 있습니다.

한국이 싫어 떠나는 분들도 많습니다. 어느 정도 자산가들은 이런 생각을 많이 하실 것으로 생각됩니다. 은퇴했지만 계속 늘어나는 소득세와 건강보험료 때문일 수도 있고 상속, 증여가 부담일 수도 있습니다. 명확한 점은 한국에서는 자신이 힘들게 벌어드린 부를 유지하거나 물려주기가 쉽지 않습니다. 미국이 경우 영주권자이면 외국인들보다 주택담보대출금리를 더 낮게 받을 수도 있고 렌트비가 높기 때문에 현금흐름 창출이 쉽습니다. 미국 부동산에서 발생하는 현금흐름으로 한국에서 생활하는 분들도 많이 있습니다.

미국 영주권자의 경우 상속·증여세 없어

향후 이런 추세는 계속될 것입니다. 자산부문은 금융이든 부동산이든 분산 투자의 대상으로 해외를 고려하는 투자가 일반화될 것입니다. 과거의 해외 부동산 투자가 부유층들이 참여한 일시적인 경향이었다면 향후 해외 부동산 투자는 중산층들이 가세한 지속적인 경향으로 변모할 것입니다. 투자 금액 과다의 문제가 아니라 국내 부동산 시장을 대체할 투자 수단으로 부각할 것이라는 의미입니다.

이런 측면에서 이웃 나라 일본도 주목할 필요가 있습니다. 닛케이225 지수가 3만 선을 다시 돌파할 정도로 경제가 좋습니다. 여전히 저금리 상황이라서 법인을 활용할 경우 레버리지 극대화도 가능합니다. 가장 중요한 점은 현재 엔저 상황이라 추후 환차익을 통한 추가 수익도 기대가 된다는 점입니다. 해외 부동산 투자를 경험한 분들은 궁극적인 투자 수익은 환차익에서 결정된다고 합니다. 자산 포트폴리오 분산 측면에서 해외 부동산 투자를 고려해보시는 건 어떨까요?

세대 간 부의 이전과 함께
국가 간 부의 이전도 고민해야

헨리&파트너스(Henley&Partners)는 2013부터 새로운 국가로 이주한 백만장자, 즉 새로운 국가로 이주해 6개월 이상 머물렀던 백만장자들의 수를 반영해 헨리개인자산 마이그레이션보고서(The Henley Private Wealth Migration Report 2024)를 발간해왔습니다.

백만장자란 100만 달러 이상의 가용할 수 있는(Liquid) 투자 가능 자산을 보유한 개인을 의미합니다. 2013년 5만 1,000명이었던 백만장자의 이주는 계속 늘어왔습니다. 코로나19 시기 이들의 이주와 추적이 어려워졌지만 2020년까지 꾸준한 성장 궤적이 있었습니다.

2022년부터 빠른 회복이 시작되면서 2023년에는 기록적인 이주 흐름이 포착되었습니다. 무려 12만 명이 이주한 것입니다. 지난 10년간 2.35배나 증가한 수치입니다. 2024년 잠정(provisional) 수치와 2025년 예측치(forecasts) 또한 지속적인 성장을 나타내고 있습니다.

Year	No. of millionaires that migrated
2013	51,000
2014	57,000
2015	64,000
2016	82,000
2017	95,000
2018	108,000
2019	110,000
2020 Coronavirus impact	12,000
2021 Coronavirus impact	25,000
2022 Coronavirus impact	84,000
2023	120,000
2024 Provisional	128,000
2025 Forecast	135,000

출처 : Henley&Partners(2024년 6월 18일)

2024년 부의 세계적 이동의 분수령

2024년은 부의 세계적 이동의 분수령이 될 가능성이 큽니다. 지정학적 긴장, 경제적 불확실성, 사회적 격변이라는 엄청난 폭풍과 씨름하고 있는 가운데, 백만장자들은 자신의 자산과 가족의 이익을 위해 더 좋은 머물 곳을 찾아 기록적인 이주를 계획 중입니다.

우크라이나와 가자지구의 분쟁은 한정된 지역의 전쟁터가 아니라 세계 주요 강대국들의 참여로 확전이 예상됩니다. 동시에 세계 여러 국가에서 양극화와 분열이 심화되면서 사회적 결속력이 더욱 약화되고 불안은 커지고 있습니다.

2024년에는 전례 없는 12만 8,000명의 백만장자가 이주할 것으로 예상되며 이는 작년의 기록(12만 명)을 넘어설 것으로 보입니다. 코로나19 이전인 2019년에 새로운 국가로 이주한 11만 명에 비해서도 16% 증가한 수치입니다. 이 엄청난 백만장자들의 이민은 앞으로 다가올 위험을 미리 알려주는 '탄광의 카나리아'로서 그들이 떠나거나 새로 이주하는 국가의 미래 궤적에 광범위한 영향을 미치면서 세계의 부의 지형에 중대한 변화를 예고합니다. 이주를 계획하는 백만장자들은 자산과 함께 모든 국가의 경제적 활력에 직접적인 영향을 미치는 전문지식, 네트워크 및 역동성을 가지고 이주하기 때문입니다.

중국의 해외 이주 심각

2024년 백만장자 유출이 가장 많을 것으로 예상되는 국가는 중국입니다. 1만 5,200명의 순유출이 예상됩니다. 2023년 1만 3,800명에서 계속 늘어나는 중입니다. 지난 몇 년 동안 국가의 전반적인 성장이 정체되었는데 이러한 유출이 더 큰 피해를 입힐 수도 있을 것입니다. 중국 경제는 2000년부터 2017년까지 빠르게 성장했지만, 그 이후로 중국의 부와 백만장자 성장은 둔화되고 있습니다. 중국을 떠나는 백만장자들의 인기 이주 지역으로는 싱가포르, 미국, 캐나다가 포함되며 일본도 주목할 만한 이주지입니다.

영국은 기록적인 유출이 발생하고 있습니다. 9,500명의 유출로 큰 타격을 입을 것으로 예상됩니다. 영국을 떠나는 백만장자들이 가장 많이 찾는 목적지로는 파리, 두바이, 암스테르담, 모나코, 제네바, 시드니, 싱가포르 등이 있습니다.

인도는 백만장자들의 이탈을 막아 단 4,300명이 떠날 것으로 예상됩니다. 인도는 이주가 계속되고 있지만, 훨씬 더 많은 신규 백만장자들이 지속적으로 생기고 있기 때문에 이러한 유출은 특별히 우려할 만한 수준은 아니라고 봅니다. 더욱이 인도를 떠나는 백만장자들의 대부분은 인도에서의 사업상의 이익과 세컨드하우스를 유지하는 경향이 있는데 이는 오히려 긍정적인 신호입니다.

〈백만장자 순유출 최다 국가〉

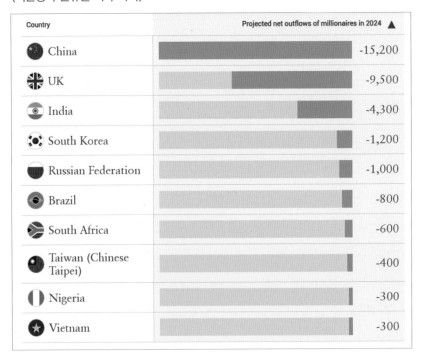

Country	Projected net outflows of millionaires in 2024 ▲
China	-15,200
UK	-9,500
India	-4,300
South Korea	-1,200
Russian Federation	-1,000
Brazil	-800
South Africa	-600
Taiwan (Chinese Taipei)	-400
Nigeria	-300
Vietnam	-300

출처 : Henley&Partners(2024년 6월 18일)

한국 백만장자들의 계속된 유출

한국을 떠나는 백만장자의 수는 지난 몇 년간 가속화되어 왔습니다.

2024년에는 기록적인 숫자가 한국을 떠날 것으로 예상됩니다. 인기 있는 목적지로는 미국, 호주, 캐나다를 들 수 있습니다.

한국의 백만장자 유출은 2022년 400명에서 2023년 800명으로 두 배 늘며 7위로 올라섰습니다. 올해는 역대 최대인 1,200명이 한국을 떠날 것으로 예측되며 순위는 4위로 올라섰습니다. 중국과 인구 차이가 30배 가까이 되는 점을 고려하면 심각한 상황입니다.

일각에선 세계 최고 수준인 상속세율 등을 원인으로 꼽고 있습니다. 한국의 백만장자들이 가장 많이 이주하는 호주와 캐나다 등은 상속세가 없습니다.

중국이나 영국보다는 상황은 좋지만, 백만장자들의 이탈이 크다는 사실은 한국의 경제에 좋은 영향은 아닙니다. 백만장자의 유출은 탄광의 카나리아처럼 한국경제가 매력이 떨어지고 있다는 방증일 수 있기 때문입니다. 백만장자들이 이주하는 가장 큰 원인은 세금입니다. 따라서 현재 우리나라의 세금이 정상적인지 다시 한번 고민해야 합니다.

한국 상속세 세계 최고 수준

한국의 상속세율은 세계 최고 수준으로 악명이 높습니다. 과세표준이 30억 원이 넘으면 50% 세율이 부과되는데 기업을 물려받으면 10%p가 할증이 되어 60%로 높아집니다. 경제협력개발기구(OECD) 회원국인 일본은 55%, 프랑스는 44%, 영국과 미국이 각각 40%이지만 공제혜택이 커 실제로 상속세를 내는 경우는 거의 없습니다.

캐나다와 호주 등 15개 나라는 상속세가 아예 없습니다. 심지어 상속세의 원조 국가라고 할 수 있는 영국도 단계적으로 상속세를 폐지할 계획입니다.

국세청의 '2023년 국세통계연보'에 의하면 상속세 규모는 빠르게 증가하고 있습니다. 2018년 2조 5,197억 원에 그쳤던 상속세 결정세액은 2022년 삼성의 12조 원를 제외하더라도 7조 2,000억 원을 넘습니다. 총조세 대비 한국의 상속세와 증여세 비중은 2.4%(2021년 기준)로 주요 7개국 평균(0.6%)의 네 배나 많습니다.

상속세는 회사의 성장에 부정적인 영향을 끼치기도 합니다. 상속세를 내기 위해 주식을 팔면서 회사가 인수당한 경우도 있습니다. 한국은 반기업규제가 많고 높은 상속세 등으로 인해 기업이 규모를 키울 수 있는 여건이 갈수록 사라지고 있습니다. 젊은 층은 대기업을 원하는데 그 대기업은 갈수록 고용여건이 악화되니 일자리의 부조화는 심각해지고 있습니다.

상속·증여에 대해
우리는 어떤 생각을 할까?

한국은 2018년 고령사회에 진입했으며 2024년 7월 주민등록인구 중 65세 이상 고령인구가 처음으로 1,000만 명을 넘어섰고 2025년에는 초고령화사회로 진입할 것이 확실시되고 있습니다. 전체 인구의 32%에 이르는 1, 2차 베이비부머(1955~1974년)가 고령층(65세 이상) 편입이 본격화될 예정입니다. 고령인구가 증가하면서 상속(증여) 시장의 양적 규모는 확대될 것으로 예상됩니다.

부동산 가격이 오르면서 이제는 상속세가 남의 일이 아니라는 인식은 높아졌습니다. KB국민은행에 의하면 2024년 7월 현재 서울 아파트의 평균 매매가격은 12억 원이 넘었습니다. 상속세 납부 대상자가 확대되고 자산가들이 많은 베이비부머의 자산 이전 또한 본격화될 것으로 예상됩니다.

2차 베이비부머도 은퇴연령 진입

우리는 보통 1차 베이비부머(1955~1963년생)만 신경을 쓰고 있지만 사실 2차 베이비부머(1964~1974년생)가 더 의미 있는 연령대별 계층군이라고 볼 수 있습니다. 우리나라 경제성장이 본격화된 시기에 성장기를 겪었던 2차 베이비부머는 1차 베이비부머에 비해 근로의욕이 크고, 교육수준 또한 높은 편입니다. 소득이나 자산 여건도 양호하며 사회 활동에 대한 수요도 큽니다.

한국은행의 보고서(BOK이슈노트 : 2차 베이비부머의 은퇴연령 진입에 따른 경제적 영향 평가)에 의하면 2차 베이비부머의 은퇴 전 실질 소득은 1차 베이비부머에 비해 상당 폭 높으며, 이를 기반으로 저축과 국민연금 납부 규모 또한 비교적 높은 것으로 나타났습니다.

한국노동패널조사에 따르면 2021년 기준 50대(1962~1971년생)의 실질 월별 저축액은 2011년 기준 50대(1952~1961년생)에 비해 40.3%(50만 원 → 70만 원) 더 많습니다. 소득과 저축이 증가하면서 2차 베이비부머의 금융·실물 자산 수준 역시 크게 늘었습니다. 2차 베이비부머가 은퇴를 하기 전 순자산을 살펴보면 1차 베이비부머를 크게 추월하고 있습니다. 따라서 상속이나 증여를 고려할 때 2차 베이비부머를 빼놓고 이야기할 수는 없습니다.

〈1, 2차 베이비부머 비교〉

구분	1차 베이비부머	2차 베이비부머
연령대	1955~1963년생	1964~1974년생
인구수	705만 명	954만 명
구성비	13.7%	18.6%
대졸 비중	20.8%(1951~1960년생)	39.8%(1961~1970년생)

출처 : BOK이슈노트(2024년 7월)

상속에 대한 인식 달라져

상속 관련 분쟁도 늘어나고 있으며, 구하라법 그리고 유류분제도의 일부 위헌판단 등으로 상속에 대해 당연시되던 인식들이 문제가 있다는 생각들이 공론화되면서 상속에 대한 인식도 많이 변화하고 있습니다. 하나금융연구소에서 2024년 5월에 발간된 '중산층의 상속경험과 계획'이라는 자료에 의하면 '상속은 더 이상 부자들만의 이야기가 아니다'라고 생각하는 비중이 44%로 늘었습니다. 2021년을 기점으로 서울 아파트의 매매가격 중위가격이 10억 원을 넘어서면서 단순하게 판단해도 서울 인구의 절반이 상속세를 납부할 가능성이 생겼습니다. 특히 상속은 더 이상 부자들만의 이야기가 아니다에 대해 동의하는 비중은 젊은 세대로 갈수록 늘어납니다. 60대 이상은 '상속이 더 이상 부자들의 이야기가 아니다' 동의율이 38%인데 반해 40대는 48%로 늘어납니다.

〈"상속은 더 이상 부자들의 이야기가 아니다" 연령대별 동의율〉

구분	40대	50대	60대 이상	평균
동의율	48%	42%	38%	44%

출처 : 하나경제연구소(2024년 5월)

상속 경험도 증가

상속에 대한 인식도 증가하고 있지만 경험 또한 늘어나고 있습니다. 2회 이상 증여를 받은 경험은 평균 18% 정도 수준이지만 40대 젊은 층에서는 이 비중이 31%로 올라갑니다. 상속이나 증여를 경험한 경우 본인도 향후에 자산을 이전할 계획을 가지게 되며 필요하다면 여러 번 증여를 시도할 가능성 또한 커집니다.

하지만 안타깝게도 상속 경험자의 82%가 특별한 준비 없이 상속을 경험한다고 합니다. 예측가능한 상속인데도 불구하고 준비하지 못했다가 47.2%로 절반 정도 됩니다. 상속을 두 번 이상 경험한 경우 상속준비율은 31%로 첫 상속 경험자(15%)에 비해 2배 이상 높게 올라갑니다. 연령별로는 40대 이상 중산층의 81%가 향후 자산 이전을 위한 준비가 필요하다고 인식하고 상속시점이 빠르게 도래할 수 있는 60대 이상에서는 89%가 필요하다고 인식하고 있었습니다.

⟨상속을 받기 위한 준비 여부⟩

구분	미리 예상하고 준비	미래 예상했으나 준비 못 함.	갑작스러워 준비 못 함. (우발적 상속)
비중	18.4%	47.2%	34.4%

출처 : 하나경제연구소(2024년 5월)

상속경험자의 72%가 상속받는 과정에서 어려움을 겪는다고 응답했습니다. 경험한 어려움 중 가장 큰 것은 준비 부족과 상속 절차상의 어려움(46.3%)이었습니다. 관련 지식 부족과 경제적 부담도 각각 40.7%와 29.3%로 나타났습니다. 상속이 진행되면서 재산분할의 합의점에 도달하지 못한 경우 재산분할 소송이 발생할 수 있는데 이 경우도 22.8%로 나타났습니다.

실제로 부모의 재산을 둘러싼 상속분쟁은 2014년 771건에서 2023년 2,945건으로 10년 동안 3.8배로 증가한 것으로 나타났습니다. 상속분쟁 중 발생하는 가족 간의 민사소송까지 포함하면 그 건수는 더욱 증가할 것으로 추정됩니다. 주택가격이 상승하고 일반인들까지 상속 대상이 되면서 더욱 증가하고 있습니다.

유족 간 최소 상속분을 나누는 유류분반환 청구소송(민사소송) 역시

2023년 2,035건이 접수되어 최고치를 경신했습니다. 2014년 831건에 불과했던 소송이 10년 만에 2.5배나 증가한 것입니다. 이외에도 전국 가정법원에 접수된 상속에 관한 사건 역시 2023년 기준 5만 7,567건이 접수되었습니다.

이런 이유로 상속준비는 젊은 층에서 가능한 빨리해야 한다는 인식이 커지고 있습니다. 물론 여전히 건강이 약해질 때, 자녀 결혼과 같은 가족 이벤트가 발생할 때 한다는 응답이 각각 30.4%와 10.2%로 높지만 40대의 경우 그냥 가능할 때 빨리해야 한다는 응답이 28%로 가장 높게 나타났습니다. 반면 자산가치 변화 시점과 세제 정책이 바뀔 때와 같이 자산 가격의 변화가 초래될 시점에서 해야 한다는 인식은 각각 8.2%와 7.8%로 높지 않았습니다.

〈상속준비를 시작하기 위한 적절한 시점〉 (단위 : %)

구분	건강이 약해질 때	가능한 빨리	가족 이벤트 발생 시	자산가치 변화 시점	세제 정책이 바뀔 때
40대	24	28	8	12	9
50대	33	23	13	7	6
60대 이상	41	19	8	3	10

출처 : 하나경제연구소(2024년 5월)

부동산 유동화 후 상속하려는 의향 증가

상속경험/기대자 모두 단독 상속보다는 공동상속을 예상했고 가족 간에 협의를 최우선으로 고려했습니다. 향후 본인이 자산을 이전할 시점에서는 10명 중 8명이 자산 이전을 사전에 준비하겠다고 계획했고 이때 가족 간 협의 이외에도 전문가나 금융회사를 통해 체계적으로 준비할 의향은 증가하는 것으로 나타났습니다. 하지만 안타까운 점은 여전히 차등배분에 대한 의견이 강하며 장자를 우대한다는 인식이 크다는 점입니다.

우리나라 자산구성을 고려한다면 주택을 포함한 부동산을 상속하거나 물려받는 경험이 압도적일 것으로 보이나 향후에는 저축상품, 보험, 투자, 연금 등 금융상품으로 상속하겠다는 비중이 과거보다는 증가하고 있습니다. 하나금융경영연구소에서 발간한 대한민국 부자보고서(2023년)에 의하면 상속 후에 부동산을 처분하거나 관리하는 데 따른 어려움으로 유동화 후 상속하려는 의향이 증가하고 있으며 노후생활자금으로 부동산을 활용하려는 인식이 증가할 가능성이 크다는 추측입니다.

앞으로 자산을 이전할 때 상속 60%, 증여 40% 수준으로 자산을 이전할 것으로 고려하고 있었습니다. 상속 의향자의 절반 정도가 증여보다 상속을 더 많이 하겠다고 응답했으며, 30%는 절반씩, 약 20% 정도는 상속보다는 증여로 더 많이 이전할 계획이었습니다. 사실 상속에 비해서 증여가 부작용도 적고 상속을 받는 사람 입장에서는 도움이 더 됩니다. 연령층이 낮을수록 상속을 더 많이 할 것이라는 응답률은 감소합니다. 따라서 앞으로 상속보다는 증여의 비중이 더 늘어나기를 기대합니다.

〈향후 상속과 증여 비중 계획〉

구분	상속 〈 증여	상속 = 증여	상속 〉 증여
비중	19%	33%	48%

출처 : 하나경제연구소(2024년 5월)

증여보다 상속 비중 높게 생각

상속을 더 많이 하려는 이유는 나의 노후를 위해서일 것으로 생각됩니다. 특히 노후대비가 되지 않은 경우는 더 그럴 것으로 보입니다. 상속을 더 많이 하려는 이유로는 첫 번째가 '사망 전까지 나를 위해 활용(54%)' 그리고 '노후 부양문제 고려(39%)'로 나타났습니다. 반면 증여를 더 많이 하려는 주된 이유는 절세(49%)와 자산활용(가족에게 자금이 필요한 시점에 지원)(39%)이 가장 많았습니다. 상속 의향자 절반 이상이 자녀에게 상속(증여)이 부의 원천이 될 것으로 생각하며 주택구입, 결혼준비자금, 사업자금 마련, 학자금 등 목돈이 필요한 시점에 지원하는 것을 중요하게 생각했습니다. 증여는 상품의 특성상 부동산보다는 현금, 예금 등 저축상품을 더 많이 활용하는 경향이 있었습니다.

자산 이전 대상으로는 자녀>배우자>부모>형제자매>조카 순으로 고려했습니다. 남성의 경우 배우자와 자녀를 비슷하게 고려했으나 여성은 배우자 고려 비율이 남성 대비 낮았습니다. 이는 기대수명이 여성의 경우 훨씬 더 높기 때문으로 보입니다. 자산을 균등하게 배분하겠다가 43%로 가장 많았으며 부양가족 우대, 법정 상속비율에 따라 하겠다가 다음으로 많았습니다.

상속준비는 전문가의 도움 없이 스스로 하겠다는 응답이 60%로 가장 높았으며 전문가의 도움을 받을 것이다가 40%로 자발적 의지가 높지만, 상속 경험이 있는 경우 전문가가 필요하다는 비중이 더 높게 나타났습니다. 따라서 관련 서비스들이 빠르게 성장할 것으로 기대됩니다.

베이비부머는
소비보다 저축을 선호

일반적으로 노인인구가 늘어나면 저축률을 하락합니다. 소득이 끊기는 노인세대는 그동안 모은 자산으로 소비를 하기 때문입니다. 소비에 쓸 자금 마련도 만만치 않은데 저축은 생각하기 쉽지 않습니다. 물론 베이비부머가 소비를 한다는 것은 경제 전반으로 보면 긍정적인 요소입니다. 특히나 가장 부유한 계층인 현 베이비부머의 소비여력은 과거 노년세대보다 높을 가능성이 크기 때문입니다. 하지만 안타깝게도 노후가 걱정되면서 베이비부머들이 지갑을 닫고 있다는 진단이 나왔습니다.

영국 〈이코노미스트〉는 2024년 5월 기사를 통해 베이비부머 세대의 은퇴 시점이 다가오고 있는 가운데 이들이 과거 은퇴계층과는 다르게 사회생활에서 축적한 자산을 소비하기보다는 이를 유지하고 오히려 더 늘리려는 성향이 있는 것으로 나타났다고 합니다. 기존 노년층과는 다른 소비 형태입니다. 경제학에서 이야기하는 '생애주기가설'에 의하면 노년층은 그들이 버는 것보다 더 많이 소비하고 부동산이나 자산을 처분하면서 남은 생을 영위한다고 합니다. 따라서 베이비부머들도 은퇴하면서 부를 축적하기보다는 소비를 더 할 것으로 판단할 수 있습니다.

하지만 최근 조사를 보면 베이비부머도 은퇴 이후에도 소비에 집중하지 않는 것으로 나타났습니다. 일본과 이탈리아가 노년층의 비중이 높은 국가들인데 1년 동안 순자산의 1~3%만 지출하고 은퇴한 노인 40%는 계속해서 부를 축적하고 있다고 합니다.

생애주기가설보다는 '부의 축적 퍼즐(Wealth Decumulation Puzzle)'이 더 적합하다는 논리를 펼칩니다. 부의 축적 퍼즐은 생애주기 가설보다 더 천천히 자신의 부를 소비한다는 새로운 이론입니다.

생애주기가설에서 부의 축적 퍼즐로

미국 관련 데이터를 봐도 이런 변화를 확인 가능합니다. 1990년대 중반에는 65~74세의 노년층은 자신들이 버는 것보다 10%를 더 많이 지출하면서 부를 줄여왔습니다. 하지만 2015년부터 이 연령대의 사람들은 소득의 약 1%를 저축합니다. 1995년 조사에서는 은퇴가구의 46%가 저축한 것으로 나타났지만 2022년에는 그 비중이 51%로 증가합니다.

캐나다와 독일 노년층들도 저축을 늘리고 있습니다. 캐나다의 65세 이상 은퇴자들의 저축률은 감소세를 이어오다 2015년경 베이비부머 세대가 은퇴하기 시작한 이후 저축률 감소세는 멈추었습니다. 독일에서도 은퇴한 사람들의 저축률이 2017년 17%였으나 2022년에는 22%로 늘었습니다.

한국에서도 마찬가지입니다. 2019년~2023년까지 한국의 65세 이상 저축률은 26%에서 29%로 급증해서 다른 연령층보다 더 크게 늘었습니다. 통계청에서 발표하는 '2023 고령자 통계'에 의하면 2022년 현재 65세 이상 고령자 가구의 순자산액은 4억 5,364만 원으로 2021년과 비교하면 4,316만 원이 증가했다고 합니다. 일하는 고령자들도 늘었습니다. 2022년 기준 65세 이상 고용률은 36.2%로 지난 10년간 6.1%p 상승했고 OECD 회원국 중 가장 높은 수준이라고 합니다.

〈2023 고령자 통계〉

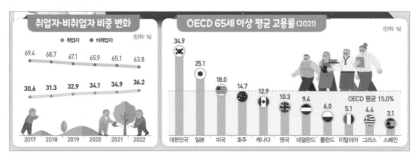

출처 : 통계청

(2023년 9월, https://kostat.go.kr/board.es?mid=a10301010000&bid=10820&act=view&list_no=427252)

노후에 대한 불안으로 저축 늘려

베이비부머가 소비를 줄이는 이유는 자녀 상속과 장수에 따른 노후비 부담 때문이라고 합니다. 실제로 미국과 유럽에서는 국내총생산 대비 상속이 빠르게 늘고 있다고 합니다.

장수로 인해 인생의 3분의 1을 은퇴 후 지내면서 들어가는 비용(의료비, 간병비 등)에 재정적 압박이 심하다는 점입니다. 미국에서도 은퇴 후 충분한 자금을 확보했다는 은퇴자는 2000년대 중반에는 40%였으나 현재는 30% 미만으로 급감했다고 합니다.

전 세계 3억 명에 가까운 베이비부머의 소비에 대한 태도는 향후 경제 성장과 인플레이션 그리고 금리에 큰 영향을 미칠 수 있습니다. 애초에는 베이비부머들의 소비로 인해 금리와 인플레이션이 올라갈 것으로 봤으나 저축이 늘어난다면 경제에 다른 영향을 끼칠 수도 있습니다. 따라서 베이비부머들의 소비와 저축 패턴에 대한 심도 있는 조사와 연구가 병행되어야 할 것으로 보입니다.

4장

죽어도 내야 하는
세금 상속·증여세

서일영

 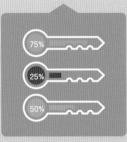 

상속·증여의
세무상 쟁점

　상속세 및 증여세 납세대상이 지속적으로 증가하고 있습니다. 국세청에서 매년 발표하는 '2022년 국세통계연보'에 따르면 2022년 상속세 신고 현황과 5년 전(2018년)의 상속세 신고 현황(납세인원 8,449명, 총상속재산가액 20.6조 원)을 비교하면, 납세인원 11,057명(130.9%), 총상속재산가액은 35.9조 원(174.3%) 큰 폭으로 증가했습니다.

　또한 2022년 자산종류별 상속재산가액 현황을 보면 부동산(건물 20.7조 원, 토지 8.8조 원)이 29.5조 원, 주식 등 유가증권이 17.3조 원으로 상속재산가액의 83.0%를 차지했습니다.

〈최근 5년간 상속세 납세인원 및 총상속재산가액 현황〉

	2018	2019	2020	2021	2022
납세인원(명) ①	−	13.1%	20.6%	29.8%	30.5%
	8,449	9,555	11,521	14,951	19,506
총상속재산가액(조 원) ②	−	4.4%	27.4%	40.9%	△14.4%
	20.6	21.5	27.4	66.0	56.5
납세인원별 총상속재산가액 (억 원,②/①)	24.4	22.5	23.8	44.1	29.0

* 출처 : 국세통계포털
** 납세인원, 총상속재산가액 상단 : 전년 대비 증가율

더불어 2022년 증여세 신고 현황도 5년 전(2018년) 증여세 신고 현황(신고 건수 14.5만 건, 증여재산가액 27.4조 원)을 비교하면 신고 건수는 7.1만 건(49.0%), 증여재산가액은 10.3조 원(37.6%) 증가했습니다.

2022년 자산종류별 증여재산가액을 보면 부동산(건물 12조 원, 토지 7.2조 원)이 19.2조 원, 예금 등 금융재산이 8.7조 원으로 증여재산가액의 74.0%를 차지했습니다.

〈최근 5년간 상속세 납세인원 및 총상속재산가액 현황〉

	2018	2019	2020	2021	2022
신고건수(명) ①	−	4.1%	42.4%	22.8%	△18.2
	14.5	15.1	21.5	26.4	21.6
증여재산가액(조 원) ②	−	3.3%	54.1%	15.8%	△25.3%
	27.4	28.3	43.6	50.5	37.7
신고건별 증여재산가액 (억 원, ②/①)	1.89	1.87	2.03	1.91	1.75

* 출처 : 국세통계포털
** 신고건수, 신고건별 증여재산가액 상단 : 전년 대비 증가율

상속세와 증여세는 오랫동안 부자들만 납부하는 세금으로 인식되어 왔습니다. 대부분의 사람은 관심조차 없는 영역이었습니다. 하지만 최근 자산가치가 가파르게 상승하면서 서울에 아파트 한 채만 있어도 상속세 과세대상이 될 수 있게 되었습니다.

이제는 더 이상 남의 일이 아니고 내 발등에 떨어진 불이 되었습니다. 서울 대치동 은마아파트는 2024년 전용면적 76.79㎡ 대략 30평형이 23.7억 원에 거래되어 현재 시세를 반영해 각종 상속공제를 적용한다 해도 최소 5억 원 이상 상속세를 부담해야 합니다. 하지만 현재의 상속세 체계가 갖춰진 2000년으로 시계를 돌려보면 이야기는 완전히 달라집니다. 2000년 은마아파트 상속자의 예상세액은 0원입니다. 당시 은마아파트 가격은 약 2~3억 원으로 파악되므로 5억 원의 공제를 적용하고 나면 부담할 상속세가 없게 되는 것입니다.

또한, 한국부동산원의 전국주택가격동향조사를 보면 2024년 3월 현재 서울 아파트의 평균 매매가격은 10억 5,134만 원입니다. 2019년 3월(8억 216만 원) 대비 5년 사이 약 31% 올랐습니다. 서울 시내 25개 자치구 가운데 용산, 성동, 광진, 마포, 양천, 영등포, 동작구 등 10곳의 평균 아파트값이 10억 원을 넘습니다. 또한 경기도 과천, 분당 등도 평균 매매가 10억 원을 돌파했습니다. 우선 도심지역 집주인들의 재산이 과거보다 눈에 띄게 불어났습니다. 그리고 이들은 세금문제를 맞닥뜨릴 것입니다.

이와 같이 상속세 및 증여세 납세인구가 급격히 증가한 원인을 따져보면, 부동산 가격의 폭등과 물가 상승 그리고 2000년 이후 24년간 물가는 80%가량 상승했음에도 부자 감세 프레임에 갇혀 24년째 높은 세율과 공제 제도, 과세표준 구간에 대해 논의조차 제대로 되지 않는 상속세 제도의 현실 때문입니다.

문제는 이제 시작일 뿐이라는 점입니다. 앞으로 700만 명에 이르는 베이비부머(1955~1963년생)의 자녀들인 MZ세대(20·30대)는 머지않아 상속세 쓰나미를 맞을 공산이 큽니다. 베이비부머는 산업화 과정에서 어느 정도 재산을 늘린 세대로 꼽힙니다. 하나금융연구소는 베이비부머 보고서(2019년)에서 '베이비부머가 모두 60세 이상이 되는 오는 2023년 이후에는 고령층 자산 보유 비중이 40%를 돌파할 것'이라며 '이들이 후기 고령층에 접어드는 20, 30년 이후에는 초고령 국가인 일본과 같은 대규모 자산 이전 현상이 일어날 것'이라고 전망했습니다.

이 장에서는 상속과 상속포기, 사전증여재산의 상속재산가액 합산에 대해 알아보고, 상속재산가액에서 공제하는 혼인·출산공제, 영농상속공제, 동거주택 상속공제, 배우자 상속공제 등 주요 상속공제 항목 및 세대생략상속에 대해 알아볼 것입니다. 이어서 요즘 상속·증여세의 핫 이슈인 유류분반환 청구소송, 가업상속공제, 가업승계 및 창업자금에 대한 증여세 과세특례에 대해 학습함으로써 합법적인 테두리 내에서 상속세 및 증여세를 절세하는 방법을 모색하고자 합니다.

따로 또 같은
상속세와 증여세

상속세 및 증여세의 기본 개념

상속이란 자연인이 사망했을 때 사망과 동시에 그와 일정한 친족적 신분관계에 있는 사람에게 그 사망자의 재산적 권리나 의무가 포괄적으로 아무런 반대급부 없이 당연히 승계되는 법률적 효과가 발생하는 것을 말합니다.

상속이 개시된 때부터 피상속인의 재산(소극적 재산 포함)에 관한 포괄적 권리 의무를 승계(피상속인의 일신에 전속한 것은 제외)하며, 사망 전에 당사자의 의사표시가 필요 없고, 부동산 등기 등과 같은 대항요건을 위한 별도 행위가 필요 없습니다.

반면에 민법상의 증여는 당사자 일방이 무상으로 일정한 재산을 상대방에게 준다는 의사를 표시하고, 상대방이 이를 승낙함으로써 성립하는 계약을 말합니다. 재산의 무상이전에는 증여, 유증, 사인증여 등이 있는데, 이 중 증여는 계약에 의한 재산의 무상이전을 말합니다

그러나 상속·증여세법상 증여는 그 행위 또는 거래의 명칭, 형식, 목적 등과 관계없이 직접 또는 간접적인 방법으로 타인에게 무상으로 유형·무

형의 재산 또는 이익을 이전(현저히 낮은 대가를 받고 이전하는 경우를 포함)하거나 타인의 재산가치를 증가시키는 것(유증, 사인증여, 유언대용신탁, 수익자 연속신탁은 제외)으로 '증여'는 생전에 소유한 자산을 가진 '증여자'가 무상으로 본인의 자산을 '수증인'에게 이전해주는 것을 말합니다.

참고로 생전에 소유한 자산을 유상으로 이전하는 것은 '양도'라고 해 양도소득세가 발생합니다.

상속세 속 증여세는 세습 자본주의를 막는 빗장

상속세를 과세하는 이유는 첫째, 상속재산은 피상속인의 노력이 주가 되어 형성했지만, 국가와 사회공동체의 도움도 어느 정도 있었기 때문에 국가 등도 상속인과 마찬가지로 재산상속에서 그의 몫을 주장할 수 있다는 것입니다.

둘째, 한 나라의 부가 소수의 사람에게 집중되고 그로 인해 서민계층이나 중산층이 보다 상위계층으로 상승할 기회가 봉쇄된 사회는 역동성이 없고 균등한 기회를 박탈하게 됩니다. 이러한 이유로 한 나라의 부가 일부 소수계층에만 집중되어 대대손손이 세습되는 것을 어느 정도 완화시켜야 한다는 것입니다.

그러나 만약에 재산이 많은 사람은 생존해 있을 때 자식들에게 재산을 무상으로 이전하는 방법에 따라 사망할 때에는 유산이 거의 없도록 처리할 것입니다. 이로 인해 상속재산이 없게 되어 상속세도 부담하지 않게 됩니다. 이러한 재산처분 행위를 하도록 하게 되면 상속세를 부담하는 자는 불공평하게 되므로 이러한 폐단을 막기 위한 세금이 증여세입니다.

이처럼, 상속세를 실효성 있게 하는 세금이 증여세라는 뜻에서 증여세를 상속세에 대한 보완세라고 합니다. 현행 증여세 과세제도는 상속세 과세제도와 그 과세체계, 과세표준과 세액의 결정방법 및 세금납부방법이 같거나 매우 유사합니다.

그래서 증여를 포함한 상속에 매기는 세금은 세습 자본주의로 가는 길을 막는 빗장과 같다고 표현하기도 합니다.

상속세, 증여세의 공통점

1. 재산의 무상이전

상속은 사망으로 재산이 이전되는 것이고, 증여는 증여자의 의사로 재산이 이전되지만, 상속과 증여 모두 재산이 타인에게 무상으로 이전된다는 것은 동일합니다. 따라서 상속·증여세는 재산을 무상으로 이전받은 것에 대해 부과되는 세금입니다.

2. 재산을 받은 자가 세금을 납부

상속세는 상속인이 납부해야 하고, 증여세는 수증자가 납부해야 합니다. 즉, 상속세와 증여세 모두 재산을 이전받은 상속인과 수증자가 세금을 납부해야 하는 것입니다.

3. 세율이 동일

상속세와 증여세는 과세표준 구간과 그에 따른 세율이 동일하고, 누진공제도 동일합니다. 즉, 상속세와 증여세는 모두 1억 원 이하는 세율이 10%이고, 5억 원까지는 20%, 10억 원 까지는 30%, 30억 원까지는 40%, 30억 원을 초과하는 경우에는 50%의 세율이 각각 적용됩니다.

4. 증여는 10년 단위

상속세의 경우, 피상속인이 사망 전 10년 이내에 상속인에게 증여한 재산은 상속세 과세가액에 가산됩니다. 즉, 피상속인이 상속세를 줄이기 위해 생전에 미리 재산을 증여한 경우 그 시기가 10년 이내라면 상속세 계산시 포함된다는 것입니다. 따라서 상속세 절세를 위해 사전증여를 하고 싶다면 사망일보다 10년 훨씬 전에 증여해야만 합니다.

증여세의 경우 증여공제는 10년 단위로 공제되는데, 증여자 기준이 아니라 수증자(증여를 받는 사람) 기준으로 금액이 합산됩니다. 또한 증여세의 경우 증여일 전 동일인(배우자 포함)으로부터 10년 이내에 증여받은 재산(1,000만 원 이상)이 있으면 증여세 계산 시 가산되므로 동일인 증여는 10년의 텀을 두는 것이 좋습니다.

상속세 속 증여세의 차이점

1. 상속인·수증인의 차이

상속은 재산을 소유한 A가 사망한 후에 재산이 이전되는 것이고, 증여는 재산을 소유한 A가 살아있는 생전에 재산이 이전되는 것입니다.

또한 상속은 민법에 따라 배우자, 직계존비속, 형제자매, 4촌 이내의 방계혈족 등 가족에게만 가능하지만, 증여는 가족은 물론 타인에게도 가능합니다.

2. 상속·증여세 계산구조

상속세는 상속재산 전체에 대해 먼저 상속세를 부과한 후 그 세금을 각

상속인이 나누어 납부하는 방식(유산과세형)이고, 증여세는 증여를 받은 사람이 각각 취득한 증여재산에 대해 증여세를 과세하는 방식(유산취득형)입니다.

현재 유산과세형이 적용되는 상속세는 각 상속인에게 재산이 분할되기 전 총액에 대해 과세하게 되므로 누진세율을 적용하는 데 유리합니다.

다만, 납세자의 능력에 따라 공평하게 과세하는 방식인 유산취득형으로의 전환이 논의되고 있어 상속세가 유산과세형에서 유산취득형으로 개편될 여지가 있습니다.

3. 세금계산 구조의 차이

상속세는 기초공제, 인적공제, 일괄공제, 배우자 상속공제, 금융재산공제 등 다양한 공제가 존재하고, 공제되는 금액의 규모도 큽니다. 하지만 증여세는 증여자와 수증자의 관계에 따른 증여재산공제만이 존재하고, 공제되는 금액도 상속세에 비해 적습니다. 그 결과 보통 같은 금액의 재산을 이전할 때 상속세보다 증여세가 더 큽니다.

상속세 및 증여세의 계산구조 및 계산사례

사례

• 동산 14억 원을 배우자 6억 원, 아들 4억 원, 딸 4억 원씩 각각 상속, 사전증여했을 경우

(단위 : 백만 원)

상속세		증여세	합계	배우자	아들	딸
상속재산가액	1,400	증여자산가액	1,400	600	400	400
비과세, 채무		비과세, 채무				
상속공제	1,000	증여재산공제	700	600	50	50
과세표준	400	과세표준	700	0	350	350
세율	(10~50%)	세율				
산출세액	70	산출세액	120		60	60
신고세액공제	2.1	신고세액공제	3.6		1.8	1.8
결정세액	67.9	결정세액	116.4		58.2	58.2
가산세		가산세				
납부할 세액	67.9	납부할 세액	116.4		58.2	58.2

* 상속세 : 배우자 29.1 아들 19.4 딸 19.4

1세목 1세법 주의의 예외

재산이 무상이전되어 한 나라의 부가 소수의 사람에게 집중되면, 서민 계층이나 중산층이 보다 상위 계층으로 상승할 기회가 봉쇄되어 사회구조의 역동성이 없어집니다. 그들의 균등한 기회를 박탈하게 되는 것입니다. 따라서 상속증여에 의한 부의 무상이전은 어느 정도 완화시켜주어야 합니다. 만약에 증여세가 없고 상속세만 있다면 대자산가들은 생존해 있을 때 재산을 무상으로 이전해 사망 시에 유산이 거의 없게 되어 상속세를 부담하지 않아도 될 것입니다. 이러한 폐단을 막기 위한 세금이 증여세입니다.

이처럼 상속세를 실효성 있게 하는 세금이 증여세로, 증여세를 상속세에 대한 보완세라고도 하며, 실지 증여세 과세제도는 상속세 과세제도와 과세체계, 과세표준과 세액의 결정, 세금납부 방법 등이 같거나 유사합니다.

우리나라 조세체계상 국세 13개 세목에 대해 1세목 1세법 주의를 원칙으로 하고 있으나, 예외적으로 상속세 및 증여세는 단일법률로 규정하는 것도 떼려야 뗄 수 없는 관계임을 증명하는 것이라고 판단됩니다.

상속재산 확인 TIP

- '안심 상속 원스톱 서비스'는 피상속인의 재산 및 채무를 알기 어려운 상속인이 피상속인의 각종 재산 및 채무를 한 번에 조회할 수 있도록 정부에서 제공하고 있는 서비스입니다. 이 서비스는 온라인(정부24) 또는 방문(시·구청, 주민센터)해 신청하면 7~20일 이내에 결과를 확인할 수 있습니다.
  - ▶ 온라인 접속경로 : 정부24 ➡ 서비스 ➡ 원스톱/생애주기/꾸러미 서비스 ➡ 안심 상속
    - 해당 서비스를 신청하게 되며 피상속인의 금융재산 인출거래가 정지되므로, 급한 자금은 미리 인출 후 사망신고 및 서비스 신청

- 금감원 상속인금융거래조회 서비스
  - ▶ 사망자의 생전 모든 금융거래(예금, 저축, 대출, 보험 등) 기록을 확인 볼수 있는 서비스로 일일이 금융기관을 방문하지 않고 각 금융협회에서 제공하는 상속인금융거래 결과를 일괄조회 가능

- 국세청 : 상속재산 및 사전증여재산 조회 신청
  - ▶ 온라인 접속경로 : 국세청 홈택스→국세증명&사업자등록 세금 관련 신청/신고 ➡ 세금 관련 신청/신고공통 분야 ➡ 일반 세무서류신청 ➡ 민원명에 '사전증여재산 입력' 후 조회→상속재산 및 사전증여재산 확인 신청 후 2주 이내 가능

복잡한 상속포기,
독이 아닌 득 되려면

상속의 포기

상속의 포기란 상속의 개시로 인해 일단 발생한 상속인의 효력이 피상속인 재산에 대한 모든 권리의무의 승계를 부인하고, 처음부터 상속인이 아니었던 효력을 생기게 하는 단독 의사표시입니다. 상속개시 있음을 안 날로부터 3개월 이내에 가정법원에 포기의 신고를 해야 하며, 상속의 포기를 한때에는 포기의 소급효과가 발생되어 포기자는 처음부터 상속인이 아니었던 것으로 되고 포기한 상속분은 다른 상속인의 상속분의 비율로 그 상속인에게 귀속하게 됩니다.

사례

• 피상속인 A에게 배우자 B, 자녀 C(손자 E, F), 자녀 D(손자 G)가 있음.

1) A의 사망으로 상속이 개시된 경우?

▶ 본래의 상속 : B(3/7), C(2/7), D(2/7)

2) C만 상속포기한 경우?

▶ 본래의 상속 : B(3/5), D(2/5)

3) C, D가 상속포기한 경우 상속인과 법정상속분은?

▶ 전체 상속 : B

4) C와 D가 A보다 먼저 사망한 경우 상속인과 상속분은?

▶ 대습상속 : B(3/7), E(1/7), F(1/7), G(2/7)

상속인이 상속재산을 포기한 경우 사해행위 관련 여부

상속인인 채무자가 상속포기를 한 경우 애당초 상속재산을 취득한 바 없으므로 소극적으로 총재산의 증가를 방해한 것에 불과하고, 또한 상속포기나 승인과 같은 신분법상의 법률행위는 그 성질상 일신전속적 권리로서 타의의 의사에 의해 강요할 수 없는데, 만일 상속포기가 채권자취소권의 대상이 된다면 이는 상속인에게 상속승인을 강요하는 것과 같은 부당한 결과가 되므로 상속포기는 사해행위취소의 대상이 되지 않습니다(서울중앙지법 2007가단433075, 2008. 10. 10.).

상속포기가 부의 이전이란 측면만 보면 분명 채권자의 기대를 저버릴, 즉 채권자를 해할 의도는 다분합니다. 하지만 상속포기란 상속관계를 절연하는 등 피상속인과 다른 상속인들과의 인격적 관계 등 재산법적 행위 이상의 의미가 있습니다. 채무자의 재산을 현재 상태보다 악화시키는 것은 아니므로 사해행위취소 소송의 대상이 되고 있는 민법상 '재산권에 관한 법률 행위'에 해당하지 않습니다(대법원 2011다29307).

따라서 상속재산보다 상속채무가 더 많은 경우에는 상속포기를 해야 패가망신하지 않습니다.

상속포기를 하고 받을 재산이 없다면, 상속세 신고를 하지 않아도 될까요? 일반적으로 상속포기를 하게 되면 더 이상 상속인이 아니므로 피상속인으로부터 받을 상속재산도 없습니다.

상속세는 상속재산을 받게 될 경우 부과되는 것이라고만 생각해서인지, 대부분은 상속포기를 하면 상속세 신고를 하지 않는 경우가 많은데 미처 발견하지 못한 상속재산 때문에 상속포기를 했음에도 상속세 무신고로 가산세를 내는 경우가 발생하고 있어 주의가 요구됩니다.

이는 세무당국이 상속세를 회피하기 위해 상속포기 절차를 악용하는 것을 방지하기 위한 규정을 두고 있기 때문입니다.

1. 국세기본법 제24조 제2항 및 상속세 및 증여세법 제8조 제1항에는 피상속인의 사망으로 인해 받는 생명보험 또는 손해보험의 보험금으로써 피상속인이 보험계약자인 보험계약에 의해 받는 것은 상속재산으로 본다고 규정하고 있습니다. 같은 법 제2항에서는 보험계약자가 피상속인이 아닌 경우에도 실질적으로 보험료를 납부한 경우에는 피상속인을 보험계약자로 보아 제1항을 적용하고 있으며, 같은 법 제34조에서 보험료 납부자와 보험금 수령인이 다른 경우에는 보험사고가 발생한 경우 보험금 상당금액을 보험금 수령자가 증여받은 것으로 규정하고 있습니다.

즉, 보험계약에 있어 보험수익자가 가지는 보험금청구권은 보험계약의 효력으로 인해 당연히 생기는 것입니다. 그 보험료를 누가 납부했는지 여부를 불문하고 보험계약에 따라 수령하는 보험금의 민·상법상 법적인 성격은 보험수익자의 고유재산이 되겠지만, 피상속인이 보험료를 납부한 보험금은 해당 경제적 실질이 상속재산과 유사합니다. 그러므로 상속세 및 증여세법에서는 상속재산으로 간주해 상속세로 납부하도록 한 것입니다.

2. 상속재산에는 상속세 및 증여세법 제13조에 따라 상속재산에 가산하는 사전증여재산이 포함됩니다. 즉, 상속개시일 전 10년 이내에 피상속인이 증여한 재산가액과 상속개시일 전 5년 이내에 피상속인이 상속인이 아닌 자(손자녀, 며느리, 사위 등)에게 증여한 재산가액은 상속재산가액에 가산해 상속세 과세가액을 계산합니다.

그 이유는 사전에 증여를 받고 사망 후에는 상속을 포기하는 방법으로 상속세를 내지 않는 것을 막기 위해서입니다. 민법에서는 상속을 포기하면 피상속인의 상속개시일(사망일)부터 상속인의 지위를 잃는다고 보고 있습니다(민법 제1042조). 처음부터 상속인이 아니라고 보는 것이지요.

그러나 세법에서도 민법과 같이 상속 포기로 인해 처음부터 상속인이 아닌 것으로 간주해 상속세를 내지 않아도 된다고 한다면, 상속인들은 피상속인 사망 전에 미리 증여를 받고 상속을 포기하는 방법으로 상속세를 덜 낼 수 있습니다.

상속세는 피상속인의 전체 재산을 기준으로 계산하지만, 증여세는 증여를 받은 자가 증여받은 금액에 대해서만 내는 것이기 때문에 보통 상속세보다는 증여세가 적게 나오기 때문입니다. 이런 경우를 막기 위해 세법에서는 사전증여를 받은 후에 상속 포기를 하더라도 상속세를 내도록 하고 있습니다.

상속포기 시 후순위 상속인에게
상속공제 한도가 적용됨을 주의하라

참고 상속공제액 = MIN(Ⅰ. 상속공제, Ⅱ. 상속공제적용한도액)

Ⅰ (①+②+③+④)	Ⅱ (①-②-③-④)
① 인적공제 등	① 상속세 과세가액
② 배우자 상속공제	② 상속인이 아닌 자에게 유증, 사인증여한 재산가액
③ 금융재산 상속공제	③ 상속인의 상속포기로 그다음 순위의 상속인이 받은 상속재산가액
④ 재해손실공제	④ 상속세 과세가액에 가산한 증여재산가액 (증여재산공제와 재해손실공제 차감)
⑤ 동거주택 상속공제	

상속세는 당연히 상속인이 납세의무가 있으나, 상속인의 경우 상속인으로 결정되는 순서가 있으며, 따라서 선순위 상속인이 자신의 재산 상황에 비추어 상속을 안 받는 것이 유리하다고 판단해 절세의 수단으로 후순위 상속인에게 상속이 되도록 상속포기를 고려하게 되는 경우가 있습니다.

이 경우 상속세 및 증여세법에서는 상속포기로 인해 후순위 상속인이 상속받는 부분에 대해서 상속공제한도 규정을 통해 후순위 상속인이 상속받는 재산가액만큼 상속공제 금액을 제외하도록 규정하고 있습니다. 이를 감안해 상속공제 적용 시 상속인에 따른 한도를 고려해야 합니다. 결론적으로, 상속포기를 통해 후순위 상속인에게 상속재산이 전액 넘어가는 경우 상속공제는 0원이 되므로 상속세 부담이 증가됨을 주의해야 합니다.

선순위 상속인은 피상속인과 생계를 같이 하며 피상속인으로부터 실질적으로 부양을 받았을 가능성이 상대적으로 크기 때문에 피상속인이 사망한 이후 생활안정 내지 생계유지를 위하여 상속세 부담을 완화하여 줄 필요성이 큰 반면, 후순위 상속인은 상속세 부담 완화의 필요성이 선순위 상속인에 비하여 상대적으로 덜하다고 할 것이므로, 상속공제제도의 취지를 고려할 때에도 선순위 상속인이 본래대로 상속받는 경우와 후순위 상속인이 상속 포기로 상속받는 경우의 상속공제를 다르게 규정할 수 있다 할 것이므로 상속공제 종합한도 규정도 그 취지를 살려 상속인의 실제 상속재산의 한도 내에서만 상속공제가 인정되도록 하고자 하는 것이다(서울고법 2016누40650, 2016. 10. 26.).

그러면 증여도 포기하면 안 될까?

증여가 이행된 후의 증여계약 해지는 증여당사자가 일전에 맺었던 증여계약을 체결하지 않았던 것과 같은 효과를 발생시킬 것을 내용으로 하는 새로운 증여자와 수증자 사이의 계약으로서, 일단 성립한 조세채무는 원칙적으로 변경되지 않습니다. 합의해제를 하더라도 적어도 증여세와 관련해서는 그 내용대로의 소급적 효력 발생을 저지하고 장래에 향해만 효력이 있는 것으로 함으로써, 기왕의 증여의 조세법적 효력을 유지하겠다는 것입니다(헌법재판소 판결).

구분		증여세 신고기한 이내		증여세 신고기한이 지난 후	
		결정일 이전	결정일 이후	3개월 이내	3개월 이후
금전 이외의 재산	당초 증여	증여세 ×	증여세 ○	증여세 ○	증여세 ○
	반환·재증여	증여세 ×	증여세 ×	증여세 ×	증여세 ○
금전	당초 증여	증여세 ○	증여세 ○	증여세 ○	증여세 ○
	반환·재증여	증여세 ○	증여세 ○	증여세 ○	증여세 ○

여기에서 금전의 경우 현실적으로 당초 증여받은 금전과 반환하는 금전의 동일성 여부를 확인할 방법이 없고, 이를 비과세대상에 포함시킬 경우 증여세 회피 우려가 높기 때문에 증여세 회피 기도를 차단하고, 과세행정의 능률을 제고하기 위한 것으로서 그 입법목적의 정당성이 인정됩니다 (헌법재판소 판결).

사전증여는 상속에
어떤 영향을 미치나?

사전증여재산이란?

사전증여란 상속이 개시되기 전 상속인 등에게 재산을 미리 분배해줄 목적으로 재산을 사망하기 전에 증여해주는 것을 말합니다. 이처럼 일정기간 내에 증여된 재산을 상속세 과세가액에 합산하는 이유는 조세 부담에서 상속세와 증여세의 과세형평을 유지하고 피상속인이 사망을 예상할 수 있는 단계에서 장차 상속 대상이 되는 재산을 상속개시 전에 분할해 증여함으로써 상속세의 누진세 부담을 회피하는 것을 방지하기 위한 것입니다.

아래에서 볼 수 있듯이 상속인에게 사전증여를 한 이후 10년 이내(상속인 외의 자는 5년) 피상속인이 사망할 경우 사전증여한 재산은 상속재산가액에 포함됩니다.

• 상속세 및 증여세법 제13조(상속세 과세가액)

① 상속세 과세가액은 상속재산의 가액에서 제14조에 따른 것을 뺀 후 다음 각 호의 재산가액을 가산한 금액으로 한다. 이 경우 제14조에 따

른 금액이 상속재산의 가액을 초과하는 경우 그 초과액은 없는 것으로 본다. <개정 2013. 1. 1.>
1. 상속개시일 전 10년 이내에 피상속인이 상속인에게 증여한 재산가액
2. 상속개시일 전 5년 이내에 피상속인이 상속인이 아닌 자에게 증여한 재산가액

단, 상속세와 증여세의 이중과세를 막기 위해 증여세 신고 시 이미 납부한 증여세는 상속세 산출세액에서 공제됩니다.

상속세 과세가액에 합산하는 경우

상속개시일 전 10년 이내에 피상속인이 상속인에게 증여한 재산가액과 상속개시일 전 5년 이내에 피상속인이 상속인이 아닌 자에게 증여한 재산가액은 상속가액에 가산해 상속세 과세가액을 계산합니다.

또한, 증여세 과세특례가 적용된 조특법 제30조의 5(창업자금에 대한 증여세 과세특례), 조특법 제30조의 6(가업승계에 대한 증여세 과세특례)이 적용되는 증여재산은 상속개시일로부터 10년 이내인지 여부와 관계없이 상속재산가액에 가산해 정상세율로 정산합니다.

• 사전증여는 상속포기해도 상속세 과세대상
이 경우 상속개시 전 처분재산 등의 사용처가 불분명하여 과세가액에 산입된 추정 상속재산가액은 상속인 각자가 법정상속지분으로 상속받은 것으로 보며(서면 4팀-658, 2005. 4. 29.), 상속인이 상속포기를 했다 하더

라도 사용처가 미입증된 금액은 상속받은 재산으로 보아 상속세를 과세할 수 있다(국심 2003중302, 2003. 2. 21.).

상속세 과세가액에 합산하지 않는 경우

1. 상속개시일 이전에 수증자(상속인, 상속인 아닌 자)가 피상속인으로부터 재산을 증여받고 피상속인의 사망(상속개시일) 전에 사망한 경우에는 상속인 등에 해당하지 않으므로, 피상속인의 상속세 과세가액에 사전증여 재산가액을 합산하지 않습니다.

2. 피상속인이 상속인에게 증여한 재산을 증여세 신고기한을 경과해 반환받고 사망해 증여세가 부과된 경우로서, 반환받은 재산이 상속재산에 포함되어 상속세가 과세되는 때에는 사전증여재산에 해당하지 않습니다.

3. 명의신탁재산은 원칙적으로 사전증여재산으로 상속재산에 합산하지만 명의신탁재산으로 증여세과 과세된 재산이 피상속인의 재산으로 환원되거나 피상속인의 상속재산에 포함되어 상속세가 과세되는 경우에는 사전증여재산으로 합산하지 않습니다.

4. 후술하는 조세특례제한법 제71조에 의한 영농자녀 등이 증여받는 토지 등에 대한 증여세 감면과 관련된 농지의 재산가액은 사전증여재산으로 상속세 과세가액에 합산하지 않습니다.

사전증여가 유리할까? 불리할까?

1. 사전증여가 유리하게 작용하는 경우

① 상속개시일이 되기 10년 전에 법정상속인에게 미리 사전증여를 하거나 법정상속인이 아닌 자(며느리, 손자녀 등)에게 상속개시일이 되기 5년 전 미리 사전증여를 한 경우에는 사전증여한 증여재산이 상속재산가액에 포함되지 않기 때문에 상속재산가액 자체가 낮아집니다. 뿐만 아니라 10~50%의 상속세율 누진과세를 줄일 수 있습니다. 이 경우 사전증여가 유리하게 작용할 수 있습니다.

사전증여를 진행할 때에도 증여재산공제(배우자 6억 원, 직계존비속 5,000만 원, 기타친족 1,000만 원 한도)를 최대한 활용한다면 증여세 부담을 줄이면서 상속세를 대비할 수 있습니다. 이때, 증여재산공제는 수증자를 기준으로 10년을 주기로 다시 적용받을 수 있으므로 이를 활용해 더 많은 절세효과를 누릴 수 있습니다.

재산분할로 인해 적용 세율이 낮아져서 사전증여가 절세에 유리합니다. 상속세와 증여세는 누진세이기 때문에 과세 대상 재산이 커지면 높은 세율을 적용받습니다. 그런데 상속세는 상속재산 전체 금액에 대해 상속세율을 적용하고, 증여세는 증여받은 자별로 증여받은 재산에 대해 증여세율을 적용하기 때문에 증여하면 과세되는 금액이 분할되어 세금이 적어집니다.

예를 들어 공제를 감안하지 않은 상태에서 재산이 12억 원인 경우 상속세는 40%의 세율이 적용되지만, 이 재산을 3명의 자녀에게 4억 원씩 증여한 경우에는 세 사람 각자에게 20%의 세율이 적용되어 내야 하는 세금이 적어집니다.

② 또한 시가가 형성되기 전 분양아파트나 신축한 상가와 같이 가치의

상승가능성이 높은 재산을 상속인 등에게 사전증여를 해준다면, 시간이 어느 정도 지난 후인 상속개시일보다 사전증여한 시점의 평가액이 상당히 낮을 것이기 때문에 사전증여를 하여 증여세를 미리 내는 것이 이후 상속세를 부담하는 것보다 유리할 수 있습니다. 증여하려는 자산의 가치가 하락했을 때 증여하는 것도 절세의 방법이 될 수 있습니다.

예를 들어 수익형 상가가 5억 원일 때 증여하는 경우 납부할 증여세가 7,760만 원이지만, 5년 후 상가가치가 8억 원이 되면 증여세는 1억 6,000만 원으로 많아지게 됩니다. 5년 일찍 한 사전증여가 8,240만 원 정도의 절세 효과를 가져오는 것입니다. 미래가치가 있는 토지나 수익형 상가 등을 증여할 계획이 있다면 전문가와 사전에 상의할 것을 추천합니다.

사례

- 사전증여가 유리한 경우 : 부동산 등 시간의 흐름에 따라 가치가 상승한 자산(증여시점 4억 원 ⇒ 상속시점 10억 원)

사전증여한 경우		사전증여하지 않은 경우
약 6,000만 원	증여세	–
4억 원	상속재산가액	10억 원
없음	상속세	약 9,000만 원
약 6,000만 원	총세액	약 9,000만 원

---

2. 사전증여가 불리하게 작용할 수 있는 경우

① 상속세 과세가액에 포함

사전증여를 한 이후 10년 내(상속인 외의 자의 경우 5년) 피상속인이 사망한다면 사전증여한 재산이 상속재산가액에 포함된 후 10~50%의 누진세율을 적용받습니다. 다만, 이때 사전증여 신고·납부한 증여세는 증여세액공제가 적용되어 상속세에서 차감됩니다.

사례

• 사전증여가 불리한 경우 : 상속세 공제 종합한도를 축소시킨 경우(현금 5억 원 증여)

사전증여한 경우		사전증여하지 않은 경우
약 8,000만 원	증여세	–
5억 원	상속재산가액	5억 원
없음.	상속세	없음.
약 8,000만 원	총세액	없음.

---

② 금융재산 상속공제

상속재산가액 중 계좌에 입금되어 있는 금융자산 등은 금융재산 상속공제가 적용됩니다. 순금융재산가액(금융재산에서 금융부채를 차감한 금액)의 일정액만큼을 2억 원을 한도로 공제를 적용받을 수 있습니다.

그러나 상속세 과세가액에 가산되는 사전증여재산이 금융재산인 경우 금융재산 상속공제가 적용되지 않습니다(서면 4팀 – 2865, 2007. 10. 5.)

• 상속세 및 증여세법 제22조(금융재산 상속공제)
① 거주자의 사망으로 상속이 개시되는 경우로서 상속개시일 현재 상속재산가액 중 대통령령으로 정하는 금융재산의 가액에서 대통령령으

로 정하는 금융채무를 뺀 가액(이하 이 조에서 '순금융재산의 가액'이라 한다)이
있으면 다음 각 호의 구분에 따른 금액을 상속세 과세가액에서 공제하
되, 그 금액이 2억 원을 초과하면 2억 원을 공제한다.

1. 순금융재산의 가액이 2천만 원을 초과하는 경우 : 그 순금융재산
   의 가액의 100분의 20 또는 2천만 원 중 큰 금액
2. 순금융재산의 가액이 2천만 원 이하인 경우 : 그 순금융재산의 가액

③ 배우자 상속공제

배우자 상속공제는 5억 원을 최소로 하고 배우자가 실제 상속받은 금
액을 배우자의 법정상속분에서 상속재산에 가산한 증여재산 중 배우자가
증여받은 분의 증여세 과세표준을 차감한 금액과 30억 원을 한도로 해 이
중에서 가장 적은 금액을 공제받을 수 있습니다.

즉, 배우자 상속공제를 5억 원 이상으로 공제받으려고 할 경우에는 배
우자가 실제 상속받은 금액이 일단 5억 원 이상이어야 합니다.

이때 배우자가 실제 상속받은 금액의 계산 시 피상속인이 생전에 배우
자에게 사전 증여한 재산은 상속 개시에 따른 상속재산이 아니므로 실제
상속받은 금액으로 계산하지 않아 배우자 상속공제 대상이 아닙니다.

따라서 상속개시 전 10년 이내에 배우자에 대한 사전증여가 있는 경우
배우자 상속공제를 사전증여를 하지 않을 때에 비해 최대한 받을 수 없을
수도 있으므로 주의가 필요합니다.

• 상속세 및 증여세법 제18조(상속세 과세표준과 상속공제)
▶ 배우자 상속공제액 = MIN(실제 상속금액, 배우자 상속공제 한도액)

- 배우자 상속공제 한도액 = MIN((①-②+③)×④-⑤, 30억 원)
① 상속 당시 총 재산가액 - 채무가액
② 상속인이 아닌 자에게 유언에 의해 상속한 가액
③ 상속인에게 상속일 전 10년 이내에 증여한 재산가액
④ 민법상 배우자의 법정 상속지분율
⑤ 10년 내 배우자가 증여받은 재산가액 중 배우자 증여공제 금액
   인 6억 원을 초과하는 금액

④ 상속공제 종합한도(상속포기와 유사)

상속세 산정 시 상속재산가액에서 차감할 수 있는 총상속공제액은 관련 법령에 따라 종합한도가 규정되어 있습니다. 이때, 사전증여한 재산은 상속공제 종합한도 계산 시에 차감됩니다. 따라서 상속인 등에게 사전증여한 재산이 많다면 상속세 총상속공제 적용 시 종합한도에 걸리게 되어 납세자에게 불리하게 작용될 수 있습니다.

· 상속세 및 증여세법 제24조(공제적용의 한도)
  참고 상속공제액 = MIN(Ⅰ. 상속공제, Ⅱ. 상속공제적용한도액)

Ⅰ(①+②+③+④)	① 인적공제 등
	② 배우자 상속공제
	③ 금융재산 상속공제
	④ 재해손실공제
	⑤ 동거주택 상속공제

	① 상속세 과세가액
= (①−②−③−④)	② 상속인이 아닌 자에게 유증, 사인증여한 재산가액
	③ 상속인의 상속포기로 그다음 순위의 상속인이 받은 상속재산가액
	④ 상속세 과세가액에 가산한 증여재산가액 (증여재산공제와 재해손실공제 차감)

사전증여는 하루라도 빨리 신고하는 것이 좋다

당초 증여가 발생한 시점에 증여세 신고를 하지 않고 상속세 신고과정에서 사전증여를 발견해 증여세 신고+상속재산에 포함한 경우에는 증여세에 대한 가산세만 발생합니다.

반면, 상속세 신고 시에도 증여세 신고를 하지 않으면 상속세에 대한 가산세와 증여세에 대한 가산세가 모두 부과됩니다.

사례

• 상속세 과표 : 13억 원, 미신고 사전증여재산 5,000만 원(증여세율 10%)으로 가정

(단위 : 원)

상속세 신고 시 사전증여 신고		상속세 신고 시 사전증여 무신고	
미신고 증여재산가액	50,000,000	미신고 증여재산가액	50,000,000
증여세율	10%	상속세율	40%
증여세(본세)	5,000,000	증여세(본세)	20,000,000
신고불성실가산세	1,000,000	신고불성실가산세	4,000,000
납부지연가산세	1,000,000	납부지연가산세	4,000,000
납부할 세액	7,000,000	납부할 세액	28,000,000

상속세를 절세하기 위해서 또는 미리 재산을 분배해줄 목적으로 사전에 재산을 증여하는 경우가 흔히 있습니다. 지금 증여세를 어느 정도 물더라도 자녀에게 재산을 증여해주면 10~20년 후에 재산의 가치가 몇 배로 늘어나도 걱정이 없고, 결과적으로 지금의 증여세보다 상속세를 크게 절약하는 효과가 있기 때문입니다.

하지만 부모님의 재산을 증여로 받는 것이 유리할지, 또는 사후 상속재산으로 받는 것이 유리할지는 일률적인 답변이 어렵습니다. 부모님의 재산 규모와 연령에 따라 고려해야 할 사안들이 있기 때문입니다.

일반적으로 사전증여는 ① 수증자 분산으로 세 부담 감소, ② 증여재산 공제 활용, ③ 상속재산 감소, ④ 자녀의 재산형성에 기여 등 긍정적인 요인이 많지만, 사전증여 후 10년 이내(상속인 외의 자는 5년) 증여자가 사망할 경우 사전증여재산을 상속세 과세가액에 포함시키기 때문에 사전증여 후 최소 10년 이상을 건강하게 사셔야 확실한 절세효과를 기대할 수 있기 때문입니다.

혼인·출산공제와
결혼축의금

2024년 세법개정안 중 최대 관심사!

한국의 2023년 4분기 평균 출산률이 0.65명으로 초저출생시대에 돌입했습니다. 현재 우리나라의 저출산 문제는 국가적인 위기로 대두되고 있습니다. 이에 대응하기 위해 국가에서는 젊은 세대의 결혼 및 출산을 장려하는 정책들이 많이 나오고 있습니다. 그중 하나가 결혼 및 출산을 하는 경우 1억 원을 추가로 증여공제해주는 내용을 담은 '혼인·출산 증여재산공제'입니다.

물가와 소득의 상승, 자산가치 상승에 따른 결혼, 출산 비용 증가 등의 변화를 감안하면 현재의 공제 한도가 현실성이 없다는 지적이 이어져왔고, 이에 혼인·출산 증여재산공제를 신설하게 된 것입니다. 위 세법이 2024년 개정된 세법 중 가장 관심을 많이 받는 세법이 아닐까 합니다.

혼인·출산공제

1. 혼인출산공제를 받기 위해서는 혼인신고일 전후 2년 또는 자녀의 출

생일(입양신고일)부터 2년 이내 직계존속으로부터 증여받아야 합니다. 증여받는 재산은 최대 1억 원까지 증여세 과세가액에서 공제됩니다. 이때 혼인 및 출산을 합해 수증자 1인당 평생 통합 한도가 1억 원이라는 점을 주의해야 합니다.

하지만 다음과 같이 하면 최대 3억 2,000만 원까지 증여세 없이 증여할 수 있습니다.

사례

시아버지와 시어머니, 장인과 장모는 직계존속이 아니라 기타 친인척이므로 증여재산 1,000만 원까지 공제됩니다. 부모님으로부터 1억 5,000만 원을 혼인자금공제로 활용하고, 장인으로부터 1,000만 원을 추가로 공제받으면, 1억 6,000만 원을 세금 없이 증여할 수 있습니다.
이런 방식으로 부부가 세금 없이 최대한 받을 수 있는 금액은 3억 2,000만 원이 되는 것입니다.

2. 혼인공제 후 혼인이 이루어지지 않은 경우 공제받은 만큼 증여세를 다시 납부해야 합니다. 증여일로부터 2년 이내에 혼인하지 않거나 소송으로 혼인무효가 된 경우에는 증여일로부터 2년이 되는 날, 판결이 확정된 날이 속하는 달의 말일부터 3개월까지 증여세 수정신고 또는 기한 후 신고를 하게 되면 가산세는 부과하지 않습니다. 그 기간의 이자 상당액만큼은 증여세와 같이 납부해야 합니다.

3. 혼인·출산 증여재산공제는 2024년 1월 1일 이후 증여분부터 적용되며, 혼인일은 혼인관계증명서상 신고일을 말하는 것으로 결혼식을 올린 날과는 무관합니다.

4. 혼인·출산 증여재산공제제도는 보험 증여이익, 부동산 무상사용이익 등 법에서 정한 재산을 제외하고는 일반적으로 증여받은 재산의 종류를 제한하지 않습니다. 따라서 부동산, 주식 등을 증여받아도 혼인·출산 증여재산공제 적용이 가능합니다.

채권자(빌려준 자)로부터 채무면제를 받으면 채무자는 그 면제받은 채무액에 대해 증여세 납부의무를 지게 되는데, 채무자가 채무면제로 얻은 이익은 혼인·출산 증여재산공제가 적용되는 증여재산이 아니므로 2023년에 부모님에게 빌린 돈을 2024년에 면제받기로 약정하더라도 혼인·출산 증여재산공제가 적용되지 않습니다.

5. 혼인·출산 증여재산공제는 증여받은 재산을 어떻게 사용하든 제한을 두지 않기 때문에 현금을 증여받아 전세보증금을 지급하거나 부동산을 취득하는 데 사용해도 혼인·출산 증여재산공제 적용이 가능합니다.

6. 출산 증여재산공제는 자녀의 출생순서와는 무관하게 적용되므로 첫째 아이 출산 시 공제를 못 받았다 하더라도 둘째 출생일로부터 2년 이내에 재산을 증여받으면 공제가 적용됩니다.

다만, 혼인 증여재산공제와는 다르게 출생일, 입양신고일 전에 증여받으면 적용되지 않으므로 증여 계획이 있다면 자녀의 출생일, 입양신고일 이후에 증여받아야 합니다.

또한 혼인 증여재산공제는 초혼, 재혼 여부와는 무관하게 적용되며, 미혼인 상태에서 자녀를 출산하거나 입양을 하더라도 출산 증여재산 공제를 적용받을 수 있습니다.

7. 일반적인 증여재산공제는 10년 한도의 금액을 적용하지만, 혼인·출산 증여재산공제는 수증자를 기준으로 평생 적용받을 수 있는 한도가 1억 원입니다.

사례	전체 : 1억 원 한도				공제 가능 여부
	혼인공제 : 1억 원 한도		출산공제 : 1억 원 한도		
	초혼	재혼	첫째	둘째	
1	–	–	7,000만 원	3,000만 원	가능
2	7,000만 원	3,000만 원	–	–	가능
3	7,000만 원	–	3,000만 원	–	가능
4	–	1억 원	–	–	가능
5	–	–	–	1억 원	가능

결혼 당시 받은 결혼축의금에는 증여세가 과세될까?

판례는 결혼당사자(신랑, 신부)와의 친분에 따라 결혼당사자에게 직접 건네진 것이라고 볼 수 있는 부분은 결혼당사자에게 귀속되고, 나머지는 전액 혼주인 부모에게 귀속된다고 판단하고 있습니다.

신혼부부가 자신들에게 귀속된 축의금으로 자산을 취득하는 것은 아무런 문제가 없지만, 혼주에게 귀속된 축의금으로 자산을 구입하는 경우에는 부모로부터 현금을 증여받은 것으로 보아 증여세가 부과될 수 있습니다.

축의금은 무상으로 받는 금전이지만 통상적인 수준으로 받은 축의금에 대해서는 증여세가 과세되지 않습니다. 또한 결혼할 때 부모가 결혼당사자에게 구입해주는 일상적인 혼수용품에 대해서는 증여세가 과세되지 않습니다.

하지만 통상적이지 않은 수준의 축의금, 사치용품, 주택, 자동차 등은 과세되는 자산입니다. 한편 축의금으로 자산을 구입할 때에는 신중해야 합니다. 누구에게 귀속된 축의금으로 자산을 구입했는지에 따라 증여세가 과세될 수 있기 때문입니다.

상속세 및 증여세법 제46조(비과세되는 증여재산)
5. 사회 통념상 이재구호금품, 치료비, 피부양자의 생활비, 교육비, 그 밖에 이와 유사한 것으로서 대통령령으로 정하는 것

상증법 시행령 제35조(비과세되는 증여재산의 범위 등)
④ 법 제46조 제5호에서 '대통령령으로 정하는 것'이란 다음 각호의 어느 하나에 해당하는 것으로서 해당 용도에 직접 지출한 것을 말한다.
1. 삭제
2. 학자금 또는 장학금 기타 이와 유사한 금품
3. 기념품·축하금·부의금 기타 이와 유사한 금품으로서 통상 필요하다고 인정되는 금품
4. 혼수용품으로서 통상 필요하다고 인정되는 금품

축의금으로 자산을 취득할 계획이 있다면 결혼당사자와의 친분에 따라 결혼당사자에게 직접 건네진 것이 확인될 수 있도록 방명록 등을 잘 보관하는 것이 좋습니다.

(결혼축의금) 원칙적으로 혼주와 결혼당사자의 하객에 따라 혼주 또는 결혼당사자에게 각각 귀속되는 것으로 봄이 타당하고, 그 교부의 주체나 교부의 취지에 비추어 결혼 당사자와의 친분관계에 기초하여 결혼 당사자에게 직접 건네진 것이라고 볼 부분을 제외한 나머지는 전액 혼주인 부모에게 귀속된다고 봄이 타당하다.
[서울고등법원 2008누22831, 2010. 2. 10.]

증여세 과세 관련 우리 주변에서 흔히 겪는 사례

① 아버지가 매달 어머니에게 지급하는 생활비

> 생활비 또는 교육비의 명목으로 받은 재산을 정기예금·적금 등에 사용하거나 주식, 토지, 주택 등의 매입자금으로 사용하는 경우에는 증여세가 비과세 되는 생활비 또는 교육비로 보지 않습니다.
>
> 국세청은 세무조사를 할 때 계좌이체 내역을 조회해 현금 증여가 있었는지를 보는데, 계좌이체 내용을 '생활비'라고 써놓으면 과세를 피할 수 있습니다.
>
> 소득이 없는 가족에게 통상적인 수준으로 송금한 생활비에 대해서는 증여세가 과세되지 않습니다. 그러나 소득이 있는 가족에게 생활비 명목으로 송금한 현금에 대해서는 증여세가 과세될 수 있습니다.
>
> 또한 소득이 없는 가족에게 실제로 생활비를 지급했더라도 그 자금을 생활비로 사용하지 않고 예·적금하거나 주식, 부동산 등의 재산구입 자금으로 사용했다면 증여세가 과세될 수 있습니다.
>
> [재산세과-4168(2008. 12. 10.), 서면 인터넷 방문상담 4팀-2163(2007. 07. 12.)]

② 할아버지가 우리 손주에게 주는 교육비 또는 대학등록금, 용돈

> 부양의무가 없는 조부가 손자의 생활비 또는 교육비를 부담하는 경우는 비과세되는 증여재산에 해당하지 않습니다. 그러므로 증여세가 과세될 수 있습니다.
>
> 손자의 교육비는 일단 부모에게 부양의무가 있으니 부모의 경제적 능력이 충분한지 살펴봐야 합니다. 부양의무가 없는 할아버지가 손자에게 대학 등록금을 주는 것은 증여세 과세대상이 됩니다.
>
> 한편 교육비도 모두 과세되지 않는다고 생각하시는 분들이 많습니다. 교육비도 생활비와 마찬가지로 소득이 없는 가족에게 지원하는 경우에

한해서 과세되지 않습니다. 또한 부모가 자녀를 부양할 수 있는 소득이 있는데도 조부모가 손자녀에게 교육비·유학비를 지원하는 경우가 있는데, 이 경우 손자녀가 소득이 없더라도 증여세가 과세될 수 있습니다.

조부가 명절, 손주 생일 등에 통상적으로 주는 용돈은 과세하지 않습니다.

③ 미성년자 명의로 계좌개설 후 주식 투자할 경우

(미성년자) 미성년자인 자녀 명의로 주식계좌를 개설하여 증여재산공제 한도인 2,000만 원을 입금한 후, 자녀에게 투자 수익을 얻게 할 목적으로 계속적 반복적으로 자녀명의 증권계좌를 통해 주식 투자를 함으로써 투자 수익을 얻은 경우, 자녀가 얻은 투자 수익은 부모의 기여에 의하여 자녀가 무상으로 이익을 얻은 것이므로 추가로 증여세 과세대상이 될 수 있다는 점을 유의해야 합니다.

[상속세 및 증여세법 기본통칙 46-35. [비과세 증여재산의 범위]]

증여세가 비과세되는 생활비 또는 교육비는 필요시마다 직접 이러한 비용에 충당하기 위해 증여로 취득한 재산을 말하는 것이며, 생활비 또는 교육비의 명목으로 취득한 재산의 경우에도 그 재산을 정기예금, 적금 등에 사용하거나 주식, 토지, 주택 등의 매입자금 등으로 사용하는 경우에는 증여세가 비과세되는 생활비 또는 교육비로 보지 않습니다.

④ 장례식 때 받은 부의금

• 또한 피상속인의 장례식에서 받은 부의금은 사망 당시 피상속인의 재산이 아니므로 상속세 과세대상이 아니며, 상속인이 무상취득한 재산이므로 증여재산에 해당하나, 통상 필요하다고 인정되는 금품은 비과세로 규정하고 있습니다.

농지에도 상속·증여세가
과세될까?

영농자녀 등이 증여받은 토지 등에 대한 증여세의 감면 취지

영농자녀 등이 증여받은 토지 등에 대한 감면규정은 후계농업인의 원활한 농업승계를 지원하고 농지의 분할상속으로 인한 부재지주의 발생을 사전에 억제하면서 농업후계자의 육성을 도모하기 위해, 1986년 12월 최초로 도입했습니다. 영농자녀에게 농지를 조기 이전하도록 함으로써 미래 농업을 이끌어갈 인력의 세대교체 촉진에 있다고 보면 되겠습니다.

다시 말해 조세특례제한법 제 71조의 영농자녀 증여세 감면규정은 헌법 제121조 제1항과 제123조 제1항에 규정하고 있는 '경자유전(耕者有田)의 원칙'의 본래 취지를 충실히 실천하기 위한 실천적이면서 직접적인 도구인 셈입니다. 그 밖에 농촌균형발전의 관점, 농촌인구의 급격한 감소 및 노령화 등 농촌이 처한 여건까지 고려한 조항입니다.

영농자녀 등이 증여받은 토지 등에 대한 증여세의 감면

농지 등의 소재지에 거주하면서 영농에 종사하는 거주자(이하 자경농민)가 그의 직계비속(영농자녀)에게 2025년 12월 31일까지 해당 농지를 증여하는 경우에는 해당 농지의 가액에 대해서 증여세의 100%에 상당하는 세액(단, 5년간 합해 1억 원 한도까지만 감면)을 감면합니다. 또한 영농자녀 등이 증여받은 토지 등에 증여세의 감면이 적용된 토지는 사전상속재산 합산 대상이 아니므로 사전증여 여부를 신중히 고려할 필요가 있습니다.

증여세를 감면받기 위해서는 다음과 같은 요건에 해당되어야 합니다.

② 농지 등의 증여일부터 소급하여 3년 이상 계속하여 직접 영농에 종사하고 있을 것

③ 주거·상업·공업지역 내 농지 등 제외

• 수증자인 영농자녀 등이 다음 요건을 모두 충족할 것

① 농지 등의 증여일 현재 만 18세 이상인 직계비속일 것

② 증여세 신고기한까지 증여받은 농지 등이 소재하는 시군구, 그와 연접한 시군구 또는 해당 농지 등으로부터 직선거리 30킬로미터 이내에 거주하면서 그 증여받는 농지 등에서 직접 영농에 종사할 것

• 농지 40,000㎡ 이내, 초지 148,500㎡ 이내, 산림지 297,000㎡ 이내 등등

감면받은 농지 등을 5년 이내 양도 시
증여세 감면세액 추징(사후관리)

증여세를 감면받은 농지 등을 정당한 사유 없이 증여받은 날로부터 5년 이내에 양도 또는 증여하거나 해당 농지 등에서 직접 영농에 종사하지 않은 경우에는 감면받은 증여세액과 이자상당액(납부할 세액 × 감면받은 날로부터 징수 사유가 발생한 날까지의 기간 × 22/100,000)을 추징하나, 아래의 정당한 사유가 있는 경우에는 증여세 감면세액을 추징하지 않습니다.

① 협의 매수·수용 및 그 밖의 법률에 따라 수용되는 경우

② 국가·지방자치단체에 양도하는 경우

③ 영농자녀가 해외이주법에 따라 해외 이주를 하는 경우

④ 영농자녀가 1년 이상의 치료나 요양을 필요

⑤ 병역법에 따라 징집되는 경우

영농상속공제 취지와 요건

영농상속공제는 영농의 계속을 전제로 일반인보다 추가공제의 혜택을 부여함으로써 상속세 부담을 완화하고 영농에 대한 지속적인 투자와 활동을 장려하려는 것입니다. 또한, 농민의 경제활동을 지원하는 한편 영농의 물적 기반이 되는 농지를 보존하고자 하려는 데에 취지가 있습니다(대법원 2002.10.11. 선고 2002두844 판결 등, 같은 뜻임).

• 피상속인이 요건을 모두 갖춘 거주자일 것
① 상속개시일 8년 전부터 계속하여 직접 영농에 종사할 것
② 농지 등이 소재하는 시군구(자치구), 그와 연접한 시·군·구 또는 해당 농지 등으로부터 직선거리 30㎞ 이내에 거주하거나 어선의 선적지 또는 어장에 가까운 가장 가까운 연안의 시·군·구, 그와 연접한 시·군·구 또는 해당 선적지나 연안으로부터 30㎞ 이내 거주할 것

• 상속인이 다음 요건을 모두 충족할 것
① 상속개시일 현재 만18세 이상일 것
② 상속개시일 2년 전부터 계속하여 직접 영농에 종사할 것
③ 농지 등이 소재하는 시군구(자치구), 그와 연접한 시·군·구 또는 해당 농지 등으로부터 직선거리 30㎞ 이내에 거주하거나 어선의 선적지 또는 어장에 가까운 가장 가까운 연안의 시·군·구, 그와 연접한 시·군·구 또는 해당 선적지나 연안으로부터 30㎞ 이내 거주할 것

2016년 2월 4일 이전에는 영농상속재산을 영농인이 전부 상속받는 경우에만 영농상속공제가 가능했으나, 2016년 2월 5일 이후부터는 영농인이 일부 상속받을 때도 영농상속공제가 가능하도록 세법이 개정되었습니다. 따라서 상속재산 농지 중 일부만 영농인인 장남이 상속받을 때도 영농상속 공제를 받을 수 있다는 것입니다.

상속농지의 가치가 큰 경우 한 사람이 상속받으면 감면 한도를 초과해 100% 감면이 어려울 수 있지만, 영농에 종사하는 여러 상속인이 지분으로 나눠 상속받으면 각각의 지분에 대해 감면 한도가 적용되기에 절세가 가능합니다.

사례

• 상속재산 : 예금 2억 원, 주택 3억 원 배우자, 농지 15억 원 중 장남 8억 원, 차남 7억 원 상속

농지 일부 상속 가능	구분	농지 일부 상속 불가
20억 원	상속재산가액	20억 원
500만 원	채무	500만 원
19억 9,500만 원	상속세 과세가액	19억 9,500만 원
5억 원	일괄공제	5억 원
8억 원	영농상속공제	0
5억 원	배우자공제	5억 원
4,000만 원	금융재산상속공제	4,000만 원
1억 5,500만 원	과세표준	9억 5,500만 원
20%	세율	30%
2,100만 원	산출세액	2억 2,650만 원

영농자녀가 증여받은 농지와 영농상속재산에 대한 영농상속공제 적용

사례

- 경기도 농지 40,000㎡(시가 50억 원)에서 소유자인 甲과 乙(배우자), 丙(자녀)는 10년 전부터 농업에 종사 중임.

▶ 갑은 자녀 병에게 생전에 증여세가 감면되는 1억 원 한도의 범위 내에서 농지 중 일부를 증여해 조세특례제한법 제71조에 따라 증여세 감면을 받도록 한다. 증여세가 1억 원 정도 감면되기 위해서는 재산가액 기준으로 약 6억 원 정도 된다. 이렇게 감면된 재산은 증여자가 10년 이내 사망한 경우에도 상속재산가액에 합산되지 않는다.

▶ 50억 원 중 나머지 44억 원에 대해서는 상속으로 물려주면 영농상속공제 30억 원을 적용받고, 일괄공제 5억 원, 배우자가 있는 경우에는 배우자공제 5억~30억 원을 받게 되면 사실상 상속세 부담 없이 상속받게 된다.

영농상속공제와 배우자 상속공제 중복적용 가능

사례

- 상속인이 배우자로부터 상속세 및 증여세법 제18조 제2항 제2호 및 같은 법 시행령 제16조에 따른 영농상속공제요건을 충족하는 재산을 상속받은 경우 영농상속공제와 함께 같은 법 제19조에 따른 배우자 상속공제도 적용받을 수 있는 것입니다.

[사전-2018-법령해석재산-0171, 2018. 5. 29.]

영농상속공제 사후관리

영농상속공제를 받은 상속인이 상속개시일로부터 5년 이내에 정당한 사유 없이 공제 대상인 상속재산을 처분하거나 해당 상속인이 영농에 종사하지 않게 되는 경우에는 공제받은 금액과 이자상당액을 상속개시 당시 상속세 과세가액에 산입해 상속세를 부과하게 됩니다.

1. 정당한 사유

① 영농상속을 받은 상속인이 사망하는 경우

② 영농상속을 받은 상속인이 해외로 이주하는 경우

③ 영농상속 받은 재산이 법률에 따라 수용되거나 협의 매수된 경우

④ 영농상속 받은 재산을 국가 또는 지방자치단체에 양도하거나 증여하는 경우

⑤ 영농상 필요에 따라 농지를 교환·분합 또는 대토하는 경우

■ 영농상속공제와 별도로 농지와 관련해 자주 하는 질문을 예로 들어보면

질문 1

• 주말농장을 양도할 때 사업용 토지로 인정받을 수 있는지요?

▶ 2021년까지는 주말농장도 무조건 사업용으로 보고 중과세율을 적용하지 않았으나, 몇 년 전 LH 직원들의 땅 투기 사태 이후 세법이 개정되어 2022년 이후 양도하는 농지부터는 일반 농지와 동일하게 재촌 자경 기간을 총족해야 사업용 토지로 인정됩니다.

질문 2

• 직장에 다니며 농사를 짓다가 해당 농지를 양도하면 양도세 감면을 받을 수 있는지요?

▶ 8년 이상 농지 소재지에서 재촌자경하면 양도소득세 감면받을 수 있습니다. 다만 근로소득 총급여액의 합계액이 연간 3,700만 원 이상인 과세기간은 경작한 기간에서 제외되므로, 8년 동안 재촌자경했어도 해당 기간에 총급여가 연간 3,700만 원 이상인 기간이 포함되어 있다면 감면받지 못합니다.

부모님 모시다가 아파트 상속받으면
최대 16억 원까지 상속세 '제로'

동거주택 상속공제

동거주택 상속공제는 장기간 부모를 부양했던 자녀를 위해서 과세 부담을 경감시켜주는 것입니다. 또한 이어받게 된 집에서 안정적으로 계속 살 수 있도록 만들어주는 목적도 있습니다.

상속·증여세법상 부동산을 물려받았을 때 영농상속공제와 영농자녀 등이 증여받은 토지에 대한 증여세의 감면 이외에는 보편적으로 적용되는 공제제도는 없습니다. 이는 금융자산에 대해서는 유형에 상관없이 최소 2,000만 원, 최대 2억 원에 이르는 금융상속공제가 있는 것과는 차이가 있습니다. 가계 자산의 70~80%쯤 차지하는 게 부동산인데 왜 금융자산과 차별하느냐고 의문을 가질 법도 합니다. 금융과 부동산 재산의 차별적 세제 혜택은 상속공제 가운데 인적공제(배우자공제 포함) 외에 기초공제(2억 원)와 일괄공제(5억 원) 같은 기본적인 공제가 바로 부동산 재산에 대한 상속공제 성격이 있으므로 이중의 세제 지원은 곤란하다는 게 그 이유입니다.

그나마 부동산 상속 때 유일하게 공제를 받을 수 있는 세제가 일명 '효

도 공제'로 불리는 동거주택 상속공제입니다

동거주택 상속공제가 적용되는 주택에는 겸용주택으로서 주택의 면적이 주택 외의 면적보다 큰 경우 주택 외의 면적은 주택으로 보아 동거주택 상속공제가 적용됩니다.

동거주택 상속공제와 관련 자주 묻는 질문

1. 동거주택 상속공제액은 얼마인가요?

상속주택가액에서 해당 상속주택에 담보된 피상속인의 채무액을 뺀 가액의 100%와 6억 원 중 적은 금액입니다.

2. 동거주택 상속공제 요건은 어떻게 되나요?

1. 피상속인과 상속인(직계비속, 대습상속의 경우 직계비속의 배우자 포함)이 상속개시일부터 소급하여 10년 이상(상속인이 미성년자인 기간은 제외한다) 계속하여 하나의 주택에서 동거할 것

2. 피상속인과 상속인이 상속개시일부터 소급하여 10년 이상 계속하여 1세대를 구성하면서 대통령령으로 정하는 1세대 1주택(피상속인의 이사에 따른 일시적 2주택 등을 포함)에 해당할 것

3. 상속개시일 현재 무주택자이거나 피상속인과 공동으로 1세대 1주택을 보유한 자로서 피상속인과 동거한 상속인(직계비속, 대습상속의 경우 직계비속의 배우자 포함)이 상속받은 주택일 것

여기서 주의할 점은 배우자는 피상속인과 동거했더라도 동거주택 상속공제가 적용되지 않습니다.

3. 상속개시일로부터 소급해서 10년의 기간 중 1세대 2주택이었던 적

이 있었다면 동거주택 상속공제가 가능한지요?

① 10년 이상 계속해서 1세대 1주택에 동거해야 합니다. 1세대 1주택 판단할 때에는 무주택자였던 기간도 포함되며, 일시적으로 2주택을 보유한 경우 일시적 2주택 기간도 포함됩니다.

② 피상속인과 동거한 자녀가 주택을 상속받아야 합니다. 동거한 자녀가 10억 원의 주택 중 50%만 상속받을 경우 5억 원을 공제가능합니다.

4. 저는 계속 1주택자였고 종합부동산세 납부한 적이 없는데, 1주택을 상속받으면 2주택자가 되어 종부세 과세대상이 되는지요?

① 상속 후 5년이 지나면 2주택자가 되어 기준금액 이상일 경우 종부세 과세대상이 될 수 있습니다.

② 공시가격 3억 원 이하이면서 수도권, 광역시, 특별자치시 밖의 지역에 있는 주택은 주택수에서 제외되므로 1주택자가 지방의 저가 주택을 상속받은 경우에는 종부세 과세대상이 되지 않습니다.

5. 기존 주택과 상속주택 중 어떤 것을 양도하는 것이 좋나요?

기존 주택을 먼저 양도하는 것이 세금상 유리합니다. 1세대 1주택자가 주택을 양도할 때에는 고가주택(12억 원 초과)만 과세되고, 1세대 2주택자는 어떤 주택을 양도하더라도 양도소득세를 납부해야 합니다. 다만 예외가 있는데 일시적 2주택인 경우 기존 주택을 3년 이내에 양도하면 과세되지 않습니다. 또한 주택을 상속받고 기존 주택을 양도할 때에는 기간에 관계없이 양도소득세가 나오지 않습니다. 다만 이처럼 양도소득세를 비과세하기 위해서는 기존 주택이 비과세요건을 갖추어야 합니다.

① 2년 이상 보유(취득 당시 조정지역 내 주택일 경우 2년 이상 거주)할 것

② 주택가격이 12억 원 이하일 것

기존 1주택자가 주택을 상속받아 2주택자가 되어도 상속 후 5년간은 1주택으로 간주하므로 5년 이내에 주택을 정리하는 것이 좋습니다. 상속주택을 물려받은 상속인과 부담부증여 시 수증자는 연말정산 시 장기 주택저당차입금 이자상환액 공제가 가능합니다.

사례

- 동거주택 상속공제 최대 16억 원 공제 가능!
▶ 주택상속공제 요건만 갖추면 주택을 상속받을 때 최대 6억 원을 공제받을 수 있습니다. 이에 따라 일괄공제 5억 원, 배우자 공제 5억 원을 포함해 16억 원 상당의 주택을 물려받으면 상속세를 한 푼도 내지 않아도 되는 것입니다. 상속·증여세가 누진세제이기 때문에 만약 16억 원까지 공제받을 수 있다면 그 이상의 재산을 물려받을 때도 상속세가 대폭 절감됩니다.

배우자 상속공제,
상속세 절세의 핵심

배우자 상속공제는 배우자 간 상속이 세대 간 이전이 아니고 수평적 이전이므로 상속재산 중 일정 비율까지는 과세를 유보한 후 생존배우자 사망 시 과세하도록 하는 것이 기본 취지입니다.

부의 세대 이전 방지 목적인 상속세, 증여세의 취지와 달리 배우자에게로의 상속, 증여는 수평적 이전이고, 배우자가 재산형성에 기여한 공로를 인정해 기본적으로 상속공제액 최대 30억 원과 증여재산공제액 6억 원으로 다른 사람에 비해 상대적으로 많습니다.

배우자가 얼마나 상속받을지 결정하는 두 가지 방법은 다음과 같습니다.

첫째는 민법에서 정한 법정 상속지분율대로 상속받는 것이고, 둘째는 상속인들 간 상속재산분할 협의에 의해 법정 상속지분과 다르게 결정될 수 있다. 물론 사전증여나 유증에 의해 받는 경우도 있습니다.

배우자가 얼마나 상속받는가에 따라 배우자 상속공제금액이 달라지고 그 결과 상속세의 부담액이 달라집니다. 따라서 배우자의 상속 금액을 결정하는 일은 상속세의 부담액을 결정하는 데 매우 중요한 일이므로 신중하게 판단하고 결정해야 합니다.

배우자 상속공제의 전제 조건

첫째, 조세심판원은 '협의분할에 따른 상속등기'를 이행한 경우에만 배우자 상속공제를 받을 수 있고, 법정상속분에 따른 '상속등기'는 요건을 충족하지 못한다고 결정하고 있습니다. 대법원에서도 거주자의 사망으로 인해 배우자가 실제 상속받은 금액은 상속세 과세가액에서 공제하되, 이와 같은 공제는 단순히 법정상속분에 따른 소유권 이전만으로는 부족하고, 추후 별도의 협의분할 등에 의한 배우자의 실제 상속받은 금액의 변동이 없도록 상속재산을 분할해 배우자 상속재산 분할 신고기한까지 배우자의 상속재산을 신고한 경우에 한해 적용되는 것이 타당하다고 판시하고 있습니다.

둘째, 배우자 상속공제는 상속세 및 증여세법 제67조에 따른 상속세 과세표준 신고기한의 다음 날부터 9개월이 되는 날('배우자 상속재산 분할기한'이라 한다)까지 배우자의 상속재산을 분할(등기·등록·명의개서 등이 필요한 경우에는 그 등기·등록·명의개서 등이 된 것에 한정한다)한 경우에 적용합니다. 이 경우 상속인은 상속재산의 분할 사실을 배우자 상속 재산분할기한까지 납세지 관할세무서장에게 신고해야 합니다.

부득이한 사유로 위 배우자 상속재산 분할기한까지 상속재산을 분할할 수 없는 경우에는 위 분할기한(소 제기나 심판청구로 인한 경우에는 소송 또는 심판청구가 종료된 날)의 다음 날로부터 6개월이 되는 날까지 분할해 신고한 경우에만 위 분할기한 내에 분할한 것으로 보되, '배우자 상속재산 미분할신고서'를 배우자 상속재산 분할기한까지 신고한 경우에 한해서 배우자 상속공제를 적용하도록 하고 있습니다.

상속개시일 현재 상속인으로 배우자가 있는 경우로서 5억 원을 초과해 배우자 상속공제를 적용받기 위해서는 반드시 배우자 상속재산 분할기한까지 공동상속인간의 협의에 의한 분할 등 민법에 따른 상속재산분할에 의해 배우자 상속분을 확정해 배우자 명의로 등기 등을 완료해야 합니다. 그래야만 5억 원을 초과해 공제받을 수 있음을 유의해야 합니다.

• 배우자 상속공제의 요건 : 배우자 상속재산 분할기한까지

▶ 상속재산 분할협의에 따른 배우자 명의로 등기·등록 등을 하고 신고할 것

▶ 상속을 원인으로 한 등기는 인정 안 됨. [대법원 2018다219451, 2018. 5. 15.]
상속인 중 1인이 상속인 전부를 위하여 상속을 증명하는 서면을 첨부하여 법정상속분으로 상속을 원인으로 한 등기를 신청할 수 있으므로 상속재산분할 협의에 의한 상속등기가 아니면 상속을 원인으로 한 등기가 마쳐졌다고 해서 그 등기 내용대로의 상속재산분할 협의가 이루어졌다고 인정할 수 없다라고 판시 [대법원 2018다 219451, 2018. 5. 15. 선고]

▶ 상속인간 협의분할한 경우로서 배우자 상속공제 적용 시, 등기원인이 '협의분할에 의한 상속'으로 한정되지 않는다(재산-764, 2020. 9. 3.)
또한 등기원인이 상속이라도 이메일 및 카카오톡 자료에 의거 법정지분으로 협의분할한 사실이 확인되어 배우자 상속공제 배제는 잘못이다(조심 2021인2064, 2021. 9. 1.)

피상속인의 사망으로 상속이 개시되어 상속세를 계산할 때 배우자가 실제로 상속받은 금액이 있는 경우에는 그 금액은 상속세 및 증여세법 제19조(배우자 상속공제)에 의해 상속세 과세가액에서 공제합니다. 이때 배우자 상속공제액은 ① 배우자가 실제 상속받은 금액, ② 배우자의 법정상속분-가산한 증여재산 중 배우자 수증분의 증여세 과세표준, ③ 30억 원 중에서 가장 적은 금액이 됩니다. 이 경우 ①, ②, ③ 중 가장 적은 금액이 5억

원 이하에 해당하거나 또는 배우자가 실제 상속받은 금액이 없는 경우에도 5억 원은 적용받을 수 있습니다.

- **상속세 및 증여세법 제18조**(배우자 상속공제)
▶ 배우자 상속공제액 = MIN(실제 상속금액, 배우자 상속공제 한도액)
- 배우자 상속공제 한도액 = MIN((①-②+③)×④-⑤, 30억 원)
  ① 상속 당시 총 재산가액 - 채무가액
  ② 상속인이 아닌 자에게 유언에 의해 상속한 가액
  ③ 상속인에게 상속일 전 10년 이내에 증여한 재산가액
  ④ 민법상 배우자의 법정 상속지분율
  ⑤ 10년 내 배우자가 증여받은 재산가액 중 배우자 증여공제 금액인 6억 원을 초과하는 금액

추정상속재산 중 배우자의 법정 상속지분 상당액과 상속세 과세가액에 가산한 배우자에 대한 사전증여재산가액은 배우자가 실제 상속받은 재산에 해당하지 않기 때문에 배우자 상속공제가 적용되지 않습니다.

배우자가 상속받은 사업(영농)상속재산에 대해서는 가업(영농) 상속공제와 배우자 상속공제 모두 적용받을 수 있습니다. 다만, 동일한 상속재산에 대해서 가업 상속공제와 영농 상속공제를 중복해 적용받을 수는 없습니다.

연대납세의무자로서 납부하는 다른 상속인의 상속세에 대한 증여세 면제

연대납세의무자로서 각자가 받았거나 받을 상속재산의 한도 내에서 다른 상속인이 납부해야 할 상속세를 대신 납부한 경우에도 증여세는 부과

되지 않습니다(상속증여-2248, 2020. 2. 6.).

따라서 상속인으로 배우자가 있는 경우에는 공동상속인 간에 상속재산에 대해서 협의분할을 하면서 상속세 및 증여세법에 따라 계산한 상속세 상당액만큼 배우자가 상속을 받도록 해서 배우자 상속공제를 적용받습니다. 그 배우자가 상속세를 모두 납부하게 되면, 다른 상속인은 상속세 부담 없이 재산을 상속받을 수 있게 됩니다. 또한 그 배우자의 사망으로 재상속이 개시되어도 그 배우자가 납부한 상속세만큼은 재상속이 되지 않으므로 재상속에 따른 상속세도 추가적으로 절세할 수가 있습니다.

또한, 상속재산 중 현금 부분은 배우자가 최대한 상속을 받아 상속세를 납부하고, 부동산 등은 자식 등 다른 상속인이 상속을 받는 것도 고려해볼 만합니다.

사례

• 피상속인 부친 사망 : 상속재산 35억 원, 상속인 배우자 및 자녀 2명일 경우

배우자 상속 無	구분	배우자 상속 有
35억 원	상속재산가액	35억 원
	비과세채무	
10억 원	상속공제	20억 원
25억 원	과세표준	15억 원
40%-1억 6,000만 원	세율	40%-1억 6,000만 원
8억 4,000만 원	산출세액	4억 4,000만 원
2,520만 원	신고세액공제	1,320만 원
8억 1,480만 원	납부할 세액	4억 2,780만 원

할아버지가 손자에게
바로 줘도 절세가 된다

아이가 성공하려면 '할아버지의 재력, 엄마의 정보력, 아빠의 무관심'이 필수라는 말이 있습니다. 할아버지가 가진 부의 이전으로 손자녀의 삶을 바꿀 수도 있다는 점을 시사하는 이야기인 것 같습니다.

평균 수명이 늘어나면서 50·60대가 된 자녀보다는 어린 손자, 손녀에 대한 상속·증여를 고민하는 사람이 많아지고 있습니다. 이미 집을 보유한 자녀에게 주택을 물려주면 다주택자 규제에 걸려 비용이 만만찮다 보니 자녀세대를 건너뛰고 곧바로 손자녀에게 재산을 물려주는 '세대생략 상속·증여'가 늘어나는 추세입니다.

조부모가 손자녀에게 자산을 상속 또는 증여하는 방법은 두 가지입니다. 먼저 자녀에게 상속·증여하고 그 자녀가 다시 손자녀에게 순차 상속·증여할 수 있습니다. 조부모가 손자녀에게 직접 재산을 유증 또는 증여하는 방법도 있습니다. 후자는 세대를 건너뛴 상속·증여로 '세대생략 방법에 의한 재산의 무상이전'에 해당합니다.

세대를 건너뛴 상속 또는 증여에 대해 통상적인 순차 상속·증여와 동일하게 과세를 하면 조세포탈의 방법으로 활용될 소지가 있어 현행 세법은

이 경우 상속세와 증여세를 할증해 과세하고 있습니다. 상속세나 증여세의 산출세액에 30%를 가산해 납부하게 하고 만일 상속인이 미성년자이고 받은 재산의 가액이 20억 원을 초과하는 경우에는 40%를 가산해 납부해야 하는 것입니다.

할증과세의 이론적 근거는 '1세대 1회 과세원칙'에 따라야 한다는 것입니다. 세대를 건너뛰고 재산을 무상취득하는 자의 경우 대부분 연령이 어려 재산을 적정한 투자에 이용하지 못하기 때문에 국민경제적으로 바람직하지 않습니다. 중간에 생략이전되는 세대가 부담했어야 할 조세 부담을 회피하는 결과를 낳게 되므로 이를 방지한다는 취지입니다.

다만 피상속인의 자녀가 사망했거나 상속결격이 되어 손자녀가 대습상속하는 경우에는 할증과세가 적용되지 않습니다. 손자녀가 조부모로부터 직접 재산을 무상취득하는 것이 아니라 그 부모를 대신해서 조부모로부터 재산을 무상취득하는 것으로 볼 수 있어 '1세대 1회 과세원칙'을 회피하는 것이 아니라는 취지로 풀이됩니다.

최근 5년간 세대생략 증여가 2배로 증가하고 있으며, 50억 원 이상 자산가의 44%가 손자에게 증여하는 것으로 나타나고 있는 바, 할증과세의 부담이 있음에도 이러한 세대생략 증여가 절세 방안의 하나로 빈번하게 이루어지는 이유가 무엇일까요?

1. 세대생략 증여의 장점

상속과 대비되는 세대생략 증여의 장점을 살펴보면, 세대생략 증여의 가장 큰 장점은 두 번 부담할 증여세를 한 번만 낼 수 있다는 것입니다. 보통 조부모가 자녀에게 증여할 때 증여세를 납부하고, 추후 그 자녀가 손자녀에게 증여할 때 한 번 더 증여세를 부담해야 합니다. 이에 비해 손자녀에게 바로 증여하면 증여세를 한 번만 납부하면 됩니다. 30~40%의 증여세를 추가로 부담해야 하지만 증여세를 두 번 내는 것보다는 한 번에 1.3배의 증여세를 납부하는 것이 절세에 유리합니다.

증여세 절감 외에도 손자에게 상가의 가치 상승으로 인한 이익, 상가 임대료 소득을 안겨줄 수도 있고, 증여 규모가 큰 경우 분산증여를 통해 세율을 낮추는 효과도 있습니다. 또한 상속인이 아닌 손자 등에게 증여한 재산은 증여일로부터 5년이 지나면 피상속인의 상속재산에 합산되지 않기 때문에 사전증여를 통해 상속세를 절감할 수 있어 세대생략 증여의 활용이 늘어나는 추세입니다.

상속세는 상속인의 수와 관계없이 피상속인의 재산을 모두 합해 누진세율을 적용하지만, 증여세는 수증자별 과세원칙이 적용되기 때문에 금액을 쪼개서 증여할 경우 수증자 한 명당 누진세율이 낮아져 세금이 훨씬 줄어듭니다.

하지만 상속세를 줄이고자 사전증여를 남발하는 것을 막기 위해 상속개시일로부터 10년 이내에 상속인들에게 증여한 재산은 상속재산에 포함해 상속세를 계산합니다. 자녀일 경우에는 10년 이내 증여받은 금액을, 손자일 경우에는 5년 이내 증여받은 금액을 포함하게 됩니다.

여기서 아들이 아닌 손자(상속인 외의 자인 경우는 5년 이내)에게 증여했을 5년 이내 증여받은 금액만 상속재산에 포함되기 때문에 추후 상속 시 훨씬 유리합니다.

2. 세대생략 절세 효과

세대생략 증여는 세대에 걸쳐 각각 증여세가 발생하는 일반적인 증여와 비교해 절세 효과가 크며, 향후 상속이 이루어지는 경우 상속재산에 합산되는 사전증여 합산 기간이 10년에서 5년으로 줄어들기 때문에 좋은 절세전략입니다. 일반적으로 부모가 자녀에게 증여 시 사전증여 상속재산 합산 기간은 10년입니다. 다시 말해 사전증여 후 10년이 지나야만 해당 증여분이 상속재산에 합산되지 않고 과세대상에서 제외되어 절세 효과를 누릴 수 있는데 세대생략 증여는 10년이 아닌 5년만 지나도 증여분이 상속재산에서 빠진다는 이점이 있어 절세전략으로 많이 활용되고 있습니다.

다만, 세대생략 증여가 발생하는 경우 산출세액의 30% 또는 40%(미성 년자이면서 증여재산가액이 20억 원을 초과하는 경우) 할증과세라는 단점이 존재함에 따라 이를 유의해 절세전략을 수립하는 것이 중요합니다. 예를 들어 현금 10억 원에 대해서 일반적인 증여와 세대생략 증여에 따른 증여세를 계산해 보면 일반 증여의 경우 총 3억 8,250만 원의 증여세를 부담하지만, 세대생략 증여의 경우에는 총 2억 9,250만 원의 증여세를 부담함에 따라 9,000만 원의 세금을 줄일 수 있습니다.

사례

- 할아버지가 4억 원 상가를 아버지, 손자녀에게 증여 시

(단위 : 백만 원)

증여세	조부 ⇒ 손자	조부 ⇒ 자 ⇒ 손자		
		합계	조부 ⇒ 자	자 ⇒ 손자
증여자산가액	400	800	400	400
비과세, 채무	–	–	–	–
증여재산공제	50	100	50	50
과세표준	350	700	350	350
세율	20%			

증여세	조부 ⇒ 손자	조부 ⇒ 자 ⇒ 손자		
		합계	조부 ⇒ 자	자 ⇒ 손자
산출세액	60	120	60	60
신고세액공제	1.8	6	1.8	1.8
결정세액	58.2	114	58.2	58.2
할증세액	17	–	–	–
납부할 세액	75	114	58.2	58.2
취득세(지방세)	16	32	16	16
총납부세액	91	146	74	74

세대생략 증여와 세대생략 상속의 차이

세대생략 증여와 마찬가지로 부모가 자녀를 건너뛰어 손자·손녀에게 직접 상속하는 경우를 세대생략 상속이라고 하며, 세대생략 상속은 ① 선순위 상속인 전원이 상속을 포기하거나 ② 생전에 피상속인이 자녀 대신 손자, 손녀에게 유증을 한 경우에만 적용된다는 점에서 세대생략 증여와 차이점이 존재합니다. 즉, 세대생략 상속은 세대생략 증여보다 요건이 까다롭습니다. 따라서 유증 없이 상속 개시 후 상속재산을 피상속인의 자녀를 넘어 손자, 손녀에게 이전하는 경우 상속세와 증여세가 각각 과세됨을 주의해야 합니다.

세대생략 상속 시 세율도 세대생략 증여와 같은 할증세율이 적용됩니다. 세대생략 상속을 할 경우 피상속인에서 주상속인으로, 그리고 주상속인에서 다시 손자녀로 이중상속 과정을 단축해 상속세를 절감할 수 있습니다. 일반적으로 세대생략 상속은 세대생략 증여와 마찬가지로 2세대에 걸쳐 일반 상속에 비해 절세 효과가 존재하나, 상속공제 한도 감소에 따른 불이익이 존재할 경우 일반 상속보다 세금을 더 내게 되는 결과가 나올 수 있음을 유념해야 합니다.

예를 들어 생전에 피상속인이 선순위 상속인인 자녀 대신 손자, 손녀에게 상속재산 15억 원을 유증한 경우 일반적인 상속과 세대생략 상속에 따른 상속세를 계산해보면, 일반적인 상속의 경우 총 4억 4,000만 원 상당의 상속세를 부담합니다. 하지만 세대생략 상속의 경우에는 총 5억 7,200만 원의 상속세를 부담함에 따라 약 1억 3,200만 원의 세 부담이 증가합니다. 따라서 할증과세 및 상속공제 한도를 고려해 미리 상속을 대비한다면 적절한 상속세 절세전략을 수립하는 데 있어 도움이 될 것입니다.

또한 선순위 상속인의 상속 포기로 그다음 순위 상속인이 상속받은 재산은 상속공제에서 전액 배제됩니다. 때에 따라 상속공제 감소와 상속세율 할증 적용으로 상속세가 더 늘어나는 경우도 있어 주의가 필요합니다.

분산증여는 증여순서에 따라 증여세가 달라집니다.

증여공제는 10년간 직계존속으로부터 받은 모든 증여에 대해 총 5,000만 원만 공제합니다. 만약 10년 이내에 아버지로부터 1억 원, 할아버지로부터 1억 원을 증여받은 경우 세율 적용은 각각 구분해 적용합니다. 하지만 증여공제 금액은 합쳐서 5,000만 원만 공제합니다. 이때 증여공제는 먼저 증여한 금액부터 공제하게 됩니다.

사례

- (1순위) 아버지 증여(1억 원 – 5,000만 원) × 10% = 500만 원

  (2순위) 할아버지 증여(1억 원 - 0원) × 13% = 1,300만 원

  ▶ 증여세 총부담세액 = 1,800만 원

예를 들어 10월 5일에 아버지로부터 1억 원을 증여받고 10월 6일에 할아버지로부터 1억 원을 증여받은 경우를 살펴보겠습니다.

하지만 증여 순서를 바꿔서 10월 5일에 할아버지로부터 1억 원을 증여받고, 다음 날인 10월 6일에 아버지로부터 1억 원을 증여받는다면 증여세는 다음과 같이 계산됩니다.

사례

- (1순위) 할아버지 증여(1억 원 – 5,000만 원) × 13% = 650만 원

  (2순위) 아버지 증여(1억 원 - 0원) × 10% = 1,000만 원

  ▶ 증여세 총부담세액 = 1,650만 원

아버지와 할아버지로부터 각 1억 원씩 총 2억 원을 증여받을 때 누구로부터 먼저 증여받는가에 따라 증여세가 150만 원 차이가 나는 것을 알 수 있습니다.

유류분반환 청구소송과
상속·증여세

유류분제도란 무엇인가요?

전통적 가족관계의 변화와 1인가구·재혼가정 증가로 상속분쟁이 늘고 있는데 가장 대표적 사례가 유류분반환 청구소송입니다. 유류분이란 상속재산 가운데, 상속을 받은 사람이 마음대로 처리하지 못하고 일정한 상속인을 위해 법률상 반드시 남겨두어야 할 일정 부분을 말합니다.

즉, 유류분은 유산 상속에 있어서 상속인이 반드시 취득할 수 있는 최소한의 상속재산 비율입니다. 이를 놓고 장자 중심 상속문화에 익숙한 부모와 자신 몫의 상속을 받지 못한 자녀가 첨예하게 대립하게 됩니다.

예를 들어 부친이 유언을 통해 장남과 차남, 장녀에게 각각 8:1:1 비율로 재산을 상속하겠다고 밝혔더라도, 장남에 대한 상속은 다른 상속인의 유류분을 침해하는 범위에서는 그 효력이 인정되지 않습니다. 이 경우 다른 상속인은 유류분 소송을 제기해 자신의 권리를 보호할 수 있습니다.

민법은 유언을 통한 재산처분의 자유를 인정하고 있으므로 피상속인이 유언으로 타인이나 상속인 일부에게만 유증을 하면, 그 상속인에게 상속재산이 이전되지 않을 수 있습니다.

그러나 상속재산처분의 자유를 무제한으로 인정하게 되면 가족생활의 안정을 해치고, 피상속인 사망 후의 상속인의 생활보장이 침해됩니다.

이러한 불합리를 막고 상속인의 생활을 보장하기 위해 우리 민법은 유류분 제도를 인정하고 있습니다.

유류분 권리자와 유류분은?

참고

순서	유류분 권리자	유류분율	비고
1	피상속인의 직계비속	법정상속분 × 1/2	
2	피상속인의 직계존속	법정상속분 × 1/2	
3	피상속인의 형제자매	법정상속분 × 1/3	위헌결정

· 유류분가액의 산정

유류분가액의 산정

참고

• 유류분가액의 산정

※ 유류분 부족액 = [유류분 산정의 기초가 되는 재산(A) × 당해 유류분 권리자의 유류분 비율(B)] - 당해 유류분 권리자의 특별수익액(C) - 당해 유류분 권리자의 순상속분액(C)

A = 적극적인 상속재산 + 증여재산 - 상속채무액

B = 당해 유류분 권리자의 수증액 + 수유액

C = 당해 유류분 권리자가 상속에 의해 얻는 재산액 - 상속채무 부담액

유류분반환판결 결과를 통한 상속·증여세 등의 문제

사례

• A는 전 재산인 부동산(증여 당시 평가액 10억 원, 상속 당시 평가액 15억 원, 유류분청구소송 시 평가액 20억 원으로 가정)을 아들 B에게 생전에 모두 증여 및 증여세 납부

▶ A의 사망으로 B는 사전증여재산 포함하여 상속세 신고 및 납부 완료

▶ 이에 딸인 C는 A의 아들 B를 상대로 유류분 소송을 제기했다.

▶ 법원은 B에게 유류분(유류분 비율은 1/4임)에 상당하는 5억 원을 C에게 지급할 것을 판결했고, 지급이 지체될 경우 연 5%의 금리를 적용하여 손해배상지연금을 지급할 것을 명령하여 지급함.

첫째, B가 A로부터 생전에 증여받은 재산 중 일부를 유류분 권리자인 C에게 반환했으므로 그 유류분으로 반환한 1/4에 상당하는 재산에 대한 증여세의 반환을 내용으로 하는 경정 등의 청구를 하여 환급을 받아야 합니다.

둘째, 유류분으로 반환받은 C는 반환받은 재산에 대해서 상속세 납부의무와 양도세 납부의무가 있습니다. 즉, 상속 당시 평가액인 3.75억 원(15억 원×1/4)에 대해서 상속세 납세의무가 있습니다. 또한 유류분반환 청구에 대한 반환은 원물반환을 원칙으로 하고 있으나, C는 유류분반환분 3.75

억 원으로 평가받은 지분에 대해서 5억 원으로 현금청산했으므로 5억 원과 3.75억 원의 차액에 대해서 양도소득세 납부의무도 있습니다.

아울러 B는 당초 상속세 신고서상 상속인이 본인에서 유류분 판결로 인해 상속세 납부의무자가 본인과 C로 변경되었으나 정부는 원칙적으로 상속세를 환급하지 않으므로 C와 상속세를 정산해야 합니다.

셋째, 조세심판원은 "양도소득세 과세대상 재산에 대해서 유류분청구 때문에 유류분반환의무자가 유류분 권리자에게 현금으로 반환할 때 시가보다 저가로 반환하는 경우에는 부당행위계산 규정이 적용되어 시가를 양도가액으로 하여 유류분 권리자에게 양도소득세가 과세된다"라고 결정한 바 있습니다(조심 2013부1495, 2013. 6. 27.).

그러므로 만일 C가 유류분에 상당하는 가액이 5억 원임에도 불구하고 3억 원에 현금을 수령하는 것으로 합의(조정 포함)가 되었다면 소득세법 제101조에 따른 부당행위계산 규정이 적용되어 C는 유류분을 5억 원에 양도한 것으로 보아 양도소득세를 계산하게 됩니다.

넷째, 만약에 B가 유류분에 상당하는 5억 원을 판결문상 지정날짜까지 지급하지 않아 지체상금을 지급하게 될 경우 이는 소득세법에 의거, 기타소득을 지급하는 것으로 봐서 기타소득세를 원천징수, 납부해야 합니다.

유류분반환소송을 방지하기 위해서는?

상속인으로서 민법이 보장하고 있는 당연한 권리이긴 하지만 유류분 제도에 불만을 가진 사람들 입장에서는 유류분은 피상속인의 재산처분의 자유와 수증자(受贈者)의 재산권을 침해하는 것이기도 해, 가족 간 재산 갈등의 단초가 된다는 비판 여론이 많습니다.

유류분의 핵심은 공평한 재산의 분배입니다.

현실적으로는 유류분 청구를 막기 위해서는 유류분반환을 청구할 가능성이 있는 상속인에게 유류분 문제가 생기지 않을 정도의 최소한의 금액만 미리 증여하거나 유증하는 것을 생각해볼 수 있습니다.

다만 이와 관련해서도 최종적인 유류분은 망인의 사망 당시 재산 가치를 기준으로 하기 때문에 미리 증여한 재산의 가치가 망인의 사망 당시와 비교해 크게 변했다면 의도치 않게 유류분반환 문제가 생길 가능성이 있습니다.

유류분반환 자체를 피할 수 있는 방법은 아니지만, 민법이 증여재산보다 유증재산에서 먼저 유류분반환을 받아가도록 정하고 있는 점을 고려하여 상속계획을 만드는 것도 방법이 될 수 있습니다.

즉, 중요하고 가치 있는 재산은 미리 증여하고, 상대적으로 중요하지 않거나 처분이 어려운 재산 등은 유증하는 것으로 상속계획을 짜서, 설령 유류분반환 청구를 당하더라도 중요한 재산은 반환 대상이 되지 않게 하는 것입니다.

만일 수증자 입장에서 다른 상속인들이 유류분반환 청구를 해오는 경우에는 자신의 기여분을 적극적으로 주장해 유류분 청구를 막을 수 있습니다.

결국 유류분제도가 존재하는 이상, 피상속인이 자신의 의사대로 재산을 처분하고자 한다면 유류분 소송을 염두에 두지 않을 수 없습니다.

유류분반환소송을 제기하게 되면 유류분 산정의 기준을 당초 증여 당시가 아닌 상속개시 당시로 평가하게 되므로 물가상승분과 부동산 가격 상승분 등이 반영되어 상속세 과세가액이 늘어날 확률이 많아지므로 상속세를 추가 납부할 수도 있습니다.

따라서 부모님이 생전에 재산을 물려줄 의사가 있고 이를 물려받고자 하는 경우 알짜배기 재산을 생전에 미리 물려받거나 또는 상속인이 아닌 사람(손자, 며느리, 사위 등)을 통해 부모님의 나머지 재산가액을 초과하지 않는 범위 내에서 증여받는 것이 유류분으로 반환하지 않을 수도 있으므로 유리합니다.

가업승계에 대한
증여세 과세특례

참고

• 가업승계 증여세 과세특례 적용 요건

요건	기준	상세 내용
수증자	연령	18세 이상 거주자인 자녀
	가업종사	신고기한까지 가업종사 증여일로부터 3년 이내 대표이사 취임
증여자	연령	60세 이상인 수증자의 부모
	주식보유 기준	증여자 포함 최대주주 등 지분 40%(상장법인은 20%) 이상을 10년 이상 계속하여 보유
증여물건	주식	가업법인의 주식 또는 출자지분 증여
가업	계속경영	증여자가 10년 이상 계속하여 경영한 기업
	중소기업	증여일이 속하는 소득세 과세기간 또는 법인세 사업연도의 직전 과세기간 또는 사업연도말 현재 아래 요건을 모두 갖춘 기업 상증령 별표에 따른 가업상속공제 적용 업종을 주된 사업으로 영위하고 조특령 제2조 제1항 제1, 3호의 중소기업기본법상 매출액, 독립성 기준을 충족한 자산총액 5천억 원 미만 기업

요건	기준	상세 내용
가업	중견기업	증여일이 속하는 소득세 과세기간 또는 법인세 사업연도의 직전 과세기간 또는 사업연도말 현재 비고에 따른 요건을 모두 갖춘 기업 – 상증령 별표에 따른 가업상속공제 적용 업종을 주된 사업으로 영위하고 조특령 제9조 제4항 제1,3호 요건을 충족하고 증여일 직전 3개 소득세 과세기간 또는 법인세 사업연도의 매출액(기업회계기준에 따른 손익계산서상 매출액)의 평균금액이 5천억 원 미만

중소·중견기업 경영자의 고령화에 따라 생전에 자녀에게 가업을 계획적으로 사전 상속할 수 있도록 중소·중견기업 경영자가 생전에 자녀에게 가업을 사전증여함으로써 중소·중견기업 영속성을 유지하고 경제활력 증진을 도모하기 위해 도입했습니다.

주식 등의 증여 시 과세특례

가업주식을 증여하는 경우 600억 원을 한도로 10억 원을 공제한 후 10%(과세표준 120억 원 초과 시 초과금액은 20%) 세율로 증여세를 과세합니다. 가업주식을 증여받은 후 증여자가 사망한 경우에는 증여 시기에 관계없이 상속세 과세가액에 가산하나, 상속개시일 현재 가업상속 요건을 모두 갖춘 경우에는 가업상속공제도 적용받을 수 있습니다.

특례를 적용하는 증여세 과세가액은 다음의 금액을 한도로 하며, 한도 초과분은 누진세율로 과세합니다.

– 부모가 10년 이상 20년 미만 계속 경영한 경우 : 300억 원

- 부모가 20년 이상 30년 미만 계속 경영한 경우 : 400억 원
- 부모가 30년 이상 계속 경영한 경우 : 600억 원

따라서 증여세 과세가액 10억 원까지는 증여세가 부과되지 않으며, 10억 원을 초과 120억 원까지는 10% 세율을 적용하고, 120억 원 초과 600억 원까지는 20%의 세율을 적용한 증여세를 부담하면 가업을 승계할 수 있습니다.

한편 동일인(그 배우자 포함)으로부터 증여받은 주식 등 외의 다른 증여재산의 가액은 증여세 과세가액에 가산하지 않으며, 과세표준 신고 시 신고세액공제는 적용하지 않습니다.

과세특례 적용 주식을 증여받은 후 상증법 제41조의 3에 따른 주식 또는 출자지분의 상장 등에 따른 이익의 증여 및 상증법 제41조의 5에 따른 합병에 따른 상장 등 이익의 증여가 발생하는 경우에는 당초 증여세 과세특례 대상 주식의 과세가액과 증여이익을 합해 100억 원까지 납세자의 선택에 따라 주식 등의 증여세 과세특례를 적용받을 수 있습니다.

증여세 과세특례 후 상속개시 되는 경우

과세특례 적용 주식 등을 증여받은 후 상속이 개시되는 경우 상속개시일 현재 다음의 요건을 모두 갖춘 경우에는 상증법 제18조의 2 제1항에 따른 가업상속으로 봐서 관련 규정을 적용합니다.

- **상증세법 규정에 따른 가업상속에 해당할 것**(해당 요건 중 매출액 평균금액은 증여일이 속하는 사업연도의 직전 3년 매출액 기준으로 판단함)
- **수증자가 증여받은 주식을 처분하거나 지분율이 낮아지지 아니한 경**

우로서 가업에 종사하거나 대표이사로 재직하고 있을 것

과세특례 대상 주식 등과 증여이익은 합산기간(10년)에 관계없이 상속세 과세가액에 가산됩니다. 그러나 상증세법 제24조(공제적용의 한도)의 계산시에는 상속세 과세가액에서 차감하지 않으므로 공제적용의 한도가 줄어들지 않습니다.

또한, 상속세 산출세액에서 증여세 과세특례 대상 주식과 증여이익에 대한 증여세액을 상속세 산출세액에서 공제하고, 공제할 증여세액이 상속세 산출세액보다 많은 경우 그 차액에 상당하는 증여세액은 환급하지 않습니다.

가업승계 주식 증여 후 사후의무요건

가업승계 증여세 과세특례를 적용받았다 하더라도 수증자가 증여일 이후에 정당한 사유 없이 아래의 세법에서 정한 사후의무요건을 이행하지 아니한 경우에는 증여세가 부과됩니다.

(가업종사) **증여세 과세표준 신고기한까지 가업에 종사하고 증여일로부터 3년 이내에 대표이사로 취임하고 5년까지 대표이사를 유지해야 함.**

(가업유지) **1년 이상 해당 가업을 휴업하거나 폐업하지 않고 주된 업종을 변경하지 않아야 하며, 단 중분류 내에서 업종을 변경하는 경우와 평가심의위원회 심의를 거쳐 중분류 외 변경이 허용됨.**

(지분유지) **해당 수증자의 지분이 감소하지 않아야 함.**

- 가업승계 증여세 과세특례 사례
▶ A가 지분 100% 보유, 주식평가 1,000억 원(사업무관자산 60%), 30년 이상 제조업

구분	특례적용	일반(사업무관자산분)
증여 대상 기업가치	1,000억	
증여재산가액	600억 원	400억 원
증여공제	10억 원	0.5억 원
과세표준	590억 원	399.5억 원
세율	10%(120억 초과 20%)	50%(누진공제 4.6억 원)
산출세액	106억 원	195.1억 원
신고세액공제(3%)	○	5.8억 원
납부세액	106억 원	189.3억 원

창업자금에 대한
증여세 과세특례

　최근 한국의 고령화 속도는 세계 최고라고 합니다. 전쟁을 거친 빠른 사업화 시기의 베이비부머 세대를 거치면서 초고령화 시대로 진입하는 시간이 빨라졌습니다. 이런 시대 상황을 고려해 창업자금에 대한 증여세 과세특례 규정은 중소기업(외식업 포함) 경영자의 고령화에 따라 생전 계획적인 기업승계를 지원, 원활한 가업승계를 도모함으로써 창업 활성화를 통해 투자와 고용을 창출하고 경제 활성화를 기하고자 도입된 제도입니다.

　중소기업 창업자금에 대해서 50억 원(10명 이상 신규 고용하는 경우 100억 원)을 한도로 5억 원을 공제하고 10%의 저율로 증여세를 과세하는 제도입니다.

　매우 큰 혜택을 주는 만큼 적용 요건이 까다롭고 사후관리 규정까지 두고 있습니다. 적용 요건 중에는 창업 대상 업종에 해당되는지가 가장 중요합니다.

　예를 들어 음식점업은 해당되지만, 부동산 임대업은 창업 대상 업종에 해당되지 않습니다. 창업 전에 창업자금 증여세 과세특례제도에 해당하는 창업 대상 업종인지 여부를 확인해볼 필요가 있으며, 창업자금은 사전증여재산 합산 기간 10년에 관계없이 상속세 계산 시 상속재산에 가산하는 증여재산으로 보아 정산한다는 점도 알고 있어야 합니다.

또한, 창업 전에 미리 증여를 받아야 하며, 창업 이후에 지원받는 경우 창업자금 증여세 과세특례가 적용되지 않으니 유의해야 합니다. 가족 간의 계좌이체 등 금전 거래를 할 때도 증여세가 부과될 수 있습니다. 사회통념상 타당한 범위 내의 생활비와 용돈 등은 비과세되겠지만 증여 추정으로 인해 향후에 입증책임을 질 수도 있습니다. 따라서 소액의 금액을 이체할 경우에도 용도를 비고나 적요란에 메모해두는 것이 좋습니다.

참고

• 창업자금 증여세 과세특례 적용 요건

요건	상세 내용
수증자	18세 이상 거주자인 자녀
증여자	60세 이상인 수증자의 부모
증여물건	양도소득세 과세대상이 아닌 자산(현금, 예금, 소액주주 상장주식, 국공채나 회사채 등) * 양도세 과세대상(소득세법 제94조 제1항) : 부동산, 부동산에 관한 권리, 주식 또는 출자지분 등
중소기업 창업	2년 이내에 조특법 제6조 제3항에 따른 중소기업 창업 (광업, 제조업, 수도, 하수 및 폐기물 처리, 건설업, 통신판매업, 음식점업, 물류산업, 정보통신업)

창업으로 보지 않는 경우

– 합병, 분할, 현물출자 또는 사업의 양수를 통해 종전의 사업을 승계하거나 종전 사업의 자산을 인수 또는 매입해 동종의 사업을 영위하

는 경우

- 거주자가 영위하던 사업을 법인으로 전환, 새로운 법인을 설립하는
경우
- 폐업 후 사업을 다시 개시해 폐업 전의 사업과 동종의 사업을 영위하
는 경우
- 다른 업종을 추가하는 경우와 창업자금을 증여받기 이전부터 영위한
사업의 운용자금과 대체설비자금 등으로 사용하는 경우

창업자금 증여세 과세특례의 유의사항

- 창업자금을 2회 이상 증여받거나 부모로부터 각각 증여받은 경우에
는 각각의 증여세 과세가액을 합산해 적용
- 한도 초과분에 대해서는 과세특례 미적용해 누진세율 적용 후 증여
세 계산
- 창업자금 증여세 과세특례를 적용받은 경우 증여세 신고세액 공제
불가
- 창업자금에 대한 증여세 과세특례가 적용되는 증여물건을 증여받은
경우 연부연납 가능

■ 창업자금 증여세 과세특례제도 사후관리

창업자금을 증여받은 자가 창업하는 경우에는 증여세 신고기한(증여일이
속하는 달의 말일로부터 3개월 이내)까지 과세표준 신고서와 함께 창업자금 신청
및 사용내역서를 제출해야 하며, 신고기한까지 미신청 시 과세특례 적용
이 불가합니다.

- 2년 내 창업하지 않은 경우

- 창업자금으로 창업중소기업 등에 해당하는 업종 외의 업종을 경영하는 경우

- 증여받은 후 2년 이내에 창업을 한 자가 새로 창업자금을 증여받아 당초 창업한 사업과 관련해 사용하지 않은 경우

- 창업자금을 증여받은 날로부터 4년이 되는 날까지 해당 목적에 모두 사용하지 않은 경우

- 증여를 받은 후 10년 이내에 창업자금을 해당 사업용도 외의 용도로 사용한 경우

- 창업 후 10년 이내에 해당 사업을 폐업하거나 휴업한 경우 또는 수증자가 사망한 경우

사례

• 현금 5억 원을 일반 증여와 창업자금 증여 시 증여세 비교

일반 증여	구분	창업자금 증여
5억 원	증여세과세가액	5억 원
0.5억 원	증여재산공제	5억 원
4.5억	증여세 과세표준	0
20%(△0.1억)	세율	
8,000만 원	산출세액	0
240만 원	신고세액 공제	0
7,760만 원	납부할 세액	0

이러한 증여세 과세특례제도를 활용해 저율의 증여세를 부담하고자 창

업자금을 증여할 수 있지만, 치명적인 단점이 있습니다.

바로 사망 시기와 상관없이 최종적으로 증여자가 사망하면 사망 시 상속세 과세가액에 가산한다는 것입니다.

예를 들어, 50억 원을 창업자금 증여세 과세특례제도를 활용해 증여하는 경우 5억 원을 공제받고 45억 원에 대해서 10%의 증여세를 납부했는데, 30년 뒤 부모가 사망한 경우 당시 상속재산이 0원이 되었는데도 30년 전에 증여한 창업자금에 대해서, 즉 50억 원에 대해서 상속세를 납부해야 합니다.

물론 30년 전의 50억 원을 기준으로 세율이 적용되므로 물가가치 상승을 고려하면 무조건 유리한 것은 사실이지만 다른 상속재산이 없거나 또는 증여한 50억까지도 줄일 수 있는 다른 전략을 활용했다면 납부하지 않아도 될 50억 원에 해당하는 상속세를 납부해야 하는 상황이 될 수 있습니다.

따라서 이 제도를 활용하기 전에 세밀한 검토와 확인이 필요한 제도라고 판단됩니다.

참고

창업자금·가업승계 감면신청의 성격

감면신고는 일반적으로 공제·감면의 필수요건에 해당하지 않습니다. 원칙적으로 소득세 또는 법인세의 감면은 그 감면요건이 충족되면 당연히 감면되고 감면신청이 있어야만 감면되는 것은 아닙니다. 감면에 관한 규정은 납세의무자로 하여금 필요한 서류를 정부에 제출하도록 협력의무를 부과한 것에 불가하므로 감면신청서의 제출이 없다고 하더라도 법소정의 감면요건에 해당하는 경우 법인세 등을 감면하여야 합니다(대법원 2003두 773, 2004. 11. 12.).

다만, 조특법 제30조의 5 창업자금에 대한 증여세 과세특례, 제30조의 6 가업승계 증여세 과세특례에서 감면 신청은 협력의무가 아닌 필수요건입니다. 따라서 특례신청이 단순한 협력의무라 할 수 없고, 그 신청이 특례를 적용받기 위한 필수요건이 됨에 유의하여야 합니다(국심 2005중 3473, 2006. 6. 26.).

가업상속공제

가업상속공제의 기본취지는 피상속인의 사망으로 인해 상속인들이 상속세를 납부하는 과정에서 경영권을 지키기 위한 지분증권이나 개인기업의 경우 고유사업을 영위하는 데 필요한 자산을 처분함으로써 경영권의 보호가 이루어지지 않는 것을 보호하기 위함입니다.

거주자인 피상속인이 생전에 10년 이상 영위한 중소기업 등을 상속인에게 정상적으로 승계한 경우에 최대 600억 원까지 상속공제를 적용해 가업승계에 따른 상속세 부담을 크게 경감시켜 주는 제도를 말합니다

최근 국세청 보도자료를 보면, 2023년에 가업을 승계하고 상속세를 공제받은 기업은 2022년(147개)에 비해 27.9% 증가한 188개로 제도 시행 이후 가장 많은 기업이 혜택을 받았고, 공제받은 금액은 총 8,378억 원으로 2022년(3,430억 원)에 비해 약 2.4배 증가한 것으로 확인되었습니다.

가업승계 증가 추세

이러한 증가 추세는 가업상속공제의 공제금액이 2023년부터는 가업영위기간이 30년 이상이면 600억 원까지 공제하는 것으로 확대하고, 사후관리 기간도 2020년부터는 10년에서 7년으로, 2023년부터는 5년으로 완화한 것이 가장 큰 원인이라고 생각됩니다. 가업상속공제의 혜택을 받은 납세자의 평균액은 2022년에는 23억 원이던 것이 2023년에는 44억 원으로 대폭 늘어났습니다. 이러한 증가추세에 대해 국세청에서는 2022년부터 가업승계를 희망하는 우수 중소기업이 명문 장수기업으로 성장할 수 있도록 '가업승계 세무컨설팅'을 실시하는 등 적극적으로 가업승계를 지원하는 것에 원인이 있다고 발표했습니다.

가업상속 공제금액 및 한도

(공제금액) **가업상속재산의 100%**

(공제한도) **피상속인이 10년 이상 경영 : 300억 원**

　　　　　피상속인이 20년 이상 경영 : 400억 원

피상속인이 30년 이상 경영 : 600억 원

사례

- 가업상속 공제 효과
▶ 상속재산 : 빌딩 100억 원, 현금 20억 원, A사 비상장주식 : 400억 원
▶ A사 : 최대주주 甲 100%, 가업 45년 영위, 자산 600억, 사업무관자산 60억

가업상속공제 미적용	구분	가업상속공제 적용
520억 원	상속재산	520억 원
–	가업상속공제	340억 원
10억 원	그 외 상속공제	10억 원
510억 원	과세표준	170억 원
250억 4,000만 원	산출세액	80억 4,000만 원
7억 5,120만 원	신고세액공제	2억 4,120만 원
242억 8,880만 원	납부할 세액	77억 9,880만 원

참고

- 가업상속공제 적용 요건

요건	기준	상세 내용
피상속인	주식보유기준	피상속인 포함 최대주주 등 지분 40%(상장법인은 20%) 이상을 10년 이상 계속하여 보유
	대표이사 재직요건	• 가업 영위기간의 50% 이상 재직 • 10년 이상의 기간(상속인이 피상속인의 대표이사 등의 직을 승계하여 승계한 날부터 상속개시일까지 계속 재직) • 상속개시일부터 소급하여 10년 중 5년 이상의 기간
상속인	연령	18세 이상
	가업종사	증여자 포함 최대주주 등 지분 40%(상장법인은 20%) 이상을 10년 이상 계속하여 보유

요건	기준	상세 내용
상속인	취임기준	상속개시일 전 2년 이상 가업에 종사 〈예외〉 피상속인이 65세 이전 사망, 피상속인 천재지변 및 인재 등으로 사망(병역, 질병의 기간은 종사로 간주)
	납부능력	가업이 중견기업에 해당하는 경우, 가업상속재산 외에 상속재산의 가액이 해당 상속인이 상속세로 납부할 금액에 2배를 초과하지 않을 것
	배우자	상속인의 배우자가 요건 충족 시 상속인 요건 충족으로 봄.
가업	계속 경영	증여자가 10년 이상 계속하여 경영한 기업
	중소기업	증여일이 속하는 소득세 과세기간 또는 법인세 사업연도의 직전 과세기간 또는 사업연도 말 현재 아래 요건을 모두 갖춘 기업 상증령 별표에 따른 가업상속공제 적용 업종을 주된 사업으로 영위하고 조특령 제2조 제1항 제1, 3호의 중소기업기본법상 매출액, 독립성 기준을 충족한 자산총액 5천억 원 미만 기업
	중견기업	증여일이 속하는 소득세 과세기간 또는 법인세 사업연도의 직전 과세기간 또는 사업연도말 현재 비고에 따른 요건을 모두 갖춘 기업 – 상증령 별표에 따른 가업상속공제 적용 업종을 주된 사업으로 영위하고 조특령 제9조 제4항 제1, 3호 요건을 충족하고 증여일 직전 3개 소득세 과세기간 또는 법인세 사업연도의 매출액(기업회계기준에 따른 손익계산서상 매출액)의 평균금액이 5천억 원 미만

가업상속 공제제도 사후관리 규정

가업상속공제를 적용받았다 하더라도 가업상속인이 상속개시 이후에 정당한 사유 없이 아래의 세법에서 정하는 사후의무요건을 이행하지 아니한 경우에는 상속세가 부과됩니다.

사후관리기간 : 5년

(가업종사) 해당 상속인이 가업에 종사

(지분유지) 해당 상속인의 지분이 감소하지 않아야 함.

(가업유지) 상속 후 5년간 가업용 자산의 40%이상 처분금지, 1년 이상 해당 가업을 휴업하거나 폐업하지 않고 주된 업종을 변경하지 않아야 함.

(고용확대) 5년간 정규직 근로자 수 평균과 총급여액이 기준고용인원 및 기준총급여액(상속개시일 직전 2개 사업연도의 평균)의 90% 이상 유지해야 함.

가업상속의 연부연납 특례

가업상속재산에 대한 상속세는 거치기간 포함 최장 20년으로 일반상속재산의 연부연납기간보다 더 장기적으로 운영해 가업승계를 지원하고 있습니다.

사례

• 연부연납 기간

세목			연부연납기간
상속세	가업상속 재산	50% 미만	10년간 분할 납부(3년 거치 가능)
		50% 이상	20년간 분할 납부(5년 거치 가능)
	일반상속재산		10년간 분할 납부(거치기간 없음)
	증여세		5년간 분할 납부(거치기간 없음)

차명계좌, 명의신탁
혹 떼려다가 혹 붙인다

지금까지 우리는 상속세 및 증여세의 주요 내용을 알아봤고, 사례를 통해 절세 방안에 대해서 살펴봤습니다.

유사 이래 세금납부를 당연시했지만 이를 즐거워 했을 사람은 없을 것입니다. 그리하여 조금 덜 낼 수 있는 방법을 찾게 되었고, 결국 탈세의 유혹에 빠지게 된 것입니다.

탈세와 절세의 차이는 법의 테두리 안에서 이루어지는 행위와 법의 테두리 밖에서 이루어지는 행위이냐입니다.

부당한 탈세의 경우에는 이와 같은 세금뿐만 아니라 조세범처벌법에 따라 탈세액의 2~3배에 해당하는 벌금이나 3년 이하의 징역 등 형사처벌을 받을 수도 있습니다.

다음에서는 대표적인 탈세수단으로 사용되는 차명계좌와 명의신탁에 대해서 알아보고, 또한 그 위험성을 공유하고자 합니다.

차명계좌

차명계좌란 금융기관에 타인 명의로 예금계좌를 개설해 거래하는 그 계좌를 말하는 것으로 현재 이러한 차명계좌는 불법행위 등의 목적으로 많이 이용되고 있습니다.

불법 행위를 목적으로 한 차명거래의 금지를 위해 금융실명제를 1993년도에 도입했지만, 실소유자와 계좌 명의자가 합의만 하면 사실상 차명거래가 허용되어 왔고 별도의 처벌을 할 수 없다는 점에서 한계가 있다는 문제점이 있었습니다.

이에 정부는 금융실명거래 및 비밀보장에 관한 법률 등의 개정을 통해 차명계좌의 사용을 원천적으로 봉쇄하는 규제안을 마련했습니다.

차명거래에 대한 각종 규제사항을 살펴보면, 먼저 국세기본법 제26조의 2 제5항 제5호에 의해 수증자 명의의 차명계좌에 있는 증여자의 금융자산을 수증자가 보유하거나 사용, 사익하는 등 부정행위로 증여세를 포탈한 경우에는 해당 증여가 있음을 안 날로부터 1년 이내에 증여세를 부과할 수 있습니다.

또한, 국세기본법 제84조의 2 제1항에 의해 체납자 은닉재산을 신고하거나 타인 명의로 되어 있는 법인 사업자, 복식부기의무자의 금융자산을 신고한 사람에게는 20억 원의 범위에서 포상금을 지급할 수 있습니다. 동일한 차명계좌에 대한 신고가 중복될 경우 최초 신고자에게만 포상금을 지급하며, 공무원이 그 직무와 관련해 자료를 제공하거나 법인 및 복식부기의무자가 아닌 자에 대해서 신고하거나, 신고자의 성명, 주소를 불분명하게 적거나, 가명 또는 제삼자 명의로 자료를 제공한 경우에는 포상금을 지급하지 않습니다.

여기서 주목할 점은 신고대상이 법인 및 복식부기의무자(개인)이어야 한다는 점입니다. 복식부기의무자가 아닌 개인이 보유 또는 사용하고 있는 차명계좌는 신고할 수는 있지만 포상금 지급대상이 되지 않습니다.

다음으로 상속세 및 증여세법에 따른 규제입니다.

2024년 11월 29일부터는 차명계좌에 입금된 재산에 대해서 명의자가 자금출처를 밝히지 못하는 경우에는 그 명의자는 증여세를 부담해야 하며, 차명계좌를 스스로 밝히는 경우에는 명의자에게 증여세는 부과하지 않지만, 금융실명법의 위반으로 5년 이하의 징역 또는 5,000만 원 이하의 벌금을 물어야 하는 결과가 발생하므로 유의해야 합니다

또한 차명계좌에서 발생한 이자에 대한 원천징수세율과 관련해, 기획재정부는 "차명계좌에서 발생한 이자소득에 대한 원천징수세율이 90%(지방소득세 별도)가 적용된다"라고 해석해 적용해왔습니다. 그러나 다른 한편 서울행정법원은 차명계좌에 의한 거래는 거래자의 실명에 의한 금융거래에 해당하므로 이 사건 계좌에 예치된 금융재산을 금융실명법에 의한 비실명자산으로 봐서 차등과세의 대상으로 삼을수 없다고 상반된 해석하고 있습니다.

마지막으로 국제조세조정에 관한 법률에 따라 해외금융계좌정보를 미신고 또는 과소신고한 금액이 50억 원을 초과하는 해외금융계좌 신고의무위반자의 명단을 공개하도록 했습니다.

명의신탁

명의신탁이란 적극적으로 그의 재산을 관리·처분할 권리 의무가 나에게 있는 것이 아니고 원소유자가 가지고 있게 된 신탁을 말합니다. 다른 사람이 재산을 취득할 때 내 이름을 빌려주면 그 명의는 나에게 이전되지

만, 나는 겉으로만 소유자로 표시될 실질적인 소유자는 신탁자입니다. 대표적으로 부동산 및 비상장법인의 주주 간에 명의신탁행위가 가장 빈번하게 행해지고 있습니다.

세법의 해석과 과세요건의 검토·확인을 하는 국세청에서는 조세 공평이 이루어지도록 실질에 따라야 한다는 세법 고유원칙에 따라 납세의무자를 판정하는 데 있어 법률상의 소유자는 단순히 명의(이름)만 빌려줄 뿐입니다. 사실상 귀속자가 따로 있는 경우에는 사실상의 귀속자를 납세의무자로 하여 세금을 과세하도록 하는데 이를 실질과세의 원칙이라고 합니다. 예컨대 사업자등록증상의 명의자와 실제 사업자가 서로 다른 경우에는 소득세나 법인세 등은 명의자가 아닌 실제 소유자에게 세금을 부과합니다.

명의대여와 명의도용의 차이는?

명의대여는 이름을 빌려주는 것이고, 명의도용은 이름을 몰래 쓰는 것을 말합니다.

명의신탁과 명의대여는 명의를 빌리는 사람과 빌려주는 사람 간의 일정한 합의가 있는 반면에 명의도용은 명의자 모르게 사용하는 것으로 명의도용 행위자체가 사기죄, 사문서위조 등 각종 범죄행위가 될 수도 있습니다.

차명계좌를 보유 또는 사용하면 패가망신하실 수 있습니다. 금융실명제법뿐만 아니라 조세범처벌법 및 각 세법에 따른 불이익을 한꺼번에 당할 수 있으니, 절대로 차명계좌를 사용하는 일이 없도록 해야 합니다.

> **• 상속세 및 증여세법 집행기준 45의 2.0.2**
>
> 권리의 이전이나 그 행사에 등기·등록을 필요로 하는 재산(토지와 건물은 명의신탁 시 부동산 실명제법 위반으로 보다 엄중한 처벌 대상이므로 제외)에 있어서는 실제 소유자와 명의자가 다른 경우에는 국세기본법상의 실질과세규정에도 불구하고 그 명의자로 등기 한 날에 그 재산의 가액을 명의자가 실제 소유자로부터 증여받은 것으로 보고 증여세를 부과합니다.
>
> 이 경우 실제 소유자가 명의자의 증여세를 대납해 주면, 그 대납하는 증여세에 대해서도 또 증여세가 부과됩니다.

① 부동산 명의신탁 행정제재 및 형사처벌

부동산실명법은 부동산 명의신탁 약정을 체결한 명의신탁자에게는 5년 이하의 징역 또는 2억 원 이하의 벌금에 처하도록 되어 있고, 명의수탁자는 3년 이하의 징역 또는 1억 원 이하의 벌금에 처하도록 규정하고 있습니다(부동산실명법 제7조). 여기에 명의신탁자에게는 부동산 가액의 30/100에 해당하는 금액의 범위에서 과징금도 부과됩니다(부동산실명법 제5조).

흔히들 부동산실명법을 위반한 경우 과징금만 내면 된다고 생각하시는 분들이 많으나 상기한 바와 같이 5년 이하의 징역, 3년 이하의 징역 등 중한 형벌에 취해 질 수 있음을 알고 있어야 합니다.

② 명의신탁주식에 대한 증여세 과세

등기등록 등에 의해 공부상 소유관계의 표시를 다르게 표시합니다. 조세를 회피하는 것을 방지하기 위해 실질 소유자가 명의신탁한 명의수탁자에게 증여한 것으로 증여세를 과세합니다.

이 규정은 권리의 이전이나 그 행사에 등기 등을 요하는 재산에 있어서 실제 소유자와 명의자가 다른 경우에는 국세기본법 제14조(실질과세의 원칙)의 규정에도 불구하고 그 명의자로 등기 등을 한 날에 그 재산의 가액을 명의자가 실제 소유자로부터 증여받은 것으로 보아 증여세를 매기도록 하고 있습니다.

명의신탁주식과 관련해 국세청에서는 2014년 6월부터 중소기업을 대상으로 '명의산탁주식 실제 소유자 확인제도'를 시행해 간소화된 절차로 명의신탁주식의 실제 소유자로의 환원을 지원하고 있습니다. 이는 과거 상법상 발기인 규정으로 인해 법인 설립 시 부득이하게 주식을 다른 사람의 명의로 등재했으나 오랜 시간이 경과되어 이를 입증하기 어렵거나 세금부담 등을 염려해 실제 소유자 명의로 환원하지 못하고 있는 기업을 위한 조치입니다. 다소 증빙서류가 미비하더라도 복잡한 세무검증절차를 거치지 않고 신청서류와 국세청 보유자료 등을 활용해 명의신탁주식의 환원이 이루어지도록 하는 것입니다. 중소기업으로 2001년 7월 23일 이전에 설립되고, 실소유자와 명의수탁자가 법인설립 당시 발기인으로서 명의신탁한 주식을 실소유자에게 환원하는 경우 실명전환하는 주식가액의 합계액이 30억 원 미만이면 관할 세무서에 신청할 수 있습니다.

물론 이 제도에 의해 실제소유자로 확인되는 경우에도 명의신탁에 대한 증여세 납세의무가 면제되는 것이 아니므로 전문가와의 상담이 필수적입니다.

끝날 때까지
끝난 것이 아니다

벤저민 플랭클린(Benjamin Franklin)은 인간이 피할 수 없는 두 가지로 '죽음'과 '세금'을 꼽았습니다. 인간은 태어나면 반드시 죽기 때문에 죽음을 피할 수 없다는 것이고, 사회와 국가의 일원으로 살아가면서 절대로 세금만을 피할 수는 없다는 것입니다.

그런데 여기에는 다른 점이 있습니다.

그것은 바로 인간은 죽음으로써 모든 것을 피할 수 있으나, 세금은 죽어서도 피할 수 없다는 점입니다. 죄를 지어도 죽게 된다면 '공소권 없음'으로 더 이상의 죄를 물을 수 없으나, 세금은 죽는다고 해서 없어지는 것이 아니기 때문입니다.

죽더라도 미납된 세금은 상속받은 재산 한도 내에서 상속인이 반드시 내야 하며, 상속세는 죽은 다음에 반드시 내야 합니다. 따라서 죽음보다 더 무서운 것이 세금이 아닐까 합니다.

고액 상속재산에 대한 사후관리

국세통계연보에 의하면 최근 3년 평균 사망자 34만 7,997명 중 1만 2,896명이 상속세 과세대상이며, 이중 상속가액 기준으로 보면 30억 원 이상은 1만 6,236명으로 4.7% 정도입니다. 이것이 중요한 이유는 상속세 및 증여세는 정부결정세목으로 납세자의 신고는 협력의무일 뿐이고 정부의 결정에 의해서 확정된다는 의미입니다. 해마다 몇 천 건을 상속세 조사를 전부 한다는 것은 행정적 능력 및 물리적으로 불가능하므로 통상 상속가액 30억 원에 대해서 실지조사를 행하게 되고 나머지는 서면검토로 결정하게 됩니다.

대부분의 사람들은 재산의 상속과 함께 서류정리를 하고, 상속세를 신고, 납부하면 모든 일이 끝날 거라고 생각하지만 그렇지 않습니다.

상속세 조사 종결 후에 사후관리기간은 통상 5년 이내라고 알려져 있습니다.

이에 대한 근거는 상증법 제76조 제5항의 고액상속재산에 대한 사후관리 기간이 5년이기 때문이지만, 부채 등에 대해서는 만기 등이 국세청 전산에 등록되어 관리되므로 5년 이상의 기간 동안 관리될 수도 있습니다.

상속세 및 증여세법 제76조 제5항에서 상속재산이 30억 원 이상인 경우 상속세 신고 후 조사가 종결되었더라도, 과세관청은 5년 이내에 상속인이 보유한 부동산, 주식 등 주요 재산의 가액이 상속개시 당시에 비해 크게 증가한 경우에는 조사하도록 규정하고 있기 때문입니다.

부채의 사후관리 등

상속세를 결정할 때 공제받은 채무나 재산취득자금에 대한 출처를 조사할 때 자금의 원천으로 소명한 부채는 상속세 과세 시 또는 자금출처 조사 시 세무서에서 인정해 주었다고 해서 다 끝난 것이 아닙니다.

세무서에서는 상속세·증여세(부담부증여 등)를 결정하거나 재산 취득자금의 출처를 확인하는 과정에서 인정한 부채를 상속인, 수증인 또는 재산취득자가 자력으로 변제할 수 없다고 인정되거나, 다음에 해당하는 경우에는 국세청 컴퓨터에 입력해 관리합니다.

1. 수증인 또는 재산취득자가 30세 미만이고, 부채금액이 3,000만 원 이상으로서 수증인 또는 재산취득자의 연간소득의 2배를 초과하는 경우
2. 부채로 인정한 금액이 5,000만 원을 초과하는 경우

입력이 완료되면 국세청에서는 업무량 등을 고려해 일정기준 이상의

사후관리대상자를 선정해 금융기관 등 채권자에게 채무변제 여부를 조회하며, 조회결과 부채를 변제한 사실이 확인되면 '부채변제 자금원에 대한 소명자료제출 안내문'을 발송합니다.

안내문을 받으면 상환자금의 출처를 소명해야 하고, 소명을 하지 못하거나 타인이 변제한 사실이 확인되면 증여세가 과세됩니다.

그러므로 소득이 없거나 부채금액이 3,000만 원(30세 이상인 경우에는 5,000만 원) 이상인 자가 부채를 상환한 경우에는 자금출처 조사에 대비해 미리미리 입증서류를 챙겨두는 것이 좋습니다.

> **• 상속세 및 증여세 사무처리규정 제7장 사후관리**
>
> 제51조 (사후관리의 입력)
> 제52조 (공제·감면의 사후관리)
> 제53조 (공익법인 등에 대한 출연재산의 사후관리)
> 제54조 (부채의 사후관리)
> 제55조 (고액 상속인의 사후관리)
> 제56조 (차명재산의 사후관리)

50억 원 이상 골동품의 부과제척기간은 평생이다

국세의 부과제척기간이라 국가가 세금을 과세할 수 있는 권리의 행사기간을 말합니다. 제척기간이 경과하면 납세자가 세금을 납부하지 않을 사실을 발견하더라도 국가는 세금을 부과할 수 있는 권리가 소멸하게 되어 세금을 부과하지 못하게 됩니다.

일반세금의 부과제척기간은 5년이고 신고기한 내에 신고를 하지 않은 경우에는 7년이며, 이중장부의 작성 등 장부의 거짓 기장, 거짓 증빙 또는 거짓 문서의 작성 및 수취, 장부와 기록의 파기 및 재산의 은닉, 소득·수익·행위·거래의 조작 또는 은폐와 같은 사기 기타 부정한 방법으로 탈세를 한 경우에는 10년의 제척기간을 적용하고 있습니다.

그러나 상속세와 증여세의 제척기간은 법정신고기간이 지난 시점부터 계산해 10년입니다. 다만 신고를 하지 않거나 부정행위로 세금을 탈세하거나 거짓신고 또는 누락신고를 한 경우에는 15년의 제척기간을 적용합니다.

거기에다가 상속 또는 증여한 재산가액이 50억 원 이상인 경우로서 다음의 경우에는 해당 재산의 상속 또는 증여가 있음을 안 날부터 1년 이내에 상속세 및 증여세를 부과할 수 있습니다. 즉, 국세청에서 상속, 또는 증여가 안 날로부터 1년 이내에는 세금을 과세할 수 있기 때문에 결과적으로 제척기간의 만료가 없는 것으로서 언제든지 국세청에서 발견하기만 하면 과세할 수 있다는 것입니다. 다만, 상속인이나 증여자 및 수증자가 사망한 경우에는 이 규정을 적용하지 않습니다.

① 제삼자 명의로 되어 있는 피상속인이나 증여자의 재산을 상속인이나 수증자가 소유하고 있거나 자기 명의로 실명 전환한 경우
② 피상속인이 계약을 한 후 명의가 이전되고 있는 과정에 상속이 일어나 그 재산을 상속인 명의로 이전하는 경우
③ 국외의 재산을 상속받거나 증여받은 경우
④ 등기나 등록을 하지 않는 재산, 즉 유가증권, 서화, 골동품을 상속 또는 증여받은 경우
⑤ 수증자의 명의로 되어 있는 차명 금융자산을 수증자가 보유하고 있

거나 사용·수익한 경우

• 상속세는 상속이 개시된 날이 속하는 달의 말일로부터 6월 내에 신고, 납부해야 하고, 증여세는 증여를 받은 날이 속하는 달의 말일로부터 3월 내에 신고, 납부해야 한다.

사례 1) 2024년 1월 5일 부모님이 사망한 경우에는 1월 5일이 속하는 달의 말일인 1월 31일로부터 6월인 2024년 7월 31일까지 상속세를 신고하고 납부해야 한다.

그렇다면 제척기간은 2024년 1월 5일부터 10년이 아니라 2024년 7월 말일의 다음 날인 2024년 8월 1일부터 10년이 되므로 2034년 7월 31일 까지가 국세청에서 잘못된 세금을 부과할 수 있는 제척기간이 된다.

사례 2) 2024년 1월 10일 현재 자녀에게 2억 원의 주택 임대보증금을 증여하고 증여세를 신고, 납부하지 않았다면 국세청은 2024년 1월 말일 부터 3월이 되는 4월 30일의 다음 날부터 증여세를 과세할 수 있다. 즉, 2024년 5월 1일부터 증여세를 과세할 수 있는데 증여세를 신고하지 않 았기 때문에 15년의 제척기간을 적용하면 2039년 4월 30일까지는 증여 세를 과세할 수 있다.

사례 3) 60억 원 상당의 그림을 상속받았지만 국세청에서 그림의 존재 를 알지 못 할거라 생각해 상속세 신고를 하지 않았다면 상속받은 사람 이 사망하지 않는 한 국세청은 그 그림이 상속받은 재산이라는 것을 안 날로부터 1년 내에 상속세를 부과할 수 있다.

국세청은
이미 다 알고 있다

　세금을 적게 내고자하는 마음은 동서고금을 막론하고 누구나 같으며, 오늘날에도 5만 원권, 금괴 현물, 가치판단이 힘든 미술품 등 고가의 수집품으로 상속, 증여를 한다면 현실적으로 추적이 불가능할 것입니다. 그리하여 과세관청에서는 간접적으로 자금 흐름을 파악해 의제상속, 간주증여를 적용하는 경우도 있으나 상속 직전 시점에 2억 원 이상을 인출해야 하는 등 적용조건이 매우 까다롭습니다. 결과적으로 상속·증여세의 탈루조차 자산이 상당한 수준의 소수 인원만 가능한 일이기에 어설픈 자산가, 중산층은 따라 하지 말고 상속·증여세율에 의거 세금을 납부해야 합니다.

　세금을 덜 내고 싶은 마음은 알겠지만 그래도 세법이 허용하는 범위 내에서 해야 합니다. 그것이 절세와 탈세를 구분하는 기준이 되기 때문입니다. 무엇보다 절세는 합법이지만, 탈세는 엄연한 범죄입니다.

　또한 이런 납세자의 마음을 꿰뚫어 보기라도 하듯이 국세청에서도 다양한 방법으로 이러한 탈세행위에 선제적으로 대응하고 있습니다.

금융정보분석원(FIU)

각 금융기관은 '혐의거래보고제도'에 따라 국내 및 해외 거래자금이 불법자금일 가능성이 있다는 의심이 들 때는 이를 금융정보분석원(FIU)에 보고해야 하며, 제대로 보고하지 않으면 처벌을 받게 됩니다.

이를 보고받은 금융정보분석원은 기획재정부 소속기관으로 금융기관으로부터 마약, 밀수, 사기 등 범죄와 연계된 자금세탁, 불법적인 해외도피 등의 혐의가 있는 금융거래정보를 선별해 검찰과 국세청, 관세청, 금융감독위원회 등에 제공하는 역할을 하고 있습니다.

1. CTR : 금융기관에서 동일인이 하루에 1,000만 원 이상의 현금을 지급·또는 영수할 경우 그 거래내용을 보고하는 것을 말하며, 계좌이체, 인터넷뱅킹 등 금융거래, 1,000만 원 미만 입출금거래는 보고 제외대상입니다.

2. STR : 특정범죄의 자금 세탁과 관련된 혐의 거래·외환 거래를 이용한 탈세 목적의 혐의가 있는 2,000만 원 이상의 원화거래와 미화 1만 달러 이상 외환거래의 경우 금융정보분석원에 의무적으로 보고하는 것을 말하며, 의심혐의 거래에 대한 판단은 직원의 업무지식, 전문성, 경험 등 주관적 판단에 의존합니다.

3. CDD 고객확인 제도 : 신규 계좌 개설, 1,500만 원 이상 일회성 거래, 미화 1만 달러 이상 일회성 거래 등 차명거래가 의심되거나 자금 세탁행위 등의 우려가 있는 경우 실제 당사자인지 여부 및 금융거래의 목적을 확인해야 합니다.

부동산실명법 위반

다주택자 중과로 인한 취득세, 보유세, 양도세가 부담되어 가족 또는 지인 등 타인명의로 등기하는 경우를 부동산 명의신탁이라고 합니다.

부동산 명의신탁 약정은 무효이고 행위가 적발될 경우 부동산 가액(과징금 부과일 현재 기준시가)에 최대 30% 과징금이 부과됩니다.

또한 본인의 다주택 중과를 회피하기 위해 또는 자금출처 조사를 회피하기 위해 타인 명의로 부동산을 취득해 적발이 되면, 해당 부동산은 국세기본법 제14조 실질 과세 원칙에 따라 실소유자의 부동산으로 간주되어 양도세·종부세·취득세 추징과 가산세까지 부담할 수 있습니다.

국세청 PCI(소득지출분석)시스템

소득–지출분석시스템 모델

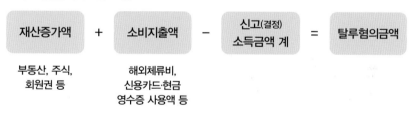

국세청에서 개인의 자산과 소비 그리고 소득을 서로 비교분석해 개인의 소득과 소비를 검토한 후, 정상적이지 않은 경우가 발생되면 세무조사 대상자로 선정하는 데 활용하는 시스템입니다.

데이터 참고기간은 5년으로 5년간의 소득금액, 5년간 지출한 신용카드와 현금영수증, 부동산의 양도·취득내역을 토대로 출처가 불분명한 금액이 기준 금액 이상일 경우 자금출처조사를 진행하게 됩니다.

1. 현금지출 : 부동산, 분양권, 증권(상장, 비상장), 골프회원권 매수 및 취득, 금융자산 잔액, 부채상환, 신용카드 사용액, 해외 송금, 세금납부
2. 현금수입 : 부동산, 분양권, 증권, 골프회원권 매도 및 금융재산 잔액, 부채 발생, 신고소득, 증여소득금액 등

예를 들면 A사업자의 5년간 소득세 신고소득금액의 합이 15억 원일 때 해당 기간 안에 10억 원의 주택과 2억 원의 승용차를 구입하고 5억 원의 신용카드를 사용했다면, 관청에서는 총지출액(17억 원 = 10억 원 + 2억 원 + 5억 원) 중 소득세 신고소득(15억 원)을 초과하는 2억 원에 대해서 소득세 신고 시 소득금액을 탈루한 것으로 의심하게 될 것입니다.

앞선 A사업자의 예를 이용해 계속 설명한다면, 국세청에서 2억 원의 소득탈루가 의심되는 A사업자에게 주택 및 승용차의 구입자금 등의 출처에 대해 소명을 요청했을 경우 자금출처의 소명 결과에 따라 다음과 같은 과세상황이 발생하게 됩니다.

1. 소명이 부족하거나 불충분한 경우 : 소명하지 못한 2억 원에 대해서 종합소득세 및 가산세가 과세됩니다.
2. 2억 원이 A사업자의 아버지로부터 증여받은 것으로 소명되는 경우 : 증여받은 2억 원에 대한 증여세가 과세됩니다.
3. 2억 원의 자금출처가 적법하게 소명되는 경우 : 소득세 혹은 증여세가 과세되지 않습니다.

자금출처조사는 원래 고가의 재산을 취득한 자에게 재산의 취득자금에 대한 소명을 요구해 그 소명이 부족하거나 불충분한 경우 해당 금액을 증

여받은 것으로 의제해 증여세를 부과하는 제도로서 주로 소득이 없는 미성년자나 주부 등에게 적용되는 제도이었지만, PCI시스템이 도입됨에 따라 소득의 탈루가 의심되는 고소득 자영업자에게도 자금출처조사가 이루어지고 있습니다.

자금출처조사 기준금액

구분	취득재산		채무상환	총액한도
	주택	기타재산		
30세 미만	5천만 원	5천만 원	5천만 원	1억 원
30세 이상	1.5억 원	5천만 원	5천만 원	2억 원
40세 이상	3억 원	1억 원	5천만 원	4억 원

국세청 빅데이터 시스템

첨단 디지털 국세행정 구현을 위해 2019년 6월 빅데이터센터를 신설했습니다. 방대한 과세자료와 국세청 외부의 다양한 자료를 종합적으로 분석, 납세서비스를 개선하고 업무효율을 제공하는 등 디지털 세정 구축의 핵심역할을 하고 있습니다.

신고서 미리 채움 서비스, 납세자 맞춤형 신고 도움자료 제공, 챗봇상담서비스 운영하고 있습니다. 탈세행위에 대해 철저히 검증하고 재산을 은닉해 세금납부를 회피하는 고액·상습체납자 추적에도 빅데이터를 적극적으로 활용, 동일 납세자 분석을 통한 탈루 세금 파악 등 세원관리에도 활용하고 있습니다.

금리보다 세율에
민감하라

부자들은 1%의 금리 변화보다 1%의 세율 변화를 더 민감하게 받아들입니다. 1%의 금리 차이는 금융기관을 바꾸게 하지만 1%의 세율 변화는 투자 대상 자체를 바꾸게 하기도 합니다.

세금은 아무런 보상없이 강제로 징수되는 현금입니다. 세금을 많이 냈다고 해서 국가로부터 행정 편의를 더 많이 받는 것도 아닙니다.

세금을 많이 부과하면 경제 활동 의욕이 줄어들게 됩니다. 사회복지가 잘 되어 있는 북유럽 국가들에서는 어차피 세금으로 징수되기 때문에 일정 소득 수준을 넘어서는 경제 활동에 적극적이지 않습니다.

세금납부와 관련해 많은 사람들에게 회자되는 대표적인 사례가 있습니다. 1998년 외환위기 때 만기가 지난 비실명채권(묻지 마 채권)이 한때 프리미엄까지 붙어 유통된 적이 있었습니다. 조세수입이 급감하고 경기가 위축되면서 국가재정이 고갈되자 정부는 부자들의 자금 및 음성화된 지하자금을 수면 위로 끌어올려 국가의 자금난을 극복하려는 의도로 '비실명 무기명 채권, 소위 묻지 마 채권'을 발행한 것이었습니다. 처음에는 일반인들에게 별로 인기가 없었지만 증여세 면제와 채권을 취득한 자금의 출처를 묻지 않는다는 사실이 알려지가 부유층에게 날개 돋친 듯 팔렸습니다. 당시 기준으로 이자가 높이 않았지만, 감시로부터의 해방이 매우 매력적이었던 것입니다. 국난타개를 위해 아이 돌반지까지 가지고 나와서 금 모으기 운동에 참여할 때 정부는 약 4조에 가까운 묻지마 채권의 발행으로 정부가 적게는 5,000억 원에서 많게는 2조 원 이상의 세금을 부유층에게 면제해준 결과가 된 것입니다. 그만큼 세금을 적게 내려는 노력은 처절했습니다.

다음의 사례를 한번 살펴보겠습니다.

사례

• A와 B는 각각 부모명의 토지(시가 5억 원, 공시지가 3억 원)를 상속받아 A는 상속세 신고, B는 상속세 무신고, 1년 후 5억 원에 매도

① A : 토지를 5억 원으로 감정평가 받아 시가로 상속세 신고 후 양도했으므로 양도가액과 취득가액이 동일해서 양도세 0

② B : 양도가액 5억 원-취득가액 3억 원 = 양도차익 2억 원으로 양도소득세 납부

상속세는 대략 배우자가 있을 경우 일괄공제 5억 원, 배우자공제 5억 원을 합해서 10억 원, 배우자가 없을 경우 5억 원을 초과하면 상속세를 납부할 수 있습니다. A와 B 모두 부모님이 안 계실 경우 각각 5억 원을 토지를 상속받았기에 상속세는 비과세입니다. 하지만 A는 토지를 감정평가 받아가며 굳이 하지 않아도 되는 상속세 신고를 한 데 비해 B는 아무런 행동도 하지 않았습니다. 바로 이 차이가 부동산 매도 시점에 세금의 차이를 발생시키는 것입니다.

일반적으로 재테크는 장기간 동안 많은 노력과 인내를 가지고 노심초사하며 그 결과를 기다려야 하고 수익이 생기는 반면 손실이 발생하기도 합니다. 하지만 세테크는 결정을 해야 하고 신고를 해야 하는 단기간에 발생하고 또 잘하면 수익이 나지만 못하면 본전이기에 오히려 간과하기가 쉽습니다. 하지만 앞의 사례에서 보듯이 세테크를 잘하는 것은 직접적으로 재테크를 잘하는 것만큼이나 중요합니다. 세테크는 작게는 1만 원, 2만 원의 차이지만 크게 다루면 1년 연봉이 왔다 갔다 하는 경우도 생길 수도 있습니다. 수익이 있는 곳이면 언제나 따라다니는 세금, 바로 이 세금을 알고 올바른 세테크를 하는 것은 정말 중요한 재테크의 일환인 것입니다.

재테크로 발생한 손실은 다시 만회하면 되지만, 본인의 무관심으로 더 납부한 세금을 다시 되찾을 수 없습니다.

상속·증여세 절세의 시작은 10년 주기 컨설팅

상속·증여세에 있어서 10년의 의미는 매우 중요합니다. 10년 이내에 증여한 재산(일부 제외)은 통산해 과세하고, 상속개시 전 10년 이내에 증여한 재산은 상속재산에 가산해 상속세를 계산합니다. 일반적인 국세의 부과제척기간은 5년이지만, 상속·증여세의 부과제척기간은 10년이며, 가업상속공제에 있어서도 10년 이상 경영한 기업이 대상이 됩니다.

"10년이면 강산도 변한다"는 의미에서 10년을 기준으로 삼은 것은 아닌지 모르겠지만 부의 이전은 '10년 주기 증여 설계'로 시작됩니다.

효율적인 부의 이전을 하기 위해 가장 먼저 무엇을 인지해야 할까요? 바로 '10년 주기 증여 설계'입니다. 부의 이전 절세를 준비하는 가장 기초적인 방법이면서 핵심이 되는 방법이기 때문에, 수많은 자산가가 어린 자녀에게 일찍이 증여를 고민하는 이유이기도 합니다.

'10년 주기 증여 설계'의 가장 대표적인 방식은 아이가 태어나자마자 2,000만 원을 증여하는 것부터 시작합니다. 이 말을 들으면 아이가 태어나자마자 무슨 증여를 하느냐고 의문을 가질 수 있지만, 상속세 및 증여세법에서 미성년인 자녀에게 증여 시 공제받을 수 있는 증여재산공제액이

10년간 2,000만 원이기 때문에 증여재산공제액까지는 납부세액이 발생하지 않는다. 그러므로 이는 자녀에게 합법적으로 2,000만 원을 이전해주는 방법입니다.

태어난 아이에게 2,000만 원을 증여한 후 아이 이름으로 된 증권계좌를 개설해 아이가 성인이 될 때까지 탄탄히 성장할 수 있는 우량주 및 배당주 위주로 주식을 매수해 증여 설계를 할 수 있습니다. 미래에 주식 가치가 많이 오르더라도 그에 따른 가치상승분에 대해서는 추가로 증여세가 발생하지 않기 때문에 주식 증여가 활발한 편입니다. 물론 증여재산공제 이상의 재산을 증여해 일부 증여세를 납부하더라도 부동산의 가치상승이 더 높게 발생할 것 같다면 부동산을 증여하는 것도 좋은 방법입니다. 그렇게 10년이 지나면 다시 2,000만 원을 증여하며 상황에 맞추어 가치상승이 예상되는 자산을 취득하거나 미래의 자녀를 위해 주택 청약저축에 가입하는 것도 좋습니다.

즉, 증여재산공제액이 최초 증여 후 10년마다 초기화되므로 이 10년의 주기를 최대한 활용해 긴 호흡으로 부의 이전 절세 플랜을 계획하는 것이 가장 기초이자, 핵심인 것입니다.

이왕이면 주식과 아파트는 정체 및 하락기에, 토지, 공동주택, 상가 등은 기준시가(공시지가) 고시 전에 증여하는 것이 유리합니다. 증여 시점을 조절해 증여세율이 낮은 시기와 부동산 침체기에 재산을 이전해 세금을 절세합니다. 시장 상황과 세법 변동을 예의주시해야 합니다.

사전증여 플랜 작성 시 제일 불리한 사람은 아들, 딸이며, 가장 유리한 사람은 사위, 며느리입니다. 자녀나 배우자한테 증여하는 경우 이월과세 규정에 따라 절세효과가 떨어지며, 증여를 받은 날로부터 10년 안에 양도가 이루어지면 취득가액이 증여자가 취득한 당초 가액을 기초로 해서 양도소득세가 과세되기 때문입니다. 또한 배우자와 자녀들에게 증여하고 10년 이내에 돌아가시면 상속세가 합산됩니다.

반면 손자녀와 사위, 며느리한테 증여하면 이월과세 대상이 아닙니다. 부당행위계산부인이 적용되며, 5년만 지나면 상속세에 합산이 되지 않는 장점도 있습니다.

'10년 주기 증여 설계'는 상속세도 절세할 수 있다

10년 주기 증여 설계를 해야 하는 이유는 비단 살아생전에 부의 이전을 해주는 목적만 있는 것이 아니고, 증여뿐 아니라 상속의 경우도 '10년'이란 시간 경과가 중요하기 때문입니다.

사례

• 일반사전증여 후 상속하는 경우

10년 내 상속	구분	10년 후 상속
120억 원	상속재산	120억 원
30억 원	사전증여재산(-)	-
30억 원	배우자공제(-)	30억 원
5억 원	일괄공제(-)	5억 원
2억 원	금융재산공제(-)	2억 원
	가업상속공제(-)	
113억 원	과세표준	83억 원
50%(-4.6억)	세율	50%(-4.6억)
51.9억 원	산출세액	36.9억 원
10.2억 원	증여세액공제(-)	
41.7억 원	납부할세액	36.9억 원

피상속인이 상속개시 전에 상속인에게 상속개시일 전 10년 이내에 증여하거나 상속인이 아닌 자에게 상속개시일 전 5년 이내에 증여한 재산가액은 상속세 과세가액에 포함됩니다. 사전증여를 통해 생전에 부의 이전을 하는 것과 더불어 수증자가 사망하게 되더라도 10년 이전의 증여재산가액은 상속세 신고 시 합산되지 않기 때문에 상속세 절세를 위해서도 중요합니다.

상속세, 증여세 절세 시 주의사항

1. 절세를 위한 법률 요건의 이해

절세는 특별한 방법이 있는 것이 아니라 '세법을 정확히 알아 법이 정하는 범위 내에서 납부해야 할 세금에서 공제감면을 받는 것과 세법을 잘 몰라 억울한 세금을 추징당하는 것을 미리 방지하는 것'을 말합니다.

즉, 절세란 세무신고를 성실히 해서 세무조사를 받지 않도록 하는 것이며, 세무신고 시 세법을 충분히 숙지해 국세청통합전산망에 의한 과세자료 해명요구를 받지 않도록 하는 것으로서 세액공제 및 감면대상에 해당하는 경우 공제 또는 감면을 받되, 감면 요건을 잘 검토해 국세청의 사후관리를 받지 않도록 하는 것이 최상의 절세 전략이라 할 것입니다.

2. 세법 개정사항에 대한 지속적인 관심

세법개정 사항에 대해서 항상 주의해야 합니다. 세법은 자주 개정되므로 최신 정보를 지속적으로 업데이트하는 것이 중요합니다. 특히 법령이 변경될 경우 이에 맞추어 전략을 조정해야 합니다.

요즘 1999년 말 이후 세법개정 등이 거의 없었던 상속세 분야에서 상속공제 확대, 과표구간 인상과 최고세율 인하 요구가 제기되고 있습니다. 물론 이는 '부의 대물림' 조장이라는 논란이 불가피하지만 일괄공제(5억 원)와 배우자공제(최대 30억 원) 등 상속세 공제한도의 인상이 주로 거론되고 있습니다. 또한 상속재산 전체를 기준으로 과세하는 현행 유산세 방식보다 세부담이 줄어드는 유산취득세 전환이 거론되는 등 법률 개정 여론이 일어나고 있습니다.

이번 세제 개편안에서 주목되는 또다른 요소는 종합부동산세 관련입니다. 여야 정치권에서 폐지론이나 완화론이 제기되어 왔지만, 종부세가 지방에 전액 교부되기 때문에 이를 건드리는 경우 지자체에 대체 세수를 보장해야 하는 문제가 있어 지방재정이라는 현실을 무시할 수 없습니다.

이에 따라 전면 폐지 대신 3주택 이상 다주택자 중과세율(최고 5.0%)을 기본세율(최고 2.7%)로 낮추는 등 부분 개편이 예상됩니다. 최근 서울 집값 급등현상도 신중 개편론에 힘을 얻고 있습니다. 새로 개정되는 세법 내용에 따라 절세 전략도 수정되어야 함은 두말할 필요도 없습니다.

3. 진료는 의사에게! 약은 약사에게!

세무 분야는 전문성이 높은 분야이기 때문에 부동산 거래의 전문가인 공인중개사보다 세무사로부터 직접 자문받아야 합니다. 수시로 바뀌는 세법과 복잡한 세율적용 때문에 세무 전문가를 활용해 세법이 인정하는 범위 내에서 합리적으로 절세 방안을 모색하는 지혜가 필요합니다.

양도소득세를 예로 들어보면 통상적으로 부동산은 은밀한 거래에 의해 개인과 개인 간에 비공개적으로 거래되는 것이 통상적이다보니 부동산 거래에 따르는 세금에 대해 매수자의 권유에 의해 고·저가 매매계약서 작성 등 탈세와 탈법 거래 유혹도 많은 편입니다. 자칫 기본적인 세무 상식 없이 매도했다가 크나큰 경제적 손실을 입기 쉬운 것이 부동산 거래인 셈입니다.

부동산 처분 시 사전에 전문가의 도움을 받아 세무계획부터 세우는 것이 필요하다. 정확한 상황파악과 법적 요건 검토, 유사사례 분석 등 세무사나 자산관리사 등의 도움을 받아 필요한 서류를 준비하고, 어떤 비용이 필요경비로 인정되는지 상담받는 것이 좋습니다.

4. 금전 거래 내용의 증빙 구비해 세무조사에 대비!

가족 간의 무상 혹은 저가로 자금을 대여하면 직계존비속 간에는 증여로 추정되기 때문에 세심한 주의가 필요합니다. 특히 최근 과세관청의 세무조사 사례를 보면 차용증을 쓰는 것만으로는 가족 간 금전소비대차를 인정하지 않은 경향이 있습니다. 매수자의 소득에서 감당할 수 있는 선에서 이를 꾸준히 갚아나간 흔적이 있어야 대여로 인정받을 수 있습니다. 아울러 차입약정서를 작성하고 공증를 받아놓는 것도 좋은 방법입니다. 직계존비속간의 금전소비대차는 차용 및 상환 사실이 객관적으로 명백히 입증되지 아니하는 한 원칙적으로 금전소비대차로 인정받기 어려운 것이 현실입니다. 따라서 정기적으로 지급한 내역과 상환내역을 잘 준비하는 것이 필요하며, 자동이체 등록을 통해 정기적으로 이자지급이 이루어지도록 하고 나중에 상환자금도 통장으로 이체하도록 해서 객관적으로 명백한 금전소비대차 약정임을 밝혀야 합니다.

상속·증여! 부동산 세대교체가 온다

제1판 1쇄 2024년 11월 27일

지은이   서일영, 심형석, 조선규
펴낸이   한성주
펴낸곳   ㈜두드림미디어
책임편집   이향선
디자인   얼앤똘비악(earl_tolbiac@naver.com)

㈜두드림미디어
등록   2015년 3월 25일(제2022-000009호)
주소   서울시 강서구 공항대로 219, 620호, 621호
전화   02)333-3577
팩스   02)6455-3477
이메일   dodreamedia@naver.com(원고 투고 및 출판 관련 문의)
카페   https://cafe.naver.com/dodreamedia

ISBN   979-11-94223-32-0 (03320)